中华文化公开课

文化遗产十讲

李世化◎著

当代世界出版社
THE CONTEMPORARY WORLD PRESS

图书在版编目（CIP）数据

文化遗产十讲 / 李世化著 . -- 北京：当代世界出版社 , 2020.6
（中华文化公开课）
ISBN 978-7-5090-1368-7

Ⅰ . ①文… Ⅱ . ①李… Ⅲ . ①文化遗产—介绍—中国
Ⅳ . ① K203

中国版本图书馆 CIP 数据核字 (2018) 第 125669 号

文化遗产十讲

作　　者：李世化
出版发行：当代世界出版社
地　　址：北京市复兴路 4 号（100860）
网　　址：http://www.worldpress.org.cn
编务电话：（010）83907332
发行电话：（010）83908410（传真）
　　　　　13601274970
　　　　　18611107149
　　　　　13521909533

经　　销：新华书店
印　　刷：北京紫瑞利印刷有限公司
开　　本：710mm×1000mm　1/16
印　　张：16
字　　数：300 千字
版　　次：2020 年 6 月第 1 版
印　　次：2020 年 6 月第 1 次
书　　号：ISBN 978-7-5090-1368-7
定　　价：39.80 元

前言

PREFACE

　　中华文明是世界上持续时间最长的文明，也是世界上最古老的文明之一。中国是一个统一的多民族国家，拥有博大精深、源远流长的文化。经过数千年的沉淀，为人类留下了无数珍贵的文化遗产，从绵延起伏于崇山峻岭的万里长城，到高耸在世界屋脊的布达拉宫；从雪水潆洄的丽江古城，到精巧秀丽的苏州园林；从五岳独秀的泰山，到云雾缥缈的黄山；从佛国胜境麦积山，到神仙都会青城山；从荟萃三晋民俗的平遥古城，到凝聚南国神韵的水乡村镇；从恢宏壮丽的皇宫殿堂，到精巧瑰丽的少数民族小屋；从璀璨绚丽的戏曲，到刚柔并济的武术；从日常的饮食，到节日娱乐，无一不闪烁着中华民族的智慧光芒。中国的文化遗产为世界人民了解中国打开了一扇充满魔力的大门。

　　人类文化遗产是人类改造自然和利用自然的痕迹，是人类文明的佐证，是人类进步的标志，也是沟通过去、现在与未来的桥梁。它们的存在超越了时间与空间的界限，打破了民族与民族之间的障壁，是全人类所共有的财富。在人类的发展过程中，不可避免地会对自然产生较大的影响，有些影响甚至是破坏性的。但是为了人类的未来，各个国家都在寻找和尝试改善的方法，协调人类与自然之间的关系，以使地球上的万物都能够在这个蔚蓝的星球上拥有自己的生存空间。中国历来注重人与自然之间的和谐关系，具有尊重自然遗产和人文历史的传统。中国作为一个文化遗产大国，正在为传承人类文明和推进自然资源的保护进行着不懈的努力。

　　文化遗产是古代人类的遗迹和文明的结晶，保护和继承它们就是尊重文明，尊重智

1

慧，尊重和谐的、科学的秩序。只有科学地、理性地继承文化遗产，将保护遗产付诸行动，人类才能为自身创造一个更加美好的未来。

　　本书精选中国最有代表性的文化遗产，从历史背景、文化价值、艺术价值、传承意义等方面加以说明与介绍。同时，全书配以精美的图片，让你在阅读的同时，获得视觉上的享受和如临其境的感触。

目录
CONTENTS

第一讲　工程 宫观 园林

第二讲　古楼 古塔 古桥

第三讲　遗址 遗迹 陵墓

第四讲　古城 古镇 古村

第五讲　石窟 石刻 石雕

第六讲　传说 民谣 文学

第七讲　民俗 民情 民风

第八讲　戏曲 木偶 评书

目录

第九讲　竞技 杂技 体育

第十讲　美食 美酒 宴席

第一讲
工程 宫观 园林

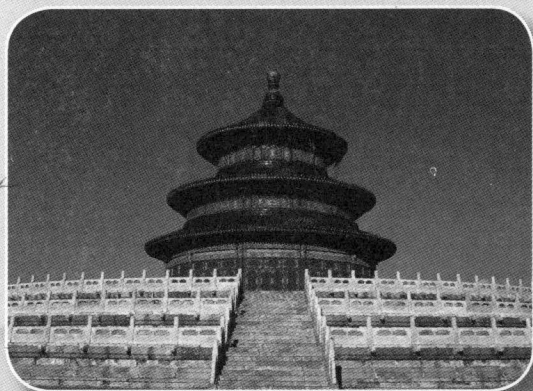

人类史上规模最大的军事设施

——万里长城

长城是我国古代劳动人民创造的伟大奇迹，是中国悠久历史的见证，凝聚着我们祖先的血汗和智慧。1987年长城被联合国教科文组织文化遗产委员会列入"世界文化遗产名录"。

长城始建于2000多年前的春秋战国时期，各诸侯国为了防御异国入侵，修筑烽火台，用城墙连接起来，形成了最早的长城。万里长城从春秋战国开始修建，伴随着中国长达2000多年的封建社会。

长城的传说

相传，孟姜女是秦朝一个小户人家的女儿，她救了正在逃避官兵追捕的书生范喜良，将他偷偷地藏在了家中。天长日久，两人之间产生了爱慕之情，在征得父母同意后，准备结为夫妻。成亲的那天，范喜良被官兵强行拉去修筑长城。光阴飞逝，孟姜女决定万里寻夫。她找遍了修筑长城的所有工地，却始终不见丈夫的踪影。后来，她终于从其他劳工口中得到了讯息，说她的丈夫已经活活累死了，被埋在长城脚下。一瞬间夫妻团聚的梦想破灭了，她放声痛哭，哭声惊天动地，就连长城也轰然倒塌了几

◆ 汉长城遗址（甘肃省金昌境内）

截。

修筑长城的历史

公元前221年，秦始皇兼并了六国诸侯，结束了春秋战国纷争的局面，建立了中国历史上第一个封建集权制的统一国家。为了巩固帝国的安全，防御北方游牧民族匈奴的侵扰，便大规模修建长城。这条帝国的安全线，连接了燕、赵、秦的部分北方长城，另外还大规模增筑和扩修，从而形成了"西起临洮，东止辽东，蜿蜒一万余里"的大型

◆ 嘉峪关长城

长官，受兵部的指挥，负责所辖军区内的防务或奉命支援相邻军区的防务。明代长城沿线守军达100万人。

长城对文化的影响

长城作为一座历史的实物丰碑，蜿蜒于中华大地之上。不仅保障了人们拥有稳定的生活和生产环境，还深深影响了人们的思维和生活。万里长城本身蕴藏着丰富的文化内涵，除了城墙、关城、镇城、烽火台等本身所体现的建筑布局、造型、雕饰、绘画等艺术外，还形成了以长城为中心的民族文化，有诗词歌赋、民间文学、戏曲说唱等。古往今来不知有多少帝王将相、戍边士卒、骚人墨客、诗词名家在长城下演绎出了不朽的篇章。

防御体系，因而有了"万里长城"之称。从秦始皇肇始，入主中原的历代王朝，几乎都曾不同程度地修筑过长城，计有汉、晋、北魏、东魏、西魏、北齐、北周、隋、唐、宋、辽、金、元、明、清等十多个朝代。其中以汉、金、明三个朝代的长城规模最大。可以说自春秋战国时期到清代的2000多年间，统治者从未停止过对长城的修筑。

长城的防御工程体系

绵延万里的长城并不是一道简单的城墙，而是由城墙、敌楼、关城、墩堡、烽火台、营城、卫所、镇城等多种防御工事和机构所组成的一个完整的防御体系。这一防御工程体系，由各级军事指挥系统层层指挥、节节控制。以明长城为例，在万里长城防线上分设了辽东、蓟、宣府、大同、山西、榆林、宁夏、固原、甘肃等九个军事管辖区，称作"九边"。这九个军区分段防守和修缮长城，每镇设总兵官作为这一段长城的军事

延伸阅读

八达岭长城遗址

现存的长城中，八达岭长城是明长城中保存最完好、最具代表性的一段。这里是重要关口居庸关的前哨，海拔高度1015米，地势险要，历来是兵家必争之地，是明代重要的军事关隘和首都北京的重要屏障。登上这里的长城，可以居高临下，尽览崇山峻岭的壮丽景色。迄今为止，已有包括尼克松、撒切尔夫人在内的三百多位各国政要和著名人士到此游览。

世界水利文化的鼻祖——都江堰

都江堰是当今世界年代最久远，唯一留存，以无坝引水为特征的宏大水利工程。它不仅是中国水利工程技术的伟大奇迹，也是世界水利工程的璀璨明珠。于2000年和青城山一起被认定为"世界文化遗产"，列入"世界文化遗产名录"。

都江堰坐落于四川省成都市城西，位于成都平原西部的岷江上。岷江是长江上游的一条较大的支流，发源于四川北部高山地区，早期常常造成灾难，都江堰科学地解决了这一问题。

创建都江堰

秦昭襄王五十一年（公元前256年），秦国蜀郡太守李冰和他的儿子吸取前人的治水经验，率领当地人民，主持修建了著名的都江堰水利工程。都江堰的整体规划是将岷江水流分成两条，其中一条水流引入成都平原，这样既可以分洪减灾，又可以引水灌田、变害为利。主体工程包括鱼嘴分水堤、飞沙堰溢洪道和宝瓶口进水口。

首先，李冰父子邀集了许多有治水经验的农民，对地形和水情做了实地勘察，决心凿穿玉垒山引水。由于当时还未发明火药，李冰便用火烧石，使岩石爆裂，终于在玉垒山凿出了一个宽20公尺、高40公尺、长80公尺的山口。因其形状酷似瓶口，故取名"宝瓶口"，并把开凿玉垒山分离的石堆叫"离碓"。

宝瓶口引水工程完成后，虽然起到了分流和灌溉的作用，但因江东地势较高，江水难以流入宝瓶口，李冰父子又率领

◆ 都江堰吊桥

大众在离玉垒山不远的岷江上游和江心筑分水堰，用装满卵石的大竹笼放在江心堆成一个形如鱼嘴的狭长小岛。鱼嘴把汹涌的岷江分隔成外江和内江，外江排洪，内江通过宝瓶口流入成都平原。

◆ 都江堰水利工程全景

为了进一步起到分洪和减灾的作用，在分水堰与离碓之间，又修建了一条长200公尺的溢洪道流入外江，以保证内江无灾害，溢洪道前修有弯道，江水形成环流，江水超过堰顶时洪水中夹带的泥石流入外江，这样便不会淤塞内江和宝瓶口水道，故取名"飞沙堰"。

为了观测和控制内江水量，李冰又雕刻了三个石人，放在水中，以"枯水不淹足，洪水不过肩"来确定水位。还凿制石马置于江心，以此作为每年最小水量时淘滩的标准。

都江堰的意义

都江堰工程在两千多年的使用中，充分发挥了工程潜能，人们在长期实践中积累了独具特色的宝贵经验。都江堰的创建，以不破坏自然资源，并充分利用自然资源为前提，变害为利，保证人、地、水三者之间平衡与统一，是全世界迄今为止仅存的一项伟大的"生态工程"。开创了中国古代水利史上治水与排沙的先例，体现了中国古代人伟大的独创精神，被称作"世界水利文化的鼻祖"。

延伸阅读

都江堰"夫妻桥"

清嘉庆年间，灌县江伏龙渡口，夏季江水暴涨，过往行人常遭淹毙，把头曾锡武和地痞范老幺把持渡口，勒索商旅。青年秀才何先德立志修建竹索桥，得到当地群众的支持，却受到曾锡武、范老幺的威胁。呈准修桥后，知县周继常营私中饱，劣绅冯沛卿以朽木烂材充数，以及曾锡武、范老幺暗中破坏，使即将完工的索桥毁于风雨之夜。周继常、冯沛卿为逃避罪责，诬陷、杀害了何先德。何娘子继承丈夫遗志，在群众协助下，历尽艰辛，终于取得建桥的胜利。索桥因此被命名为"夫妻桥"。

世界上最大的木石结构宫殿群——故宫

故宫是世界现存最大、最完整的木质结构古建筑群，是无与伦比的古代建筑杰作，被誉为"世界五大宫"之首。故宫历经了明、清两个朝代二十四位皇帝，是明、清两朝最高统治核心的代名词。1961年，国务院宣布故宫为第一批"全国重点文物保护单位"，1987年被联合国遗产委员会认定为"世界文化遗产"。

◆ 故宫日晷

故宫古建筑群，由明成祖朱棣亲自策划营建。其规模之大，构造之严谨，装饰之精美，文物之众多，在中国古建筑中绝无仅有，是世界著名的皇宫建筑群。故宫又名"紫禁城"，是依照古代星相学说中的紫薇垣（即北极星）命名的。古代帝王自称天子，故而把自己的宫殿称为"紫禁城"。

故宫传说

关于故宫的修建，还有一段传说。相传，当年刘伯温奉命修建紫禁城的时候，玉皇大帝给他托梦，告诉他天宫宝殿是一万间，凡间宫殿万不可超过天宫。还要他请三十六天罡、七十二地煞保护凡间皇城，那样才能够风调雨顺、国泰民安。

宫殿建好之后，皇宫院里金光闪闪，好像有神仙镇守。皇帝看到不由得大喜，传旨给刘伯温加官晋爵，还赏赐了很多珠宝。外邦听说刘伯温请来了三十六天罡、七十二地煞保护皇城，也就不敢兴兵作乱了。后来人们传说故宫里的宫殿是9999.5间；天神三十六天罡就是宫殿门口摆着的三十六口包金大缸（铜缸）；七十二地煞就是故宫里的七十二条地沟。

无与伦比的古代建筑杰作

故宫建筑严格遵循对称规则，沿一条南北走向的中轴线排列，无论是平面布局、立体效果还是建筑形式，无不显示出庄严、

◆ 乾清宫内景

博物院收藏大量古代艺术珍品，据统计共达180多万件，占全国文物总数的六分之一，为国内收藏文物最丰富的博物馆，也是世界著名的古代文化艺术博物馆，其中很多文物是绝无仅有的无价之宝。

促进同世界各国文化交流

故宫文物分成宫廷原状和古代艺术两大陈列体系，所布置的原状陈列真实性很高，先后举办各种展览数百次，赴欧、亚、美、非等五大洲展览数十次，宣传中国灿烂的古代文化艺术传统，促进与世界各国的文化交流。

雄伟、和谐。而这条中轴线上的建筑更是故宫的重心，它们都坐南朝北，体现着皇帝的至尊地位。它标志着我国悠久的文化传统，显示着我国在建筑艺术上的卓越成就。

太和殿是紫禁城的中心，俗称"金銮殿"，是三殿之首，也是宫殿群中最大的建筑。大殿正中高台上有金漆雕龙宝座，富丽堂皇，明、清两代皇帝在此举行登基、节日庆典等大典。中和殿是皇帝去太和殿举行大典前稍事休息和演习礼仪的地方。乾清宫是内庭正殿，明、清两代皇帝的寝宫，皇帝死后灵柩也停在此殿。交泰殿是皇后举办寿庆的地方，殿内立有清世祖禁止后宫干政的铁牌。坤宁宫曾是皇后的寝宫，后来分为祭神场所和皇帝新婚的洞房。

珍稀文物的宝库

到故宫，一是欣赏丰富多彩的建筑艺术；二是观赏陈列于室内的珍贵文物。故宫

延伸阅读

台北故宫博物院

台北故宫博物院位于台湾省台北市郊阳明山脚下双溪至善路2段221号，始建于1962年，是仿照北京故宫样式设计建筑的宫殿式建筑，1965年落成，1966年启用，原名中山博物院，后改为"国立故宫博物院"。台北故宫博物院是中国著名的历史与文化艺术史博物馆。建筑设计吸收了中国传统的宫殿建筑形式，淡蓝色的琉璃瓦屋顶覆盖着米黄色墙壁，洁白的白石栏杆环绕在青石基台之上，风格清雅典雅。

台北故宫博物院占地总面积约16公顷，主体建筑分为四层，正院呈梅花形，第一层是办公室、图书馆、演讲厅；第二层是展览书画、铜器、瓷器、侯家庄墓园模型及墓中出土文物；第三层陈列书画、玉器、法器、雕刻及图书、文献、碑帖、织绣等；第四层为各种专题特展。在第三层后面建有一座26米长的走廊直通山腹的山洞，山洞距离地面50米，内有拱形洞三座，每座长180米，高、宽均为3.6米，分隔成许多个小库房，中间为通道，分类收藏着各种文物。

世界上最大的祭天建筑——北京天坛

北京天坛不仅是中国古建筑中的明珠，也是世界建筑史上的瑰宝。1998年，北京天坛被联合国教科文组织确认为"世界文化遗产"。

中国古代有正式祭祀天地的活动，可追溯到公元前两千年尚处于奴隶制社会的夏朝。中国古代帝王自称"天子"，他们对天地非常崇敬。历史上的每一个皇帝都把祭祀天地当成一项非常重要的政治活动。而祭祀建筑在帝王的都城建设中具有举足轻重的地位，必集中人力、物力、财力，以最高的技术水平，最完美的艺术去建造。在封建社会后期营建的天坛，是中国众多祭祀建筑中最具代表性的作品。

百条小龙保天坛

传说以前未修天坛时，旁边有一口深井，里面住着一条老龙，当老龙得知皇帝要在此修建天坛时，他就想让皇帝满足他一个愿望，因为老龙从未有当官的子孙，他想让皇帝封他的子孙为官，威风威风。皇帝知道老龙的愿望后，也觉得很是新鲜，索性就应了他的要求。本来龙是离不开水的，可这老龙非让他的儿孙趴在太阳底下等圣旨。太阳升得高高的，晒得地面都裂口子了，龙子龙孙们都快晒蔫了，东倒西歪地直哼哼。就在这时，一个太监飞马而来，小龙们都精神了，浑身用劲一挺，但是身上都僵硬了，变

◆ 天坛双亭

成石头了。老龙王一见这情景，顿足大哭，子孙再也变不回来了，知道他们没有当官的命，就让他们衷心保天坛吧！老龙王化阵清风而去，留下百条小龙永保天坛。据说光绪年间祈年殿大火，就是这一百条小龙喷水吐雾，把大火扑灭的。

天坛的布局

天坛的主要建筑均位于内坛，从南到

◆ 天坛祈年殿

北排列在一条直线上。全部宫殿、坛基都朝南成圆形，以象征天。整个布局和建筑结构，都具有独特的风格。祈年殿是皇帝祈祷五谷丰登的场所，是一座三重檐的圆形大殿，高38米，直径32.72米，蓝色琉璃瓦顶，全砖木结构，没有大梁，仅靠28根木柱和36根枋桷支撑，在建筑的造型上具有极高的艺术价值。

天坛被两重坛墙分隔成内坛和外坛，形似"回"字。两重坛墙的南侧转角皆为直角，北侧转角皆为圆弧形，象征着"天圆地方"。外坛的墙周长6553米，原本只在西墙上开辟祈谷坛门和圜丘坛门，1949年后又陆续新建了东门和北门，并把内坛南面的昭亨门改为南门。

天坛的内坛墙周长4152米，辟有六门：祈谷坛有东、北、西三座天门，圜丘坛的南面有泰元、昭亨和广利门。主要建筑都集中在内坛，南有圜丘和皇穹宇，北有祈年殿和皇干殿，两部分之间有隔墙相隔，并用一座长360米、宽28米、高2.5米的"丹陛桥"（砖砌甬道）连接圜丘坛和祈谷坛，构成了内坛的南北轴线。

建筑特点

天坛建筑的主要设计思想是要突出天空的辽阔高远，以表现"天"的至高无上。在布局方面，内坛位于外坛的南北中轴线以东，而圜丘坛和祈年坛又位于内坛中轴线的东面，这些都是为了增加西侧的空旷程度，使人们从西边的正门进入天坛后，就能获得开阔的视野，以感受到上天的伟大和自身的渺小。就单体建筑来说，祈年殿和皇穹宇都使用了圆形攒尖顶，它们外部的台基和屋檐层层收缩上举，也体现出一种与天接近的感觉。

天坛寓意

天坛还处处展示着中国传统文化所特有的寓意、象征的表现手法。北圆南方的坛墙和圆形建筑搭配方形外墙的设计，都寓意着传统的"天圆地方"的宇宙观。而主要建筑上广泛地使用蓝色琉璃瓦，以及圜丘坛重视"阳数"、祈年殿按天象列柱等设计，也是古代人宇宙观念的具体体现。

延伸阅读

天坛选址的传说

传说明代于北京建都之时，即开始寻觅祭天场所。一天夜里，电闪雷鸣，天门大开，七块巨石降落于此，皇帝身边的人说，这是上天的兆示，所以建造了天坛。因为七块巨石排列似北斗，故名"七星石"。后来很多人都要凿下一小块"来自天上"的石头，拿回家去做"镇物"。

中国皇家园林博物馆——颐和园

颐和园是我国现存规模最大、保存最完整的皇家园林，为中国四大名园之一。颐和园构思巧妙，是集中国造园艺术的巅峰之作，在中外造园史上拥有重大的影响力，被誉为皇家园林博物馆。1998年，颐和园被联合国教科文组织列入"世界文化遗产名录"。

颐和园，旧称"清漪园"，是世界著名的皇家园林。位于北京市西北部的海淀区。1888年重建，改名"颐和园"，耗银3000万两，历时十年。颐和园规模宏大，占

◆ 颐和园一景

地面积达2.97平方公里，各种形式的宫殿园林建筑3000余间。

十七孔桥的传说

颐和园里最大的一座桥，叫十七孔桥。它全长150米，东连八方亭，西接南湖岛。桥两侧的石栏杆上，雕刻着数百汉白玉石狮，它就像是一道虹，把人世间和蓬莱仙岛连接起来了。

十七孔桥的修建，传说还受到木工祖师鲁班的点化。相传，在乾隆年间修建十七孔桥的时候，请来许多能工巧匠。突然有一天，桥上来了一个七八十岁的老头，浑身脏兮兮的，背着一块石头叫卖，说是龙门石。谁也没有理睬他。这时天上下起了雨，老头儿只好蹲在树下避雨。正好，村西住的王大爷打这儿路过，见那个老头的样子，挺心疼，就让他搬到自个儿家里来住。老头儿为了感谢王大爷的好心，把自己的石头给了他，告诉他关键时候它能抵百两银子。说完，顺大道往南去了。

颐和园里修建十七孔桥的工程快完工了。乾隆皇帝准备前来"贺龙门"！没料到，桥顶正中间那块石头，怎么也凿不好、砌不上。可把工程总监急坏了，经人提醒方想起那个卖龙门石的老头儿。后来四处打听来到王大爷家。他一眼看到窗底下那块龙门石，就蹲下来量了量尺寸，结果长短薄厚一分不差，就好像是专为修桥琢磨的一样。总监高兴得合不拢嘴，留下一百两银子，就把这块龙门石运走了。这块龙门石砌在十七孔桥上，不偏不斜，严丝合缝，大伙都松了一口气。有个老石匠忽然醒悟过来，对大伙说这是鲁班爷下界，来帮忙修桥。

从这以后，鲁班爷帮助修建十七孔桥的故事就流传开了。

建筑布局

颐和园以万寿山和昆明湖为基址，吸收了江南园林的建造风格，是一座园林艺术和自然相结合的山水园。园林占地面积2.97平方公里，其中水域（昆明湖）占据了大部分，约220公顷。园内建筑以佛香阁为中心，共有亭、台、楼、阁、廊、榭等不同形式的建筑3000多间。全园大体分为三个区域：以仁寿殿为中心的政治活动区，以乐寿堂、玉澜堂和宜芸馆为主体的生活居住区，以万寿山和昆明湖等组成的风景游览区。整个景区规模宏大，是集中国园林建筑艺术之大成的杰作。

造园艺术

颐和园集传统造园艺术之大成，万寿山、昆明湖构成其基本框架，借景周围的山水环境，饱含中国皇家园林的恢宏富丽气

◆ 颐和园十七孔桥

势，又充满自然之趣，高度体现了"虽由人作，宛自天开"的造园准则。颐和园亭台、长廊、殿堂、庙宇和小桥等人工景观与自然山水融为一体、不露痕迹，体现了造园艺术的高妙，是中国园林建筑的巅峰之作，在中外园林艺术史上地位显著，无可替代。

延伸阅读

颐和园长廊人物故事彩画的来历

据说乾隆皇帝的母亲喜欢听故事，经常一边在长廊中游览，一边让宫女给她讲各式各样的故事听。有些她特别喜欢的故事，就让宫女们反复地讲。时间一长，宫女们肚子里的故事讲完了，以前讲过的故事也记不清了，这可难坏了宫女们。后来，她们想出了一个好办法：将故事的内容画在长廊两侧的梁枋上。故事越讲越多，梁枋上的人物故事彩画也越来越丰富。从此，宫女们再也不愁没有故事给太后讲了。

古代帝王行宫——承德避暑山庄

承德避暑山庄是我国著名的帝王宫苑，它以朴素淡雅的山村野趣为格调，取自然山水之本色，吸收江南塞北之风光，成为中国现存占地面积最大的园林。1994年，承德避暑山庄被联合国教科文组织列入"世界文化遗产名录"。

承德避暑山庄又名热河行宫，始建于1703年，占地564万平方米，环绕山庄蜿蜒起伏的宫墙长达万米，是中国现存最大的古典皇家园林。

烟雨楼的传说

避暑山庄的烟雨楼，是山庄内最晚的建筑之一，是仿浙江嘉兴烟雨楼形制在岛上修建的一组建筑。

据说，当年乾隆皇帝在避暑山庄游湖，午后喝了一些酒便在游船上睡着了。突然，他感觉自己到了一个月亮形的门前面，于是便走了进去，只见一个亭亭玉立的美人斜倚着栏杆，独自凭栏远眺。乾隆帝大喜，惊叹美人的沉鱼落雁之容。就在这时，游船晃动了一下，他醒了，一连几天他都做同样的梦。但是第八天之后，相同的梦境就再也未曾出现。乾隆帝思念这个美人，给她取名为"吉拉"。吉拉是满语，非常美丽的意思。后来乾隆帝下江南，来到一家绣坊，里面挂着一幅绣品，绣的是一个月亮门，门里站着自己的梦中情人。乾隆帝想都没想，便说出"吉拉"两字。绣坊中的女主人大惊，

讲述了一件奇事：原来，有一个道人为吉拉看相，说她的夫君是一个远方来的客人，能说出她的名字，于是吉拉的姐姐便绣了这个绣品，等候这位贵客的到来。乾隆带着吉拉回到了宫中，每次到避暑山庄时都和她在一起，并在山庄里为她修建了烟雨楼。

历史的见证者

避暑山庄，是中国清朝皇帝为了实现安抚、团结中国边疆少数民族，巩固国家统

◆ 承德避暑山庄永佑寺舍利塔

一的政治目的而修建的一座夏宫。避暑山庄兴建后，清帝每年都有大量时间在此处理军政要事，接见外国使节和边疆少数民族政教首领，使这里成为清代的第二个政治中心。

◆ 承德外八庙

这里发生的一系列重要事件、现存的重要遗迹和重要文物，成为中国多民族统一国家的重大历史见证。

宫苑与寺庙完美融合

承德避暑山庄的建筑由宫苑和寺庙两大部分构成，山庄周围依照西藏、新疆喇嘛教寺庙的形式修建了喇嘛教寺庙群，供西部、北部少数民族的上层及贵族朝觐皇帝时礼佛之用。在避暑山庄的东面和北面，武烈河两岸和狮子沟北沿的山丘地带，建造了11座寺院。其中8座由清政府直接管理，因而被称为"承德外八庙"。庙宇按照建筑风格分为藏式寺庙、汉式寺庙和汉藏结合式三种。这些寺庙融合了汉、藏等民族建筑艺术的精华，气势宏伟，极具皇家风范。这十二座建筑风格各异的寺庙，是当时清政府为了团结蒙古、新疆、西藏等地区的少数民族而修建的。这些寺庙雄伟壮观，和山庄内的宫殿形成一个有机整体。

月色江声

"月色江声"位于避暑山庄水心榭之北，为一椭圆形岛屿。建于清康熙四十二年（1703年）。临湖3间门殿，康熙帝题额为"月色江声"，取意于苏轼前后《赤壁赋》，每当月上东山，满湖清光，万籁俱寂，只有湖水微波拍岸，声音悦耳。岛上建筑布局采取北方四合院手法，殿宇之间有游廊相连。门殿西有冷香亭，盛夏可坐此亭赏荷。门殿北为静寄山房，是清帝读书处。房后莹心堂，亦为清帝书斋。堂后四合院，康熙帝题额为"湖山罨画"，开窗纵目远眺，湖光山色，掩映如画。

延伸阅读

万树园

万树园位于避暑山庄的平原区，植有各种树木万余棵，是清帝进行政治活动的重要场所。清朝最长寿的乾隆皇帝尤其钟爱这里，亲笔题为"万树园"。万树园北倚群山，南临澄湖，与金山和烟雨楼隔湖相望。平阔处绿草如茵，茂密处古树参天，是步行围猎的好场所。既具有江南的旖旎景色，又具备北国的雄浑风光。据说清帝在这里举行大型围猎之前，由哈萨克等少数民族敬献的良马齐集于此，是皇帝挑选宝马良驹的地方。

万树园北部坐落着28座蒙古包，站在高岗俯视，就像一把把绽放的白伞，又像一朵朵浮动的白云，点缀在绿色的地毯上。充满了北国风情。

姑苏园林甲天下——苏州园林

苏州园林是中国古典园林的杰出代表，被公认为是现实"咫尺之内再造乾坤"这一设计理念的典范。1997年，苏州古典园林作为中国园林的代表被列入"世界文化遗产名录"。

◆ 留园

苏州是中国著名的历史文化名城之一，素来以山水秀丽、园林典雅而闻名天下，有"江南园林甲天下，姑苏园林甲江南"的美称。苏州园林的造园风格，越来越多地被世界其他国家所吸收并获多项荣誉。

狮子林的传说

苏州城里有一座园林叫"狮子林"，是元代狮林寺的后花园。狮林寺又称"画禅寺"，相传是元朝的天如禅师创建。传说造狮子林的时候，请了不少能工巧匠，画了不少精巧的图样，天如禅师都不中意。后来大画家倪云林加以指点，才获得了天如禅师的认可。至今，倪云林画的《狮子林图卷》犹在传世。

造园方法

在造园的方法上，苏州园林大多采用欲露先藏的形式。以拙政园为例，刚跨入拙政园大门，便是"曲径通幽"的翠峰，这块假山挡住了人们的视线，使人产生更急切的观赏心理。等绕过假山，园中的景观豁然展现在眼前，这一收一敛，含蓄悠远，趣味盎然。园林中花样繁多的漏窗设计，更体现了苏州园林"欲露先藏"的特点。园林景色透过这些漏窗，半藏半露，配以光线的变化，更使得园林的景致变化万端。通过这虚实相映、藏露相显、明暗相映的手法彰显出中国园林的优美意境：含蓄而富于变化，有限的园林景色蕴含无限美。

宅院合一

苏州古典园林宅园合一，可赏，可游，可居，这种建筑形态的形成，是在人口密集和缺乏自然风光的城市中，人类依恋自然，追求与自然和谐相处，美化和完善自身居住环境的一种需求。拙政园、留园、网师园、环秀山庄这四座古典园林，建筑类型齐

◆ 拙政园

全，保存完整，系统而全面地展示了苏州古典园林建筑的布局、结构、造型、风格、色彩以及装修、家具、陈设等各个方面内容，是明清时期（14—20世纪初）江南民间建筑的代表作品，反映了这一时期中国江南地区高度的居住文明，曾影响到整个江南城市的建筑格调，带动民间建筑的设计、构思、布局、审美以及施工技术向其靠拢，体现了当时的城市建设技术水平和艺术成就。

意境之美

苏州园林作为我国私家园林的典范，表现出浓厚的美学价值，其最重要的美学特征是意境美。中国的私家园林大多讲究在有限的空间内布景铺陈，从中体现精巧的构思，雅致的情趣；从而在内敛含蓄之中引出无尽的情思与遐想，展现出一份闲情雅致。

中国古典园林意境的产生，正是造园者把自身心灵深处的意蕴物化于具体的景致之中，使主观在客观中得到观照，是意与境、情与景的有机融合。也反映了造园者的

主观意趣、造园思想，负载于具体物象上的志趣。通过暗示、象征等手段，让观赏者在欣赏园林物化形象的同时，体会到造园者所要表达的弦外之音、象外之致，从而产生园林的意境美。

文化意味

苏州古典园林，一向被称为"文人园林"。白居易在《草堂记》中说："覆篑土为台，聚拳石为山，环斗水为池"，这是文人园林的范式。"雨惊诗梦留蕉叶"，这是对苏州园林生动的写照；"风裁书声出藕花"，这是对园林意境最好的描摹。苏州园林充分体现了"自然美"的主旨，在设计构筑中，采用因地制宜，借景、对景、分景、隔景等种种手法来组织空间，造成园林中曲折多变、小中见大、虚实相间的景观艺术效果。通过叠山理水，栽植花木，配置园林建筑，形成充满诗情画意的文人写意山水易趣，在都市内创造出人与自然和谐相处的"城市山林"。

延伸阅读

留园三绝之鱼化石

留园三绝为"冠云峰""楠木殿"和"鱼化石"，其中保存在五峰仙馆的"鱼化石"堪称天然杰作。鱼化石是一幅天然的大理石画，恰似一面石屏，石表面中间部分隐隐约约群山环抱，悬壁重叠。下部流水潺潺，瀑布飞悬，上部流云婀娜。正中上方，一轮白白的圆斑，就像一轮太阳或者一轮明月，这是自然形成的一幅山水画，这块直径一米左右的大理石出产于云南点苍山中，厚度仅15毫米。

华北最大的藏传佛教寺院——雍和宫

雍和宫是一座皇家藏传佛教寺院，整个建筑布局完整，巍峨壮观，具有汉、满、藏、蒙民族特色。目前，雍和宫是全国著名的藏传佛教格鲁派寺院，是享誉海内外的藏传佛教艺术博物馆。

在北京城东北部坐落着一座金碧辉煌的皇家名刹，右侧隔街是著名的北京孔庙和国子监，左侧则与康熙时期的皇家名刹柏林寺毗邻，这就是清代规模最大的，也是北京地区乃至内地最为著名的一所藏传佛教皇家寺院——雍和宫。

雍和宫的历史

雍和宫在清代属于内务府所有，康熙三十三年(1694年)划归皇四子允禛的贝勒府邸，允禛晋封为亲王后又变成了雍亲王府，目前的雍和宫基本上保持了当年亲王府邸的规制。康熙帝驾崩后，允禛即位为皇帝，原来的府邸则成为"行宫"。雍正三年（1725年），雍正帝发布上谕将雍亲王府正式改名为"雍和宫"，取"时雍协和"的意思。

乾隆九年（1744年），乾隆帝按照黄教寺院制度，将雍和宫改辟为皇家藏传佛教寺院，并赐封幼年同窗章嘉国师为雍和宫住持。至此，雍和宫变成了蒙、藏各大呼图克图长期留京的驻锡之地。

雍和宫木雕三绝

檀木巨佛

雍和宫坐落在柏林寺右，乾隆帝恐其影响"龙潜禁地"风水，准备在雍和宫北部空旷之地建高阁供一尊大佛，以做靠障，借

◆ 雍和宫飞檐

助佛力保佑平安。1750年乾隆帝将治藏大权交予七世达赖喇嘛，达赖为报答"浩荡皇恩"，用大量珠宝从尼泊尔换来一株巨大的白檀木。由西藏经四川，历时三年之久才运

◆ 雍和宫永康阁

抵北京。之后，雕刻大佛的工程开始了，先搭盖一座"芦蓬"，然后才由设计师着手。雕刻成的大佛高二十六米，地上十八米(地下埋有八米)，直径八米，全重约一百吨，完全用一棵完整的白檀木雕成，是中国最大的独木雕像。由于雕像太大，因此又建造了万佛阁。这尊大佛体态雄伟，全身贴金，镶有各种珠宝。他身上披的大袍，连里带面就用去了五千四百匹黄缎。

楠木佛龛

楠木佛龛在万福阁东厢的照佛楼内，上、下两层共十间楼房，楼里有一尊照佛（旃檀佛）。整个佛龛用透雕手法突出的九十九条立体金龙翻腾于云海之中，形态逼真，具有极高的艺术价值。

五百罗汉山

"五百罗汉山"在法轮殿，整个山体由紫檀木雕刻而成，层峦叠嶂、阁塔错落；五百个用金、银、铜、铁、锡铸制的罗汉置

身其间；讲演佛法的，降龙伏虎的，乘鹤飞升的，或坐或卧，或醉或思，或笑或痴，姿势生动，神态各异，造型逼真，雕技精湛。由于战火的原因，这件艺术珍品遭到了一定的损毁，目前山上罗汉仅存四百四十九尊。

雍和宫的历史意义

雍和宫这座皇家藏传佛教寺院，自建立伊始，就一直承载着联系蒙、藏与中央王朝政治宗教关系的重要历史使命。在漫长的历史时期里，雍和宫的历史与清王朝的民族宗教政策、民族政治关系和文化艺术交流紧密联系在一起。

延伸阅读

唐卡中的佛教故事

佛传故事是描述释迦牟尼一生教化生涯的事迹图画。雍和宫唐卡中表现佛传故事内容的并不多，永康阁北墙面南正中的一幅，即《如意宝树本生记》唐卡中的第11幅，描绘的就是佛传故事。称为八相成道或十二相成道：即从兜率天降、入胎、诞生、学书习定、婚配赛艺、离俗出家、苦行、誓得大菩提、降魔成佛、转法轮、度化其母从天降临、示涅槃。主尊释迦佛造型坚实优雅，细眉广目，启目垂神，鼻端唇锁，密意从容，充满智慧与慈悲的美感，佛的故事自左侧上方向下徐徐展开，宛若一幅连环画。

三教合一的胜景——恒山悬空寺

恒山悬空寺始建于1500多年前的北魏王朝后期，历代都对悬空寺做过修缮，北魏王朝将道家的道坛从平城（今大同）南移到此，古代工匠根据道家"不闻鸡鸣犬吠之声"的要求建设了悬空寺，是国内仅存的佛、道、儒三教合一的独特寺庙。

悬空寺坐落于山西省浑源县恒山下金龙口西崖的峭壁上。根据《恒山志》，悬空寺始建于北魏晚期太和十五年（491年），距今已有1500多年的历史，后经历代多次重修，具有了相当的规模，是中国现存极为罕见的一座高空建筑，被誉为"建在绝壁上的危楼"。

悬空寺胜景

恒山悬空寺现存的建筑是明、清两代所建。悬空寺背西面东，像是悬在一幅巨大屏风中腰的玉雕。寺门朝南，寺内有楼阁

◆ 恒山悬空寺

殿宇40间。南、北各有一座三檐歇山顶的建筑，危楼耸起，对峙而立，从低向高，三层叠起。六座殿阁，相互交叉，飞起栈道相连，高低相错，用木制楼梯相沟通，曲折迂回，参差有致，高下错落，虚实相交，构思布局妙不可言。整个寺庙，错综而不零乱，交叉而不失严谨，似虚而实，似危实安，实中生巧，危里见俏，给人一种随时都会下坠的危险感。

悬空寺不仅是一个建筑上的杰作，还是一座雕塑博物馆，寺内塑像颇多，并有各种铜铸、铁铸、泥塑、石雕像80尊。三圣殿内的释迦、韦驮、天女等塑像，形体丰满，神态感人，是悬空寺内彩塑中的佼佼者。更为特殊的是地处悬空寺最高层的三教殿内，释迦牟尼、老子、孔子的塑像共居一室，耐人寻味。佛教、道教、儒教始祖同居一室，确不多见。

悬空寺所处之地风景优美，依傍着一块巨大的水域，这就是恒山水库。水库蓄水达1300万立方米，灌溉良田数万亩。夏日，

两侧青山侧立，黛色的山峦在水中显出倒影。水色清碧，波光粼粼，山花烂漫，飞鸟鸣叫，流泉飞瀑，犹如人间天上。

建筑特点

恒山悬空寺距地面高约50米，是对我国建筑传统和建筑风格的一大创新，其建筑特色可以概括为"奇、悬、巧"三个字。"奇"的是建寺设计与选址，悬空寺处于深山峡谷的一个小盆地内，全身悬挂于石崖中间，石崖顶峰突出部分好像一把伞，使古寺免受雨水冲刷。山下的洪水泛滥时，古寺也免于被淹。四周的大山也减少了阳光的照射时间。优越的地理位置是悬空寺能完好保存的重要原因之一。"悬"是悬空寺的另一特色，全寺共有殿阁40间，表面看上去支撑它们的是十几根碗口粗的木柱，其实有的木柱根本不受力，所以有人用"悬空寺，半天高，三根马尾空中吊"来形容悬空寺。而真正的重心撑在坚硬岩石里，利用力学原理半插飞梁为基。"巧"体现在建寺时因地制宜，充分利用峭壁的自然状态布置和建造寺庙各部分建筑，将一般寺庙平面建筑的布局、形制等体现在立体的空间中，山门、钟鼓楼、大殿、配殿等无一缺憾，设计之精巧令人叹奇。

修造悬空寺的历史

悬空寺原名"玄空寺"，取道家之"玄"、佛家之"空"，形貌楼阁而得名。

始建初期，最高的三教殿距地面有90米高，因历年来河床淤积，现今仅剩下58米高。随着时间的推移，悬空寺遭受到一定程度的损坏，唐代曾经予以维修。唐开元

◆ 悬空寺夜景

二十三年（735年），大诗人李白游览悬空寺后，在石崖上书写了"壮观"二字。后来，金代、元代都曾对损坏的建筑予以重修。到了明清时期，恒山的建筑得到大规模修建，悬空寺也得到了较好的维护，人们称之为"三寺四祠九亭阁，七宫八洞十二庙"。可惜这些建筑遭到破坏，目前的悬空寺就是明清时的遗存。明代旅行家徐霞客游恒山后，把它录入了《徐霞客游记》中。

延伸阅读

"壮"字旁边的点

悬空寺下方有"壮观"二字，传说是李白所书，其中"壮"字的右边多了一个点，据说是李白看到悬空寺后，觉得"壮观"二字也无法描述它的雄伟，所以又在"壮"字旁边加了一点，以示强调。

中国先哲的故居——曲阜孔庙

孔庙是中国现存规模仅次于故宫的古建筑群，堪称中国古代大型祠庙建筑的典范。孔庙是中国渊源最古、历史最长的一组建筑物，也是海内外数千座孔庙的先河与范本。1994年被世界遗产委员会认定为"世界文化遗产"。

孔庙原是孔子的故宅，公元前478年，也就是孔子逝世的第二年，鲁哀公将其改建成庙，以便后人拜祭。此后，历代均有扩建，从而成为国内最大，也最重要的祭孔子的场所。孔庙内集中了大量文物，其中以石碑最为著名，这里陈列着大量碑碣石刻，总数1044块，仅次于西安碑林，而汉碑的数量则名列全国第一，历代石碑中的罕见之作和珍品蔚为大观，被称为"中国第二碑林"，是研究中国古代书法和文化艺术的宝贵资料。

孔庙的祀主

孔庙的祀主孔子是春秋时代鲁国人，他是一位伟大的教育家，同时也是一位音乐家，他既会唱歌，又会弹琴作曲。他在与人一同唱歌时，如果别人唱得好，他一定请人家再唱一遍，自己洗耳恭听，然后再和一遍。孔子曾跟师襄学琴，某天师襄教给他一首曲子，让他自己练习，他足足练了十来天，仍然没有停下来的意思，师襄忍不住了，说："你可以换个曲子练练了。"孔子答道："我虽然已熟悉它的曲调，但还没有摸到它的规律"。过了一段时间，师襄又

说："你已摸到它的规律了，可以换个曲子练了。"不料孔子回答："我还没有领悟到它的音乐形象哩。"如此又过了一段时间，师襄发现孔子神情庄重，四体通泰，好似变了个人一般。这次不待师襄发问，孔了就先说道："我已经体会到音乐形象了，黑黝黝的，个儿高高的，目光深远，似有王者气概，此人非文王莫属也。"师襄听罢，大吃一惊，因为此曲正好名叫《文王操》。由此

◆ 孔庙

可见，孔子无愧为圣哲。后世人为了祭奠这位伟大的哲学家、政治家和教育家，在全国各地修建了无数孔庙。

◆ 大成殿的雕龙石柱

总体设计

孔庙现存部分占地327.5亩，建筑物466间，布局严谨，气势宏伟。孔庙的主体建筑是大成殿，高31.89米，宽54米，进深34米。廊下有28根龙古柱，每根石柱都用整块石材雕成。前廊下的十根石柱用深浮雕的手法雕成双龙对舞，衬以云朵、山石、波涛，造型优美生动，是罕见的艺术瑰宝。

孔庙前为神道，两侧栽植桧柏，营造出庄严肃穆的气氛，培养谒庙者崇敬的情绪；庙的主体贯串在一条中轴线上，左右对称，布局严谨。前后九进院落，前三进是引导性庭院，只有一些尺度较小的门坊，院内遍植成行的松柏，浓荫蔽日，创造出使人清心涤念的环境，而高耸挺拔的苍桧古柏间辟出一条幽深的甬道，更使人感到孔庙历史的悠久，又烘托了孔子思想的深邃。座座门坊高揭的额匾，极力赞颂孔子的功绩，给人以强烈的印象，使人顿生敬仰之情。第四进庭

院，建筑雄伟，黄瓦、红墙、绿树，交相辉映，既喻示出孔子思想的博大高深，也喻示了孔子的丰功伟绩，而供奉儒家贤达的东西两殿长166米，喻示了儒家思想的源远流长。第七进院落中的"杏坛"，据说是孔子生前讲学处。

建筑史上的"孤例"

两千多年来，曲阜孔庙旋毁旋修，从未废弃，在国家的保护下，由孔子的一座私人住宅发展成为规模形制与帝王宫殿相媲美的庞大建筑群，这在中国历史上是绝无仅有的。曲阜孔庙以其规模之宏大、气魄之雄伟、年代之久远、保存之完整，被我国著名建筑学家梁思成称为世界建筑史上的"孤例"。

延伸阅读

会发声的孔庙石柱

据说公元1748年，乾隆皇帝赴曲阜祭孔，当他走到大成殿前的10根浮雕蟠龙柱前时，被那举世无双的石雕艺术惊呆了。对飞舞翻腾的龙姿，栩栩如生的神态，玲珑透雕的刀工连声叫绝，慨叹连紫禁城太和殿也望尘莫及。乾隆抚摸龙柱，良久不语。突然，他向后一转，对着雕龙柱前的那两个莲花石柱用手一敲，自言自语地说："只有孔子才有资格独享雕龙柱这样的殊荣。"谁知，莲花柱顶端经乾隆帝一拍，竟发出了清脆悦耳的金石之声。有人说，这是龙指摸过的，当然非同一般；有人说，这是孔子感化的，所以响声若琴。实际上这只是特殊的建筑设计所造就的奇特发声功能。由此也可看出古代建筑师们的智慧。

道教建筑的典范——武当山古建筑群

武当山古建筑中的宫阙庙宇集中体现了中国元、明、清三代世俗和宗教建筑的建筑水平，是我国古代宗教建筑的一项重要成就。1994年被世界遗产委员会认定为"世界文化遗产"。

武当山是唐代以来中国道教的发祥地，有规模宏大的道教古建筑群。始建于唐贞观年间，宋代也有所扩建，元代进一步扩大规模，明朝达到修建的鼎盛时期。明成祖朱棣甚至亲自主持修建武当山的宫观，一次动用民工数十万，在武当山大兴土木，历时12年，建成了9宫、9观、36庵堂、72岩庙的大规模道教建筑群。

◆ 武当山一绝："龙头香"

武当山的建筑在现存的道教建筑中规模之大、规制之高、构造之严谨、装饰之精美，都是绝无仅有的，在世界上也属罕见。武当山古建筑群总体规划严密，主次有序。选择建筑位置，注重周围环境，讲究山形水脉，聚气藏风，达到了建筑与自然的高度和谐。

武当山代表建筑

治世玄岳牌坊

建于明嘉靖三十一年(1552年)。位于武当山镇东4公里处，为进入武当山的第一道门户，又名玄岳门。系石凿仿大木建筑结构，三间四柱五楼牌坊，高11.9米，阔14.5米。明间与次间之比为5:3。坊柱高6.4米，柱周以铁箍加固。柱顶架龙门枋，枋下明间为浮雕大小额枋上部出卷草花牙子雀替，承托浮雕上枋和下枋，枋间嵌夹堂花板，构成明间高敞、两侧稍低的三个门道。正楼架于龙门枋上，明间左、右立枋柱，中嵌矩形横式牌匾。次间各分两层架设边楼、云板与次楼，构成宽阔高耸的正楼、边楼，由上而下，逐层外展的三滴水歇山式的枋楼，中嵌横式牌匾刻嘉靖皇帝赐额"治世玄岳"。此坊结构简练，构件富于变化，全用榫卯拼合，装配均衡严谨，枋身装饰华丽，雕刻精工，运用线刻、圆雕、浮雕等方法，雕刻了人物、动物和花齐图案等，是南方石作牌楼之佳作，也是明代石雕艺术珍品。

南岩宫

从元代至元二十二年开始修建，一直到至大三年完工(1285—1310年)，后来明成祖朱棣又进行了扩建。南岩宫位于独阳岩下，山势飞翥，状如垂天之翼，以峰峦秀美而著名。现存建筑21栋，建筑面积3505平方米，占地9万平方米。有真庆宫石殿、两仪殿、皇经堂、八卦亭、龙虎殿、大碑亭和南天门建筑物。主体建筑为真庆宫石殿，建于元代，面阔11米，进深6.6米，通高6.8米，梁、柱、门、窗等均以青石雕凿而成。顶部前坡为单檐歇山式，后坡依岩，做成悬山式，檐下斗栱均作两跳，为辽金建筑斗栱的做法。龙头香，长3米，宽仅0.33米，横空挑出，下临深谷，龙头上置一小香炉，状极峻险，具有较高的艺术性和科学性。

复真观

建于明永乐十年(1412年)，清康熙二十二年(1683年)重修。位于狮子峰前，现存建筑20栋，建筑面积3505平方米，占地6万平方米。观门侧开，建有夹墙复道，状如游龙。中轴线上有照壁、梵帛炉、龙虎殿、大殿、太子殿。左侧道院建有皇经堂、芷经阁、庙亭、斋房，随山势重叠错落。前有五云楼，五层楼翼角立柱上架设12根梁枋，交叉叠阁，为大木建筑中少见的结构，有一柱十二梁之称。

武当山规划特点

武当山古建筑的布局，注重山形水脉，疏密有致。充分利用了峰峦的高大雄伟和

◆ 武当山仪门

崖洞的奇峭幽邃，将不同的建筑都置于峰峦岩洞间的合适位置，使它们与周围林木、岩石、溪流和谐一体，相互辉映，宛如一幅天然图画。宫、观、楼、阁、亭、台雄踞峰顶，或傲然水边，或深藏山坳，或濒临险崖，达到了建筑与自然的高度和谐，具有浓郁的建筑韵律和天才的创造力。明朝人自豪地称武当建筑群为"万世之伟观"，尽管目前不少建筑已被损毁，然而现存的建筑仍然折射出昔日的风采，绝妙之处令人称奇不已。

延伸阅读

海马吐雾

在武当山金殿的房脊上，装饰着很多铜铸鎏金的龙、凤、马、狮等珍禽异兽，它们金光闪闪，栩栩如生。其中有一只金马全身发黑，道教称之为"海马"。相传每到夏季，它经常口吐雾气，飘向碧空，化为紫霞，同时还会对天空发出"吹吹"的长啸声，据说是它给雷公雨师发的信号，雷公雨师听到叫声，火速赶来，马上就会出现"雷火炼殿"的奇观。

神仙都会——青城山古建筑群

青城山，素有"洞天福地""人间仙境"之誉，青城山为中国道教发源地之一，属道教名山，有"青城天下幽"的美誉。于2000年和都江堰一起被世界遗产委员会认定为"世界文化遗产"。

青城山全山有36座山峰，诸峰环绕状如城郭，山上树木茂盛，终年青翠，故名青城。山上古建筑众多，以上清宫为核心，宫观相望，山色清幽。

青城山古建筑

上清宫

上清宫位于青城山第一峰、距峰顶约500米的半坡上。始建于晋代，现存庙宇为清朝同治年间所建，宫内祀奉道教始祖太上老君，有塑像和《道德经》五千言木刻，还有麻姑池、鸳鸯井等传说遗迹。

建福宫

建福宫坐落于丈人峰下。始建于唐开元十八年(730年)，后经历代多次修复，现仅存两殿三院。现存建筑为清代光绪年间(1888年)重建。现有大殿三重，分别奉祀道教名人和诸神，殿内柱上394字的对联，被赞为"青城一绝"。建福宫筑于峭壁之下，气度非凡。其左侧是明庆王府王妃遗址，西行一千米，即至岩石耸立、云雾缭绕的"天然图画"。宋代诗人范成大曾在此为宋帝祈祷，皇帝特授名为"瑞庆建福宫"。宫观内保存有古木假山、委心亭、明庆王府王妃的梳妆台遗址，以及壁画、楹联等文物。

天师洞

天师洞洞中有"天师"张道陵及其三十代孙"虚靖天师"像。自建福宫北行两公里即至青城主观——天师洞。天师洞始建于隋朝大业年间，三面环山，一面临涧，古树参天，十分幽静。现存殿宇建于清末，规模宏伟，雕刻精细，并有不少珍贵文物和古

◆ 青城山

树。天师洞右下角有一小殿，名三皇殿，内有轩辕、伏羲、神农石像。洞门前有一株古银杏树，高约50米，胸围7米多，直径2.24米。据说乃张天师手植，树龄已达两千余年。

◆ 青城山山门

祖师殿

祖师殿位于天师洞右后侧山腰间，出天师洞过访宁桥即到。祖师殿又名"真武观"，创建于唐代。唐代诗人杜光庭、薛昌，宋代张愈均在此隐居。唐睿宗的女儿玉真公主也曾在此修道。该殿环境幽静，殿内有真武祖师、吕洞宾、铁拐李等神仙塑像及八仙图壁画、诗文刻石等。

朝阳洞

朝阳洞位于主峰老霄顶岩脚，洞口正对东方，深广数丈，可容百人，传为宁封丈人栖息处。清人黄云鹄曾在此结茅而居，并撰联曰："天遥红日近，地厌绛宫宽。"

道教的创始地

青城山历来被当作中国道教的祖庭，道教大概形成于东汉时期。沛国丰邑人张道陵在青城山参悟老子的《道德经》，创立了"五斗米道"。后来张道陵羽化，被尊为"天师"，张道陵子孙所传播的道统也被称为"天师道"，此后道教开始向全国传播。到唐朝，道士杜光庭隐居青城山，进一步完善了道教的理论。把"天师道"和"上清道"相结合。到了明代，青城山又成为全真道龙门派的修行地。至此，青城山成为多个道教支派的发祥地，因此被道教的各个支系奉为祖庭。1995年，全国全真派传戒教务法会在青城山举行。由此可见，青城山对中国道教的发展具有不可估量的影响。

延伸阅读

普照寺与雪山寺的易名之争

相传雪山寺开山立庙后，代代相传，拥有一个信物，名曰"啸云剑"，为雪山寺镇庙之宝。后来"啸云剑"不幸被人盗去，住持方丈自责退位，从此杳无音信，雪山寺也就衰落下来。僧人认为这是旁边的蓥华庙改名普照寺相克所致：普照之下，雪山焉能不化？于是更换牌匾，将雪山寺更名为"乌云堂"，意在"乌云"遮挡"普照"，倒克普照寺。普照寺僧人也不甘示弱，在寺名前加上山名，换作"青峰山——普照寺"，取"青峰"谐音"清风"，意即"清风驱散乌云"，再反过来倒克雪山寺。

25

世界屋脊上的明珠——布达拉宫

布达拉宫是古代藏族地区宗教首领的驻锡地，是藏式古建筑的精华之作。现在它成了拉萨市的标志性建筑，是全世界人民都向往的游览胜地。1994年，布达拉宫被世界遗产委员会认定为"世界文化遗产"。

布达拉宫坐落在西藏自治区首府拉萨市中心的红山上，占地面积13万多平方米，高110余米，东西长360多米，山下海拔3650米。整个建筑依山修建，规模宏大，巍峨壮观，被誉为世界屋脊的明珠，是西藏著名的宫堡式建筑群，也是中国最著名的古代建筑之一。

布达拉宫的修建原因

公元7世纪，西藏当时正处于吐蕃王朝时期，藏王松赞干布勤政爱民，吐蕃日益强大。为了与中原的唐朝建立友好关系，引进中原先进技术和文化，松赞干布决定向唐朝文成公主求婚。《旧唐书·吐蕃上》记载："贞观十五年（641年），太宗以文成公主妻之……及与公主归国，谓所亲曰：'我父祖未有通婚上国者，今我得尚大唐公主，为幸实多。当为公主筑一城，以夸示后代。'遂筑城邑，立栋宇以居处焉。"这座城的主楼高9层，有宫室999间，加上顶层的一间佛堂共1000间。遗憾的是这座壮丽辉煌的建筑却遭到焚毁，仅存一座法王洞。17世纪中叶，五世达赖喇嘛建立了噶丹颇章地方政权，为扩大政治影响和巩固政教合一的农奴制，在布达拉山上的废墟基础上重建宫堡。

◆ 布达拉宫

◆ 布达拉宫之白宫

1645年动工，先建白宫，后造红宫，于1693年落成，工程历时近50年。以后历世达赖均有扩建和整修；十三世达赖进行了大规模的修建和增建，从而形成今日的规模。

白宫和红宫

白宫，是达赖喇嘛的冬宫，也曾是原西藏地方政府的办事机构所在地，高七层。位于第四层中央的东侧有寂圆满大殿，是布达拉宫白宫最大的殿堂，面积717平方米，这里是达赖喇嘛坐床、亲政大典等重大宗教和政治活动场所。第五、六两层是摄政办公和生活用房等。最高处第七层两套达赖拉喇嘛冬季的起居宫，由于这里终日阳光普照，故称"日光殿"。

红宫，主要是达赖喇嘛的灵塔殿和各类佛殿，共有8座存放各世达赖喇嘛法体的灵塔，其中以五世达赖喇嘛灵塔为最大。西侧寂圆满大殿是五世达赖灵塔殿的享堂，也是布达拉宫最大的殿堂，面积725平方米，内壁满绘壁画。其中，五世达赖进京觐见清顺治皇帝的壁画最为出名。殿内达赖喇嘛宝座上方高悬清乾隆皇帝御书"涌莲初地"匾额。法王洞是吐蕃时期遗存的建筑物，内有极为珍贵的松赞干布、文成公主、尺尊公主等人塑像。殊胜三界殿，是红宫最高的殿堂。另外，十三世达赖灵塔殿于1933年始建，是布达拉宫最晚的建筑。

历史和宗教意义

从17世纪中叶到1959年以前，布达拉宫一直是历代达赖喇嘛生活起居和从事政教活动的重要场所，是西藏地方政教合一的统治中心。布达拉宫蕴藏了藏、汉、蒙等民族在文化、艺术、宗教等方面的卓越成就。今天，布达拉宫以其辉煌的雄姿和藏传佛教圣地的地位，成为世界所公认的藏民族象征。

延伸阅读

布达拉宫的宫墙

今天的布达拉宫，是300多年前五世达赖在原布达拉宫废墟上重新修建而成。布达拉宫主楼外观13层，实际9层，高117米。最神秘也是令中外建筑学家叫"绝"的当属宫墙。

据说，宫殿东墙由拉萨一带的石匠完成，墙角尖如刀斧。西墙由后藏石匠完成，讲求圆滑。传说，从东墙上扔下一只整羊，到墙底后羊能被劈成两半；从西墙上扔下一个鸡蛋，滚到下面却完好无损。

藏传佛教第一寺院——大昭寺

大昭寺是西藏现存最辉煌的吐蕃时期的建筑，也是西藏最早的土木结构建筑，并且开创了藏式平川式的寺庙布局模式。2000年，大昭寺作为布达拉宫的扩展项目被批准列入"世界遗产名录"。

藏族人民有"先有大昭寺，后有拉萨城"之说，大昭寺在拉萨市具有中心地位，不仅是地理位置上的，也是社会生活层面

◆ 大昭寺

的。大昭寺是西藏的第一座寺庙，是藏民心目中的金色圣殿，距今已有1300多年的历史，是全国重点文物保护单位。

建寺传说

相传大昭寺在建设时，几次均遭水淹。文成公主解释说，整个青藏高原是个仰卧的罗刹女，这个魔女呈人形，头朝东，腿朝西仰卧，大昭寺所在的湖泊正好是罗刹女的心脏，湖水乃其血液。所以文成公

主认为欲建寺必先填湖，把魔女的心脏镇住。另外，还要求同时在另外十二个地方建造小寺院，以镇住魔女的四肢和各个关节。由此，总共建成十三座寺院。大昭寺是其中最知名的一座。

大殿格局

大昭寺的主要建筑为经堂大殿。建筑构件为汉式风格，柱头和屋檐的装饰则为典型的藏式风格。主殿共四层，一层供奉着释迦牟尼的十二岁等身像，这是文成公主入藏时带来的佛像，是整个藏传佛教信徒们皈依的中心；二层供奉的是松赞干布、文成公主、尺尊公主等人的塑像；三层是一个天井，它的檐下和二层的檐下一样，排列着上百个人面狮身的伏兽木雕，有着明显的尼泊尔和印度风格；四层有四座镏金铜瓦顶，灿烂辉煌，具有典型的中原建筑风格。佛殿内外和四周的回廊满绘壁画，面积达2600余平方米，题材包括佛教、历史人物故事。此外，寺内还保存了大量珍贵文物，寺前矗立的"唐蕃会盟碑"，更是汉、藏两族人民友

◆ 大昭寺殿顶装饰

好交往的历史见证。

建筑风格

史料记载，唐代文成公主修建大昭寺时，曾从长安招来许多木工、画匠，如今在该寺的墙壁上还绘有当年各民族工匠在沼泽地上排水填石、架木垒墙的劳动情景。从主殿看，甘梁架斗拱都是汉族古典建筑中老式造型，柱头、檐部的装饰受到印度和尼泊尔文化的影响。由此可见大昭寺的建筑以藏式为主，融合了唐代和尼（泊尔）印（度）的某些建筑风格和特色，是多民族文化艺术的结晶。

历史地位

大昭寺是西藏第一座寺庙，建成时仅用来供奉佛像、佛经，之后历代扩建，开始有一些护寺僧侣。15世纪初，藏传佛教格鲁派（黄教）的开创者宗喀巴在大昭寺创立传昭大法会，并将之确立为藏传佛教界最大的法事活动，从此黄教声名鹊起。每年法会期间，各大寺庙僧人云集在此，杰出僧人进行激烈辩论。后来，达赖或班禅的受戒仪式也选在这里进行，使得此处成为西藏重大佛事活动的中心。

延伸阅读

九天之神帮助建寺

松赞干布把文成公主看成天神救度母化身。在大昭寺修建过程中，赞普亲自挥斧上梁，惊动九天之神，纷纷前来帮忙。一日，女仆送饭来到工地，只见上上下下都是松赞干布，真假难辨，不由得大惊失色，赶忙回去禀报赤尊公主。公主不信，亲自去看。一见果真如此，不由脱口说道："怪哉！"梁上的松赞干布听见赤尊公主说话，扭头下望，手中斧头不慎斜挥，将承檐的人面狮身像的鼻梁削平了。直到今日，我们还能看见，一百零八个人面狮身伏兽的鼻子都是扁平的。

第二讲
古楼 古塔 古桥

山巅筑有客家情——福建土楼

福建土楼是南方人民智慧的结晶，是生活与建筑的完美结合，是中国古建筑的一朵奇葩。2008年，福建土楼被认定为"世界文化遗产"，正式列入遗产名录。

福建土楼依山就势，布局合理，不仅吸收了中国传统建筑规划的"风水"理念，还适应聚族而居的生活和防御的要求，巧妙地利用了山间狭小的平地和当地的生土、木材、鹅卵石等建筑材料，其自成体系，具有节约、坚固、防御性强的特点，又富有审美需求。

五凤楼的传说

相传明朝万历年间，福建永定县城东

◆ 俯瞰土楼全景

门外的"墩上村"出了一位貌若天仙的女子余四娘。她自幼父母双亡，和一个弟弟相依为命。在她16岁时，被选入宫。聪慧美丽的余四娘一进宫便博得皇帝的欢心，不久便被册封为贵妃娘娘。但她思念胞弟，经常双眉紧锁，眼露忧伤，皇上得知后，马上降旨让国舅进京。谁知国舅并不贪恋京城，却喜欢上了皇宫五凤楼的造型。皇帝允许国舅在家乡盖一座五凤楼。余娘娘趁机请求皇帝让其乡邻分沾殊荣，仿建五凤楼。皇上满口答应。从此以后，在永定城乡，一座座五凤楼拔地而起，蔚为奇观。

时至今日，永定境内仍然还有30多座五凤楼保存完好。

土楼的材质

土楼的墙壁，下厚上薄，厚处有的竟达1.5米。夯筑时，先在墙基挖出又深又大的墙沟，夯实，埋入大石为基，然后用石块和灰浆砌筑起墙基。接着就用夹墙板夯筑墙壁。土墙的原料以当地黏质红土为主，掺入适量的小石子和石灰，经反复捣碎，拌匀，做成俗称的"熟土"。一些关键部位还要掺入适量糯米饭，红糖，以增加其黏性。夯筑时，要往土墙中间埋入杉木枝条或竹片为"墙骨"，以增加其拉力。就这样，经过反复的夯筑，筑起了有如钢筋混凝土般的土墙，再经外面抹了一层防风雨剥蚀的石灰，因而异常坚固，具有良好的防风、抗震能力。据《永定县志》，1918年发生大地震，白天桥桥有声，历时20分钟，夜里仍然有余震，但土楼始终挺立无恙。

◆ 土楼一角

是一个奇迹，充分体现了客家人集体的力量与高超的智慧，同时也闪耀着中华民族优秀文化的光彩。

土楼的特点

土楼除具有防卫御敌的特殊功能外，还具有防震、防火、防盗以及通风采光好等特点。由于土墙厚度大，因此具备隔热保温、冬暖夏凉的特色。福建土楼是先民智慧的结晶，其格局恢宏，令人肃然起敬。土楼和客家的民俗是分不开的，客家人世代相传、团结友爱、和睦共居的大家族是土楼文化的生命特质；可以说，土楼的特点，是与客家人的生活方式、民俗为一体的。

土楼的意义

土楼是世界第一流的生土建筑，历史悠久、数量众多、规模宏大、风格独特，被誉为独一无二的山区建筑，是世界建筑史上的奇葩，也是客家文化的典型形象。土楼群

延伸阅读

姑嫂争夸承启楼

据说一家土楼主人儿子结婚，邀请乡邻。一张酒席上的两个年轻女子斗嘴，一个说："我住的楼非常大。高四层，楼四圈，上上下下四百间，一个房间住一晚，够你住上一整年，我住的楼比你住的楼大吧？"另一个女子不甘示弱，也笑着说："我住的楼比你住的楼更大呢，你听'又像蘑菇又像城，楼里住了六百人，楼东日出楼西雨，三年不识全楼人'，我住的楼比你住的楼更大吧！"全桌的人都侧耳倾听，不一会儿互报楼名，全桌大笑。原来她们住同一栋楼而且论起关系，还是姑嫂，可见楼之大。

第二讲 古楼 古塔 古桥

如椽巨笔传名楼——南昌滕王阁

滕王阁位于江西省南昌市西北部沿江路赣江东岸，它与湖北黄鹤楼、湖南岳阳楼并称为"江南三大名楼"，滕王阁因唐太宗李世民之弟——被封为滕王的李元婴始建而得名，后来初唐诗人王勃一句"落霞与孤鹜齐飞，秋水共长天一色"，从而使其闻名。

◆ 滕王阁

素有"西江第一楼"之誉的滕王阁，雄踞南昌抚河北大道，坐落于赣江与抚河故道交汇处。依城临江，瑰伟奇绝。登阁纵览，春风秋月尽收眼底，近可见仿古商业街迂回曲折，错落有致，西侧赣江、抚江浩浩汇流，远处长天万里，西山横翠，南浦飞云，长桥卧波，令人心旷神怡。

历史沿革

始建于唐永徽四年，为当时任洪州都督的唐高祖李渊之子李元婴所建。20多年后，洪州都督阎公首次重修。在竣工后的宴会上，王勃写下名篇《滕王阁序》，并由此令滕王阁名扬四海。

后来历经宋、元、明、清，滕王阁历次兴废，先后修葺达28次之多，建筑规制也多有变化。1926年，滕王阁被北洋军阀邓如琢部纵火烧毁，仅存一块"滕王阁"青石匾。中华人民共和国成立后，曾主张修复，1985年10月22日重阳节正式开工，四年后建成。

建筑风格与格局

滕王阁主楼的色彩，绚烂而华丽。其梁枋彩画采用宋式彩画中的"碾玉装"为主调，辅以"五彩遍装"及"解绿结华装"。室内外斗拱用"解绿结华装"，突出大红基调，拱眼壁也按此色调绘制，底色用奶黄

◆ 临江眺望

色。天花板每层图案各异，支条深绿色，大红井口线，栀子花图案。椽子、望板均为大红色，柱子为朱红色，门窗为红木家具色。室外栏杆为古铜色。

主阁一层檐下有四块横匾，正东为"瑰伟绝特"，正西为"下临无地"匾，南北的高低廊檐下分别为"襟江""带湖"二匾。一楼西厅是阁中最大厅堂，西梁枋正中挂有白栋材书写的"西江第一楼"金匾。此厅陈放了一座滕王阁铜制模型，又叫"阁中阁"。

第二层为暗层，正厅的墙壁上，是大型丙烯壁画《人杰图》，画高2.55米，长20多米，画面上生动地描绘了自先秦至明末的江西历代名人。第三层是一个回廊四绕的明层，廊檐下有四幅巨型匾额，东为"江山入座"，西为"水天空霁"，南为"栋宿浦云"，北为"朝来爽气"，均系清顺治蔡士英重修滕王阁时所拟匾额。

第四层到第六层，是反映各个时代的

博物馆，主要陈设着历代和滕王阁相关的历史人物的组图和遗迹，以及凸显各个时代风貌的图绘。

文化影响

"时来风送滕王阁"，滕王阁因"初唐四杰"之首的王勃一篇雄文——《秋日登洪府滕王阁饯别序》而名贯古今，誉满天下。王勃的《滕王阁序》，脍炙人口，传诵千秋。

文以阁名，阁以文传，历千载沧桑而盛誉不衰。自王勃的"千古一序"之后，王绪曾为滕王阁作《滕王阁赋》，王仲舒又作《滕王阁记》，传为"三王记滕阁"的佳话。后大文学家韩愈又作《新修滕王阁记》。由此王勃、韩愈等人开创了"诗文传阁"的先河，使后来的文人学士登阁题诗作赋相沿成习。

延伸阅读

王勃与滕王阁

《旧唐书·王勃传》记载：王勃父亲担任交趾令，王勃前往探视，路过南昌时，洪州牧阎伯屿正在重修的滕王阁中宴请宾客及部属，他想夸耀女婿吴子章的才气，便事先拿出纸笔请宾客动笔作序。却不料王勃并不知道州牧的用心，居然毫不谦让接过纸笔。开始阎都督很不高兴，当王勃写出"落霞与孤鹜齐飞，秋水共长天一色"一句后，四座皆惊。阎都督听后不由得称其为天才之笔，至此，阎都督和众位官员开怀畅饮，尽欢而散。此次盛宴，也成为文化史上的一段佳话。

极目楚天第一景——武汉黄鹤楼

黄鹤楼是古典与现代的熔铸，素有"天下江山第一楼"之美誉。冲决巴山群峰，接纳潇湘云水，浩荡长江在三楚腹地与其最长支流汉水交汇，形成了武汉隔两江而三镇互峙的伟姿。独立黄鹤楼上，神游八极，思接千载，看江上舟楫如织，别有一番感慨。

黄鹤楼位于湖北省武汉市，雄踞长江之滨，蛇山之首，面临汹涌浩荡的江面，相对古雅清俊的晴川阁，刚好位于长江和京广线的交叉处，即东西水路与南北陆路的交汇点上。文化内涵厚重，气势廓大，享有"天下绝景"的美誉。

黄鹤楼传说

传说，有一位姓辛的男子，平日以卖酒为业。有一天，这里来了一位身材魁伟，但衣着褴褛，看起来很贫穷的客人，神色从容地问辛先生，可以给我一杯酒喝吗？辛先生不因对方衣着褴褛而有所怠慢，急忙盛了一大杯酒奉上。如此经过半年，辛先生并不因为这位客人付不出酒钱而显露厌倦的神色，依然每天请这位客人喝酒。有一天客人告诉辛先生说：我欠了你很多酒钱，没有办法还你。于是从篮子里拿出橘子皮，画了一只黄色的鹤在墙上，接着以手打节拍，一边唱着歌，墙上的黄鹤也随着歌声，合着节拍，蹁跹起舞，听到此事的客人都争相付钱观赏。如此经过了十年，辛先生也因而

◆ 楚天绝景

累积了很多财富。有一天那位衣着褴褛的客人，又飘然来到酒店，辛先生上前致谢说，我愿意照您的意思供养您，客人笑着回答说：我哪里是为了这个而来呢？接着便取出笛子吹了几首曲子，没多久，只见一朵朵白云自空而下，墙上画的鹤也随着白云

飞到客人面前，客人便跨上鹤背，乘白云飞上天去了。辛先生为了感谢及纪念这位客人和仙鹤，便用十年来赚下的银两在黄鹄矶上修建了一座楼阁，后称"黄鹤楼"。

黄鹤楼的历史

黄鹤楼在群雄纷争、战火连绵的三国时期，传说是为了军事目的而修建的，晋灭东吴以后，三国归于一统，该楼在失去其军事价值的同时，随着江夏城的发展，逐步演变成为观赏楼。往事越千年，黄鹤楼时毁时建、时隐时现，历经战火硝烟，沧海桑田，仅明、清两代黄鹤楼分别七建七毁。公元1884年，清代建的最后一座楼阁在大火中化为灰烬，新中国成立后，一座金碧辉煌、雄伟壮观的楼阁横空出世，真可谓千古风云传盛事，三楚江山独此楼。

文化影响

黄鹤楼濒临万里长江，雄踞蛇山之巅，挺拔独秀，辉煌瑰丽，很自然就成了名传四海的游览胜地。历代的名人如崔颢、李白、白居易、贾岛、夏竦、陆游等都曾先后到这里游览，吟诗、作赋。唐代诗人崔颢曾写下："昔人已乘黄鹤去，此地空余黄鹤楼。黄鹤一去不复返，白云千载空悠悠。晴川历历汉阳树，芳草萋萋鹦鹉洲。日暮乡关何处是，烟波江上使人愁。"后来李白也登上黄鹤楼，放眼楚天，胸襟开阔，诗兴大

◆ 黄鹤楼

发，正要提笔写诗时，却见崔颢的诗，自愧不如，只好说："眼前有景道不得，崔颢题诗在上头。"崔颢题诗，李白搁笔，从此黄鹤楼声名更盛。

延伸阅读

"江南三大名楼"

"江南三大名楼"是指黄鹤楼、滕王阁和岳阳楼。滕王阁坐落在江西省南昌市赣江之滨，它是一座大型的仿宋建筑，也是江南三大名楼中最高的楼阁。在滕王阁的门柱上，还有毛泽东手书的《滕王阁序》中的佳句"落霞与孤鹜齐飞，秋水共长天一色"。岳阳楼位于湖南省岳阳市洞庭湖西岸，它是三国时期东吴将领鲁肃为了对抗驻守荆州的蜀国大将关羽所修建的阅兵台，这是最早的岳阳楼的原型，它是江南三大名楼中修建年代最早的楼阁，也是江南三大名楼中唯一一个木质结构的建筑。

千年古都浮屠影——大雁塔

大雁塔是中国唐朝佛教建筑艺术的杰作，由唐代高僧玄奘主持修建，是古城西安的象征。1961年，大雁塔被国务院公布为第一批"全国重点文物保护单位"。

大雁塔又名"大慈恩寺塔"，位于陕西省西安市南大慈恩寺内。因坐落在大慈恩寺西院内，大雁塔原称"慈恩寺西院浮屠"（浮屠即塔的意思），是中国唐朝佛教建筑艺术杰作。

大雁塔修建历史

大雁塔始建于公元652年（唐高宗永徽三年），塔身五层。武则天执政时期重建，改为七层青砖塔。唐末以后，慈恩寺寺院屡遭兵火，殿宇被焚毁，只有大雁塔保留了下来。公元931年（五代后唐长兴二年）对大雁塔再次修葺。后来西安地区发生了几次大地震，大雁塔的塔顶震落，塔身震裂。公元1604年（明朝万历三十二年），在维持唐代塔体的基本造型上，在其外表完整地砌上了60厘米厚的包层，使其造型比以前更宽大，即是现今所见的大雁塔造型。

大雁塔的结构

大雁塔是砖仿木结构的四方形楼阁式砖塔，由塔基、塔身、塔刹组成，现通高为64.7米，塔基高4.2米，南北长约48.7米，东西长约45.7米；塔体呈方锥状，平面呈正方形。塔体各层均以青砖模仿唐代建筑砌檐

◆ 大雁塔前的玄奘雕像

◆ 大雁塔

柱、斗拱、栏额、檀枋、檐橼、飞橼等结构，磨砖对缝砌成，结构严整，磨砖对缝坚固异常。塔身各层壁面都用砖砌扁柱和阑额，柱的上部施有大斗，在每层四面的正中各开辟一个砖拱券门洞。塔内的平面也呈方形，各层均有楼板，设置扶梯，可盘旋而上至塔顶。塔上陈列有佛舍利子、佛足石刻、唐僧取经足迹石刻等。

大雁塔的艺术价值

大雁塔的底层四面皆有石门，门楣上均有精美的线刻佛像，西门楣为阿弥陀佛说法图，图中刻有富丽堂皇的殿堂。画面布局严谨，线条遒劲流畅，传为唐代画家阎立本的手笔。底层南门洞两侧镶嵌着唐代书法家褚遂良所书、唐太宗李世民所撰《大唐三藏圣教序》和唐高宗李治所撰《述三藏圣教序记》两通石碑，具有很高的艺术价值，人称

"二圣三绝碑"。

大雁塔的文化影响

唐代许多著名诗人登临大雁塔都留下传诵至今的佳句，如杜甫的"高标跨苍穹，烈风无时休"，章八元的"却怪鸟飞平地上，自惊人语半空中"等。尤其是岑参的《与高适、薛据同登慈恩寺浮图》："塔势如涌出，孤高耸天宫。登临出世界，磴道盘虚空。突兀压神州，峥嵘如鬼工。四角碍白日，七层摩苍穹。下窥指高鸟，俯听闻惊风。连山若波涛，奔凑似朝东。青槐夹驰道，宫馆何玲珑。秋色从西来，苍然满关中。五陵北原上，万古青蒙蒙。净理了可悟，胜因凤所宗。誓将挂冠去，觉道资无穷。"诗人气势磅礴的描写与富于哲理的感叹，常常让登塔的人有彻悟之感。

无边风月留丹青——湖南岳阳楼

岳阳楼屹立于湖南省岳阳市西北的巴丘山下，前瞰洞庭，背枕金鹗，遥对君山，南望湖南四水，北眺万里长江，极具气势。北宋范仲淹脍炙人口的《岳阳楼记》更使岳阳楼著称于世。

岳阳楼是江南三大名楼中唯一的一座保持原貌的古建筑，它的建筑艺术价值无与伦比。唐代大诗人孟浩然曾写下了"八月湖水平，涵虚混太清。气蒸云梦泽，波撼岳阳城"的诗句。

建造历史

岳阳楼始建于公元220年前后，其前身相传为三国时期东吴大将鲁肃的"阅军楼"，西晋南北朝时称"巴陵城楼"，中唐

◆ 清代岳阳楼模型

李白赋诗之后，始称"岳阳楼"。此时的巴陵城已改为岳阳城，巴陵城楼也随之称为岳阳楼了。千百年来，无数文人墨客在此登览

胜境，凭栏抒怀，并记之于文，咏之于诗，形之于画，工艺美术家亦多以岳阳楼为题材刻画洞庭景物，使岳阳楼成为艺术创作中被反复描摹、久写不衰的一个主题。

修楼传说

相传唐开元四年张说贬到岳州后，决定张榜招聘名工巧匠，在鲁肃阅兵台旧址修造"天下名楼"。有一位从潭州来的李木匠，手艺高强，擅长建造楼阁，被张说相中。张说限李木匠在一个月内设计出一座三层、四角、五梯、六门、飞檐、斗拱的楼阁图纸。谁知李木工摆弄了一个月的时间，设计出来的图纸只是一座过路小亭。张说很不满意，于是就再限他七天时间，一定要拿出与洞庭山水形胜相得益彰的楼阁图纸。

正当这位年轻木工一筹莫展时，一位白发老人走了过来，问清缘由，便把背的包袱打开，取出了里面带有编号的微型木制构件，问他是否喜欢，年轻木工敏锐地意识到这对自己有帮助，赶紧向老人道谢。老人告诉了他自己住的客栈名，如果有问题再来找他。木工道谢后，回去开始按照编号组装，

他摆了又撤，撤了又摆，果然构成了一座十分雄壮的楼型。他异常惊喜，认为是祖师爷显灵，赶去客栈拜访老人。老人说自己是鲁班的徒弟，姓卢。后来，老者在湖边留下了

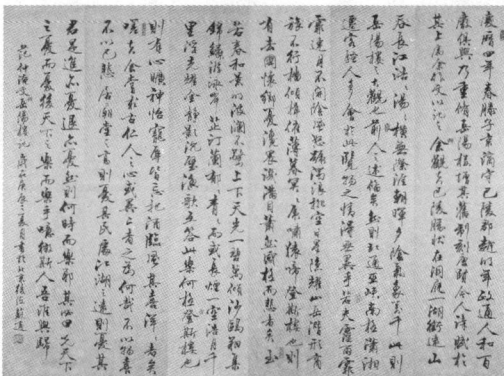

◆ 岳阳楼记

写有"鲁班尺"三字的木尺，一阵风后不见了。修筑楼阁的人们纷纷跪下，向老者逝去的方向叩头。不久，一座新楼拔地而起，果然气势恢宏，气象万千。

建筑特色

岳阳楼的建筑构制独特，风格奇异。气势之壮阔，构制之雄伟，堪称"江南三大名楼"之首。岳阳楼为四柱三层，飞檐、盔顶、纯木结构，楼中四柱高耸，楼顶檐牙啄，金碧辉煌。从远处望去，恰似一只凌空欲飞的鲲鹏。全楼高达25.35米，平面呈长方形，宽17.2米，进深15.6米，占地251平方米。中部以四根直径50厘米的楠木大柱直贯楼顶，承载楼体的大部分重量。再用12根圆木柱子支撑2楼，外以12根梓木檐柱，顶起飞檐。彼此牵制，结为整体，全楼梁、柱、檩、椽全靠榫头衔接，相互咬合，稳如磐石。全楼无一砖石，全用木料构成。飞

檐、楼顶均盖黄色琉璃筒瓦，飞檐尖端饰以龙凤，昂首翘尾似欲腾飞。其三楼楼顶外貌酷似古代将军头盔，俗称盔顶，为岳阳楼独创。

文化价值

岳阳楼包含了中国传统知识分子忧国忧民的情结，逐渐形成一种以忧国济世为传统的文化。宋代滕子京担任巴陵郡守，重修岳阳楼。他认为"楼观非有文字称记者不为久，文字非出于雄才巨卿者不成著"。因此命人画了一幅《洞庭晚秋图》，另外写了一封信，一起寄给大文学家范仲淹，请他为楼作记。当时范仲淹正被贬到河南邓州，见其书信后，欣然奋笔疾书，写下了名传千古的《岳阳楼记》。全文369字，字字珠玑，文章情景交融，内容博大，哲理精深，气势磅礴，语气铿锵，堪称绝笔。尤其其中"先天下之忧而忧，后天下之乐而乐"一句，体现了中华民族仁人志士的高尚情怀，成为人们广为传诵的千古名言。自此岳阳楼名扬中外。

延伸阅读

凤斗龙

范仲淹的一篇《岳阳楼记》，使岳阳楼一举成名，广为流传。据说到了清朝，慈禧当权，岳阳当地的官吏为了迎合慈禧太后，在重修岳阳楼之时，特在岳阳楼旁建了一座亭子，将传统建筑中椽角装饰龙虎的习惯打破，装饰上凤凰，传为天下奇谈。

四面云山拱一柱——应县木塔

山西应县木塔设计科学严谨，构造完美，是一座既有民族风格，又符合宗教要求的建筑，是我国现存最高最古的一座木构塔式建筑。由于其珍贵的历史价值和文物价值，被国务院公布为"全国重点文物保护单位"。

山西应县木塔全称为"应县佛宫寺释迦塔"，建于辽清宁二年（1056年），位于山西省朔州市应县城内西北佛宫寺内，塔高67.31米，底层直径30.27米，呈平面八角形。应县木塔的设计，大胆继承了汉、唐以来富有民族特点的重楼形式，充分利用传统

◆ 应县木塔

建筑技巧，整体宏伟、结构精巧、外形稳重庄严，是建筑艺术与使用功能高度统一的典范。它那巍峨擎天的身躯、严谨精巧的结构、交错默契的斗拱，均令人赞叹叫绝。这些特点，表现了我国古代建筑师们的聪明才智，反映了中华民族在古代建筑工程方面的伟大成就。

三颗灵珠的故事

传说，应县木塔的雄伟壮观吸引着天下游人，连玉皇大帝都被惊动了。为了保护这座惊世建筑，使木塔与岁月共存，玉皇大帝派火龙神送来了避火珠，又派龙王爷送来了避水珠。送宝珠的神仙看见善男信女每天清扫木塔很辛苦，便报告了玉皇大帝，于是应县木塔又有了避尘珠。有一年七月，南山的小石峪、大石峪等九个峪口的洪水都向木塔四周汇集，汹涌的波涛直向木塔冲来。可是到了木塔跟前，突然波平浪静。水面逐渐形成锅底状，积聚的洪水绕过木塔，缓缓向四面八方流去。人们都说："避水珠可真灵啊！"这三颗宝珠分别安放在释迦牟尼佛像最高贵的部位，从此，塔内一片珠光宝气。

◆ 木塔前牌楼

巍巍木塔可以自行防水、防火、防尘。

应县木塔的建筑风格

应县木塔外观五层，底层扩出一圈外廊，称为"副阶周匝"，与底屋塔身的屋檐构成重檐，共有六重塔檐。每层之下都有一个暗层，所以实际结构是九层。暗层外观是平座，沿各层平座设栏杆，可以凭栏远眺，身心也随之融合在自然之中。木塔高峻而不失凝重，各层塔檐基本平直，角翘十分平缓。平座以其水平方向与各层塔檐协调，又以其材料、色彩和处理手法与塔檐对应，与塔身协调，是塔檐和塔身的必要过渡。平座、塔身、塔檐重叠而上，区隔分明，线条清晰，强调了节奏，丰富了轮廓线，也增加了横向力度。使高耸的大塔时时回顾大地，稳稳当当地坐落在大地上。底层的重檐处理更增强了全塔的稳定感。

应县木塔的构件处理

由于塔建在4米高的两层石砌台基上，内外两槽立柱，构成双层套筒式结构，柱头间有栏额和普柏枋，柱脚间有地伏等水平构件，内外槽之间有梁枋相连接，使双层套筒紧密结合。暗层中用大量斜撑，结构上起圈梁作用，加强木塔结构的整体性。塔建成三百多年至元顺帝时，曾经历大地震七日，仍岿然不动。

和木塔相关的习俗

每年的端午节，当地百姓都要身着新装，全家老少相伴到木塔前烧香拜佛，并登上木塔的最高层，表示节节高升。如今，木塔作为国家重点文物加以保护，人们虽然不能再登塔眺望，但仍然到塔前烧香祈祷，场面十分隆重。从某种程度上讲，应县木塔已经成为山西的标志性建筑之一。

延伸阅读

木塔夜间放光的传说

传说，应县木塔夜间有放光现象。古代有过，近代也有过。可是塔内没灯、没火，木塔周围也是一片漆黑，既没有灯光的照映，也没有火光的反射，怎么会有放光现象呢？

有人说，木塔夜间放光总是在修理木塔之后。据说，明代和清代时期塔内放光，就是木塔大修理之后的现象。清代中期，还因为塔内放光而挂了匾，名曰：慈光远照；清代晚期，也因为塔内放光挂了匾，名曰：奎光普照。近年间，有的人在夜间看到塔内放光，也许是由于经常修理木塔吧。

又有人说，清代晚期，慧能大师在塔内佛前念经。三天后佛祖托梦给他，说应州人信佛虔诚，应该给人们好的报应，同时在报应之前要让人们有所觉察，便在塔内放了一颗夜明珠。所以每当木塔修理完毕，宝塔就会放光。

亚洲最古老的私家藏书楼——天一阁

天一阁藏书楼是我国现存历史最久的藏书楼，是亚洲现存最古老的图书馆，也是世界上现存最古老的三大家族图书馆之一。它是以藏书文化为特色，融社会历史、艺术于一体的综合性博物馆，被国务院公布为"全国重点文物保护单位"。

天一阁坐落在宁波月湖之西，始建于明嘉靖年间，占地26000平方米，环境幽雅，园林精美、建筑古朴，富有浓郁的地方特色。总体布局由藏书文化区、园林休闲区、陈列展览区三大功能区组成。早在清乾嘉时期，著名学者阮元就说过："范氏天一阁，自明至今数百年，海内藏书家，惟此岿然独存。"它的创建人是明嘉靖年间兵部右侍郎范钦。

范氏和天一阁

范钦（1506—1585年），字尧卿，号东明。27岁考中进士，曾担任工部员外郎、随州、袁州知府以及其他地方官，足迹遍及大半个中国。他平生酷爱读书，每到一地必搜罗书籍，进行辑录，成为一代大藏书家。

嘉靖三十九年，范钦因得罪权奸严嵩之流，辞官归里。为了保护藏书，遂造天一阁。阁主楼为二层硬山顶建筑，底层进深各6间，二层为一大通间，以书橱间隔，结构

成"天一地六"之势。阁前凿"天一"池，做蓄水防火之用。

范钦和他的后人为了保护好藏书，还制订了许多具体而严格的禁约。如烟酒切忌登楼；子孙无故开门入阁者，罚不与祭三

◆ 天一阁入口

次；私领亲友入阁及擅开书橱者，罚不与祭一年；擅将藏书借出外房及他姓者，罚不与祭三年，因典押事故者，除追惩处，永行摈逐，不得与祭……不能参加祭祀祖宗天地的大典，在封建时代被视为奇耻大辱。由这些

◆ 范钦像

条文严格的规定可以看出范氏对藏书的态度。范氏族中还议定，藏书由子孙共同管理，阁门和书橱钥匙分房掌管，非各房齐集，任何人不得擅开。

天一阁和《四库全书》

直到清乾隆年间，清廷下诏各地藏书家进贡珍本善本，用以编纂《四库全书》时，天一阁才再次向世人展示它的深邃博大。范钦八世孙范懋柱，代表天一阁进呈638种珍贵的古籍，为全国之最，后被收入在《四库全书》中的有96种，列入存目的有377种。乾隆皇帝特颁旨赐给天一阁《古今图书集成》一部，计一万卷，后又赐给《平定回部得胜图》《平定金川图》各一套。《平回图》16幅，作者为意大利籍画家郎世宁，每幅图上都有乾隆题诗，并钤有御印，

其价值不可估量。

清政府纂修完成《四库全书》这部巨大的典籍后，乾隆帝特别下诏修建了文渊、文源、文溯、文津、文宗、文汇、文澜七座藏书楼。这些藏书楼的建筑风格、尺寸、书架排列等方面，均参照天一阁格局营造，起名也不离一个"水"字。从此，天一阁在海内外更是名声遐迩。

现代天一阁

目前天一阁藏书达30余万卷，其中善本书超过8万卷，除陆续收回散失在各地的天一阁原藏书外，宁波许多藏书家又纷纷捐赠，其中就有万斯同的《明史稿》，明万历刻本阮大铖的《和萧集》，明嘉靖版的《山东通志》，均是国宝一级的珍本，为天一阁增添了新的光彩。

第二讲 古楼 古塔 古桥

45

美与力的结晶——嵩岳寺塔

嵩岳寺塔是中国现存最早的密檐式砖塔，这座塔的建筑涉及地质、几何、物理、化学等多门学科，所用的建筑材料系小青砖、糯米汁，粘结牢固。嵩岳寺塔以它独有的造型成为中国古建史上的绝唱，被国务院认定为"全国重点文物保护单位"。

◆ 嵩岳寺塔

嵩岳寺塔位于河南登封嵩山南麓的嵩岳寺内，是我国现存最古老的一座佛塔，为单层密檐式砖塔，是此类塔的鼻祖。

修塔历史

嵩岳寺初名"闲居寺"，建造年代在北魏永平元年至正光元年（508—520年）之间，原来是北魏宣武帝和孝明帝的离宫，后因北魏推崇佛教，遂改宫为寺，孝明帝曾亲自在此讲授佛经。当时寺院规模十分宏大，文献记载说"广大佛寺，禅极国材，济济僧徒，弥七百众，落落堂宇，逾一千间"。隋唐时期，寺院更改为今名，屡经扩建，各种建筑一应俱全，楼宇交辉，亭阁毗连，极其豪华。武则天经常居住于此，一度把它改为行宫。至今，该塔历经1500年风雨侵蚀，仍巍然屹立。

塔组成部分

嵩岳寺塔由基台、塔身、密檐和塔刹四部分组成，塔外观为十二边形（全国古塔中的孤例），系糯米汁拌黄土泥作浆，青砖垒砌而成。基台随塔身砌作十二边形，塔身之上，是十五层叠涩檐，檐间砌矮壁，远远望去，两层间好像一个半圆的柔弧，呈现出轻快的抛物线形，这种抛物线外廊造型的开创，对以后砖塔建筑有着巨大影响，特别是对唐塔影响尤为突出。密檐之上，即塔刹，自上而下由宝珠、七重相轮、宝装莲花式覆钵等组成。全塔外壁都敷以白灰皮，从塔檐间矮壁上的彩画可知，原来在各层门额内外，均绘有朱红、石绿、赭黄、赤红等彩色图案，形如卷云，由此可知此塔初建时的富丽堂皇。

◆ 嵩山塔林

建筑风格

嵩岳寺塔上下浑砖砌就，层层叠布以密檐，外涂白灰，内为楼阁式，外为密檐式，通高41米，周长33.72米，塔底呈平面等边十二边形，中央塔室为正八边形，塔室宽7.6米，底层砖砌塔壁厚2.45米，这种密檐形十二边形塔在中国现存的数百座砖塔中，是绝无仅有的，在当时也是少见的。塔檐之间每面都有一个小窗，在龛门旁又隐出直棂小窗，有的用来通风采光，有的仅为装饰。塔顶的塔刹上有七重相轮的刹身与巨型宝珠的刹顶，一直为后来的密檐塔所效仿。进入塔内，就会发现塔是个空筒，从底直通塔顶，数数共有八层。最下层为十二角形，与外表一致，但自这层以上就改为八角形。最后，整个塔的外形，呈现圆润的抛物线形，不但有巍峨挺拔之雄，更具委婉柔和之秀，这种设计艺术也堪称"古塔一绝"。

密檐式风格

密檐式风格的塔是中国佛塔的主要类型之一，可以说是一种由楼阁式塔演变而来的新式佛塔，多是砖石结构。

砖造楼阁式塔是完全用砖依照木结构的形式在塔的外表做出每一层的出檐、梁、柱、墙体与门窗，在塔内也用砖造出楼梯可以登上各层。后来这种砖塔在外形上逐渐起了变化，就是把楼阁的底层尺寸加大升高，而将以上各层的高度缩小，使各层屋檐呈密叠状，檐与檐之间不设门窗，使全塔分为塔身、密檐与塔刹三个部分，因而称为"密檐式"砖塔。

著名的密檐宝塔有小雁塔、千寻塔、天宁寺塔、嵩岳寺塔。其中，嵩岳寺塔为这类佛塔中建筑最早的，但是十二边形的风格却是国内孤例。

延伸阅读

锁塔烧蟒

相传很久以前，寺庙里住着一个老和尚和一个小和尚，小和尚为人很勤劳，专管清扫塔房，后来他发现自己的两只脚会慢慢地离开地面。小和尚心里想，凡是出家当和尚的人，都会得到西天古佛的超度，自己凌空飞起，是佛祖对自己的恩典。但是想到自己一走就剩下师傅一人在此，心里就难免有些惆怅。所以，有一天小和尚对他的师父说出实情，老和尚感到非常惊疑，决定一看究竟。第二天老和尚在外面偷看，发现一条巨大的黑蟒把小和尚吸了起来。老和尚大喝一声，黑蟒缩回了头，小和尚落在地上。老和尚急忙把塔门销上，使用柴火烧死了蟒，也烧掉了塔内的物品和塔梯，从此嵩岳寺塔成了空塔。

凤凰展翅的"印象"——傣族竹楼

傣族竹楼是雨林民族文化的结晶，也是傣族浓郁风情的重要组成部分，充分体现出傣族的文化历史与民族情怀，是西双版纳地区傣族人民的骄傲。傣族竹楼在中国建筑之林中独树一帜，占有重要的地位。

傣族民居俗称"竹楼"。它是古代民族发明干栏式建筑时，因建筑材料取之于竹而得名，一直沿用至今。我国历史文献记载，干栏式建筑在华夏大地上有过灿烂辉煌的历史，然而，这种建筑却在中原大地上突然消失。不过，西双版纳的傣族、哈尼族、基诺族、布朗族、拉祜族等民族至今仍然居住在干栏式的竹楼里。

竹楼是我国典型的干栏式建筑。这种建筑俗称高脚房屋，又称"干栏""干阑""高栏""阁阑""栅居"等，其特征是房屋离开地面，用石柱、木柱、竹柱支撑着，房的屋脊长于屋檐，正脊两端向上翘起，具有防潮、通气等优点。我国傣族、壮族、布依族、侗族、水族、高山族、布朗族、苗族、瑶族、哈尼族、基诺族的传统民居均为干栏式建筑。

傣语称竹楼为"很"。它由傣语"哄哼"演变而来。"哄哼"汉语意为"凤凰展

翅"，竹楼即"凤凰展翅楼"。

竹楼传说

据说，竹楼是傣族先贤帕雅桑目蒂所创。远古时候，傣族的祖先靠采摘树叶果

◆ 静静矗立在水中的傣族竹楼

实和猎狩为生，居住在大树上搭建的棚子里。傣语称为"丛"，汉语意为"树上的房子"。帕雅桑目蒂看到树叶能遮挡风雨，便在森林空地上用树的枝叶建盖出"树叶房"。后来，他受狗在雨中坐立姿势的启发，建造了傣语称为"杜玛先"的窝棚（汉

◆ 傣族竹楼

语意为狗头窝棚）。然而，帕雅桑目蒂对自己发明的这些房屋都不满意，但又想不出更好的住房样式。当他冥思苦想之际，受感动的天王帕雅英变成了一只凤凰，冒雨飞到帕雅桑目蒂面前，展开双翅，低头藏尾，暗示住房要盖成"人"字形的屋脊，有四个坡面，高脚木柱支撑。帕雅桑目蒂受到启发，立即动手构建。不久，凤凰展翅的干栏式傣家竹楼诞生了。

竹楼与傣族民俗

傣族竹楼的所有梁、柱、墙及附件都是用竹子制成的，竹楼上的每一个部分都有不同的含义。走进竹楼就好像走进傣家的历史文化博物馆，傣家的主人会一一告诉你它的含义。竹楼的顶梁大柱被称为"坠落之柱"，这是竹楼里最神圣的柱子，不能随意倚靠和堆放东西，它是保佑竹楼免于灾祸的象征，人们在修新楼时常常会弄来树叶垫在柱子下面，据说这样做会更加坚固。除了顶梁大柱外，竹楼里还有分别代表男女的柱子，竹楼内中间较粗大的柱子是代表男性的，而侧面的矮柱子则代表着女性，屋脊象征凤凰尾，屋角象征鹭鸶翅膀……

传统上的傣家人等级、辈分非常严格，这一点也体现在竹楼的建造上。比如，凡是长辈居住的楼室的柱子不能低于6尺，楼室比楼底还要高出6尺，室内无"人"字架，显得异常宽敞明亮，竹楼的木梯也有规定，一般要在9级以上。晚辈的竹楼一般较差一些，首先高度要低于长辈的竹楼，其次木梯也只能在7级以下，室内的结构也显得简单许多。不过，随着社会的发展，这种状况已经有所改变，部分傣族竹楼更加宽敞明亮。

延伸阅读

竹楼里的中柱

传说帕雅桑目蒂有一次盖竹楼时，砍了一棵龙登天的大树做柱子。于是这条恶龙顺着柱子爬进竹楼，杀害帕雅桑目蒂，霸占了他的妻子。一天，有位商人借宿时，发现恶龙仍在竹楼作恶，便砍来一截芭蕉树，消灭了恶龙。今天傣族建造竹楼时，要用芭蕉树捆在柱子上，火塘下垫芭蕉叶，以驱赶恶魔。在傣家习俗中，中柱不能拴牲畜，人不能靠，只有当老人过世时，才能靠这两棵中柱，按男左女右的习俗洗礼。

矗立在田野的梦——开平碉楼

> 碉楼是中西文化交融的代表，是开平政治、经济和文化发展的见证，它不仅反映了侨乡人民艰苦奋斗、保家卫国的一段历史，同时也是生动的近代建筑博物馆。

碉楼是20世纪开平华侨与村民主动把外国建筑文化与当地建筑文化相结合的产物。碉楼散落在开平的村落田间，据目前不完全统计有1833座。这一座座碉楼，千姿百态、形态各异，其数量之多，建筑之精美，风格之多样，堪称世界最大的"碉楼博物馆"。

堪比斜塔的边筹筑楼

边筹筑楼位于开平市蚬冈镇春一村，是开平市众多独具特色的碉楼中的一座。一走进蚬冈镇春一村远远就看见一座向东南方向倾斜的碉楼，距离越近发现该楼越倾斜，走到楼边简直有楼要崩塌的感觉，观者叹为观止，仿佛看到了意大利的比萨斜塔。

当地史料记载，清朝末期，春一村一带因地处开平县蚬冈镇和台山县三八镇交界处，盗贼猖獗，经常成群结队在附近四处掠夺。为防止盗贼抢劫，春一村的村民于清光绪二十八年（1902年）自筹资金，在村旁建筑南、北、中三座品字形的碉楼以防盗贼。其中，南楼5层，中楼6层，北楼7层。在建筑南楼和中楼时较顺利，很快就建好了，但在建筑北楼时，却遇到资金不足和地基松软的问题。

对于资金不足的问题，当时担任施工负责人的黄福兰只好慢慢等待村民边筹资金边施工，致使工程时断时续，建了两年多才

◆ 碉楼一角

◆ 蓝天下的碉楼

建好该楼。为纪念这段艰难历程，碉楼建成后，村民将此楼命名为边筹筑楼。

　　由于边筹筑楼建设时东南有小水沟，地基出现松软问题，黄福兰将整座碉楼的基础挖深到3米，用大石和混凝土加固地基。然而，在建筑到第3层楼时，整座楼还是向东南方向倾斜了10厘米，这使黄福兰焦急万分，于是他叫人在楼基东南水沟边又打桩又填大石进行补救。可是，此时已无济于事，碉楼还是继续倾斜。在碉楼建筑到5层时，已倾斜了20多厘米。为了掩饰，黄福兰想了个绝妙办法，碉楼顶部按中世纪欧洲平台式风格建筑，在平台四周加建一条台裙，以掩人耳目，使村民一时无法觉察。但随着地基不断下沉，碉楼向东南方向越来越倾斜，竣工不久后，住在该楼的更夫要用两块砖头将床铺的东南角垫高才能睡下。

到目前为止，该碉楼的中心线向东南偏离2米多远，倾斜角度达15度。有人测算过，这座碉楼的倾斜程度超过了扶"正"后的比萨斜塔，而"斜而不倾"的现象，堪称建筑史上的奇迹。

开平碉楼的特点

开平碉楼融合中西建筑艺术，是多层塔楼式单体建筑，占地面积不大，追求高度，有作为家族住所的居楼、村民集资共建以备应急的众楼和主要用于放哨的更楼。早期建筑材料多为三合土、砖石和木料，后来加入钢筋、水泥、铁板等造价昂贵的进口材料。楼顶有传统硬山顶式、悬山顶式，也有国外不同时期的各种建筑形式、风格。一般来说门窗窄小，铁门钢窗，墙身厚实，墙体上设有枪眼。有的碉楼顶层四角，建有突出楼体的"燕子窝"，从"燕子窝"的枪眼，可以对碉楼四周全方位控制。碉楼顶层设有瞭望台，配备火炮、枪械、铜钟、警报器、探照灯等防卫装置。其建筑风格拥有多种欧式建筑的风姿。

延伸阅读

开平的中山楼

　　"中山楼"是谢创同志的父亲谢永珩先生于1912年兴建，为纪念孙中山而取名。在抗日战争时期，"中山楼"一度是开平党组织的重要活动中心，中共开平特别支部、区工委、县委和中共四邑工委、广东省西南特委等领导机关均曾在"中山楼"设立，各种革命活动的研究、布置，都在这个碉楼里进行。因此，这个碉楼成为当时抗日救亡运动的指挥中心，在开平抗日救亡运动中发挥了作用。

诗意的飞越——吊脚楼

吊脚楼具有鲜明的民族特色，优雅的"丝檐"和宽绰的"走栏"使吊脚楼自成一格。这类吊脚楼比干栏式建筑较成功地摆脱了原始性，具有较高的文化层次，被称为巴楚文化的"活化石"。

吊脚楼为土家族人居住生活的场所，多依山就势而建，呈虎坐形，以"左青龙，右白虎，前朱雀，后玄武"为最佳屋场，后来讲究朝向，或坐西向东，或坐东向西。

吊脚楼的历史

封建时代对土家族实行遏制政策，土家人被驱赶到了深山老林，其生存条件十分恶劣，《旧唐书》说："土气多瘴疠，山有毒草及沙蛬蝮蛇，人并楼居，登梯而上，是为干栏。"加上少田少地，土家人只好在悬崖陡坡上修吊脚楼。

明清时期土司严禁普通百姓在吊脚楼上加盖瓦片或者土石，只允许使用茅草或者杉树皮，俗称"只许买马，不准差瓦"。一直到清代雍正十三年"改土归流"后才允许盖瓦。普通的吊脚楼三间，中间为堂屋，供历代祖先神龛，是家族祭祀的核心，左右两间为生活场所。

根据造型，吊脚楼分半截吊、半边吊、双手推车两翼吊、吊钥匙头、曲尺吊、临水吊、跨峡过洞吊，富足人家雕梁画栋，檐角高翘，石级盘绕，大有空中楼阁的诗画之意境。

◆ 吊脚楼

吊脚楼的传说

相传土家人祖先因家乡遭了水灾迁居鄂西，当地古木参天、荆棘丛生、豺狼虎豹遍地都是。土家先人们搭起的"狗爪棚"常

◆ 吊脚楼一角

共处的神化现象外，还有着十分突出的宇宙空间观念。土家族的吊脚楼不仅单方面处于宇宙自然的怀抱中，宇宙也同时包含在人们的生活中。这种容纳宇宙的空间观念在土家族上梁仪式歌中表现得十分明显："上一步，望宝梁，一轮太极在中央，一元行始呈瑞祥。上二步，喜洋洋，'乾坤'二字在两旁，日月成双永世享……"这里的"乾坤""日月"代表着宇宙。从某种意义上来说，土家族吊脚楼在其主观上与宇宙变得更接近，更亲密，从而使房屋、人与宇宙浑然一体，密不可分。

遭到猛兽袭击。人们为了安全就设置火堆，埋设爆竹，火光和爆竹声吓走了来袭击的野兽，但仍然常常遭受毒蛇、蜈蚣的威胁。后来一位土家族老人想出了办法：他让小伙子们利用现成的大树作架子，捆上木材，再铺上野竹树条，再在顶上搭架子盖上顶篷，修起了大大小小的空中住房，吃饭睡觉都在上面，再也不怕毒蛇猛兽的袭击了，这种空中住房后来逐渐演变成了吊脚楼。

吊脚楼的特点

吊脚楼最基本的特点是正屋建在实地上，厢房除一边靠在实地和正房相连，其余三边皆悬空，靠柱子支撑。吊脚楼有很多好处，高悬地面既通风干燥，又能防毒蛇、野兽，楼板下还可放杂物。还可在屋前屋后栽花种草，种果树。但是前不栽桑，后不种桃，因与"丧""逃"谐音，不吉利。

吊脚楼的文化内涵

吊脚楼有着丰厚的文化内涵，除具有土家族民居建筑注重龙脉，依势而建和人神

延伸阅读

土家人这样建造吊脚楼

第一步要备齐木料，土家人称"伐青山"，一般选椿树或紫树，椿、紫因谐音"春""子"而吉祥，意为春常在，子孙旺；第二步是加工大梁及柱料，称为"架大码"，在梁上还要画上八卦、太极图、荷花莲籽等图案；第三道工序叫"排扇"，即把加工好的梁柱接上榫头，排成木扇；第四步是"立屋竖柱"，主人选黄道吉日，请众乡邻帮忙，上梁前要祭梁，然后众人齐心协力将一排排木扇竖起，这时，鞭炮齐鸣，左邻右舍送礼物祝贺。立屋竖柱之后便是钉椽角、盖瓦、装板壁。富裕人家还要在屋顶上装饰向天飞檐，在廊洞下雕龙画凤，装饰阳台木栏等。

佛陀的足印——曼飞龙塔

曼飞龙塔，这座独具一格的古塔，表现了傣族人民在建筑技术上的成就，同时，由于曼飞龙塔具有缅甸佛塔的风格，还体现了中外建筑技术和文化的交流，有较高历史价值，已于1988年被国务院公布为"全国重点文物保护单位"。

云南西双版纳的傣族村寨里，佛塔繁多，其中最著名的是曼飞龙塔。它是西双版纳最著名的佛塔群，又称"金刚宝座塔"。傣语为"塔糯庄龙"，"塔糯"意为"笋

◆ 曼飞龙塔

塔"，是大头笋塔之意。还有人因其洁白，唤作"白塔"。

曼飞龙塔的传说

傣文经典记载，曼飞龙塔始建于傣历565年（1203年），距今已有800多年的历史。相传是由三个印度僧人设计，又由勐龙头人和高僧祜巴南批等人主持建造。在曼飞龙塔的一个佛龛下，有一块岩石，上面有一个人脚印状的痕迹。人们说那是佛祖释迦牟尼留下的足迹。当地佛教传说释迦牟尼来到大勐龙那一年，孔雀飞满了坝子，当时正在筹建这组群塔，但却不知建在哪里好，释迦牟尼知道后，就用他的左脚在大青石上一踩，那里就留下了一个深深的脚印，人们就在他的脚印边建了这组塔。

曼飞龙群塔的结构

曼飞龙群塔属砖石结构，整座塔由塔座、坛台、钟座、覆钵、莲花、蕉苞、宝伞、风标8个部分组成，塔基为圆形的须弥座，周长42.6米，在塔基上面建有由大小9座塔组成的塔群。主塔的基座

◆ 释迦牟尼像

相近，但从细部结构看，以莲花座托上的舍利塔为主，又具中国内地佛塔特点。

历史悠久的宗教建筑

曼飞龙塔是一座历史悠久、规模宏大的宗教建筑。800多年以来，不但在国内信仰南传上座部佛教的各族人民群众中有很大的影响，而且在缅甸、老挝、泰国的小乘佛教信徒中也产生了深远的影响，每年均有成百上千的信徒不远千里前来朝拜，虔诚地敬献上自己心爱的礼物，表达对佛祖的崇拜和敬仰。

曼飞龙塔距景洪市区约60公里，和云南各处有便捷的公路相通，因此每年宗教节庆，都有大批佛教信徒前往，加强了各地人们的交流。

直径3.9米，高12.9米，围绕主塔的8座小塔高9.1米，为多层圆形盒状体叠压而成的塔身，层与层之间有环形仰莲浮雕。塔刹是喇叭形的莲瓣立雕。每座小塔的塔座都有一个屋脊外延的佛龛，里面安放着一尊佛像，内壁则排列着整齐的佛像浮雕。佛龛正脊和垂脊上均饰有龙、凤、孔雀等陶塑，佛龛券门沿面有花草、卷云纹饰。佛龛上的雕饰，都刷着鲜艳的朱红颜色，连同那闪闪发光的塔刹，白色的塔身，构成了一幅绚烂的图画。刹杆上装置着上下串联的华盖和风铎，微风拂来，叮当作响，悠远肃穆。从曼飞龙塔的形式看，似与泰国北部13世纪的马哈达特塔

延伸阅读

曼飞龙塔的由来

据西双版纳民间传说，这座曼飞龙塔是按佛祖释迦牟尼的旨意修建的。据说释迦牟尼到此讲经传教时，该寨名为曼桂。佛祖正在苦口婆心地讲经之时，西双版纳曼桂人不知何故而奔跑回村，并呼之"尾龙"（意为快下）。佛祖十分生气，便指责曼桂为"曼尾龙"，意为迅速下逃之寨。后来，人们自行把"尾"字改为"飞"字，使西双版纳寨名成为如今的曼飞龙。事后，西双版纳当地人信佛建塔，当人们为选塔址而争执不休时，佛祖便在山上留下一个足迹，示意人们在山顶修建佛塔。

中国名塔中的伊斯兰风——苏公塔

苏公塔又名"额敏塔"，是一座造型别致的维吾尔族古塔，它是新疆境内现存最大的古塔，是吐鲁番著名的旅游景点之一。被国务院认定为"全国重点文物保护单位"。

苏公塔位于吐鲁番市东郊，它是清朝名将吐鲁番郡王额敏和卓的纪念塔。额敏和卓为了恭报清王朝的恩遇，表达自己对真主的虔诚，并使自己一生的业绩流芳后世，而自出白银7000两建造该塔，额敏和卓死后次年，其次子苏来曼建成于1777年，至今已有200多年的历史。

苏公塔的建筑风格

苏公塔是灰砖结构，为清代维吾尔建筑大师伊不拉欣所建，除了顶部窗棂外，基本不用木料。塔身浑圆，自下而上，逐渐收缩。塔身中心是用灰砖砌起的粗粗实实的一个圆形柱。圆柱蜿蜒向上，同样使用方砖砌起的阶梯，呈螺旋形铺展。凭阶拾级而上，可一直登临塔顶。塔身内部十分幽暗，隔相当距离才洞开一点小孔，透射进来一点点光线，简直难以看清脚下的虚实，从而使人产生一种神秘感。

修塔的维吾尔族优秀的建

筑师们，通过塔体显示了维吾尔族高超的建筑艺术传统。高达40米的砖塔，自底到顶，一色灰黄，为了打破平淡的土砖本身的沉闷、单调，维吾尔匠师们在别具匠心的砌叠中，用一块块土砖砌成了十多种风格的几何图案：波浪、菱格、团花——循环往复，变化无穷。立身塔下，抬头仰视，就如置身一幅复杂而变幻的装饰画前，堪称维吾尔族建筑艺术的精华。

纪塔碑

巍峨的苏公塔塔门入口处，有两通石

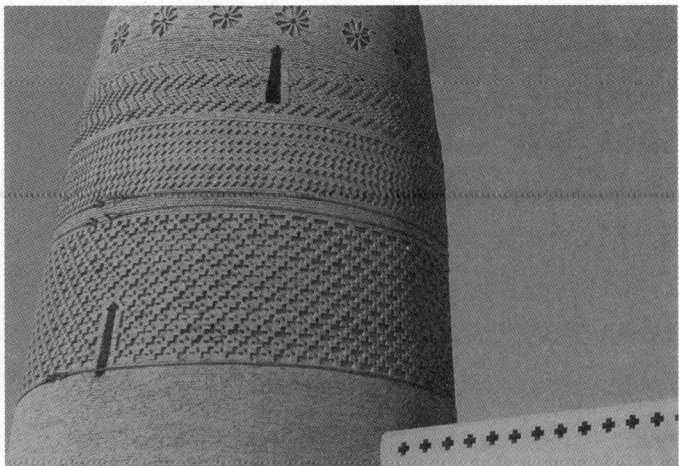

◆ 苏公塔细部花纹

◆ 苏公塔远景

碑立于塔下，一为维文，一为汉文。分别记载了吐鲁番郡王额敏和卓修建砖塔的目的。碑文明确地说，修建此塔是为了恭报清王朝对额敏和卓一家的"天恩"，并使额敏和卓一生的业绩能流芳千古，"以垂永远，可为名教"。

苏公塔内部构造

苏公塔内部，不用一根木料，而是在塔的中心用砖砌出72级螺旋式阶梯作为中心柱体，既代替木结构支撑加固了塔身，又可作级梯登上塔顶，这是在木材奇缺的条件下，吐鲁番维吾尔族建筑大师们别出心裁的创举。

苏公塔清真寺

苏公塔下有一个清真寺，是一个仍然在使用的大型清真寺，宽敞宏大。这是一个很有地方特色的建筑。有可容千人以上的礼拜大厅、造型美观的马蹄形券顶、众多的壁龛、幽暗的布道小室，处处都显示着伊斯兰建筑的风格和浓烈的宗教生活气息。它们都是用阴干的生土坯建筑起来的。以阴干生土坯砌墙盖顶，建屋造房，这在干燥少雨的吐鲁番地区是十分普通而且有悠久历史的建筑方法。

延伸阅读

民族英雄额敏和卓

额敏和卓，新疆吐鲁番的维吾尔贵族，世居鲁克沁，原来臣属于准噶尔部。康熙五十九年（1720年），清军西征准噶尔部，进军至吐鲁番，额敏和卓脱离准噶尔部，率众投归清朝。乾隆二十三年（1758年）随清军平定大小和卓的叛乱，被封为郡王。

中国最古老的联拱石桥——卢沟桥

历史上卢沟桥是北京通往南部的交通咽喉，地理位置极其重要。它以"卢沟晓月"而知名，被列为"燕京八景"之一。是北京地区现存最长、最古老的一座联拱石桥。1961年被国务院公布为"全国重点文物保护单位"。

卢沟桥也称作"芦沟桥"，横跨在北京的永定河上，因永定河原名"卢沟河"而得名。始建于金大定二十九年（1189年），明代正统九年（1444年）重修。两侧石雕护栏柱头上均雕有石狮，精致细腻，神态各异，栩栩如生。

卢沟桥上的石狮

卢沟桥有桥墩十座，整个桥体都是石结构，关键部位用银锭铁榫连接，为华北地区最长的古代石桥。桥身的石雕护栏上共有望柱281根，柱头刻莲座，座下为荷叶墩，柱顶刻有众多的石狮。石狮大小不等，形态各异，民间传说数之不尽。曾有前人试图搞清楚石狮的数量，但因为有些狮子隐藏得较为隐秘，居然不能完全数清楚。1962年相关机构进行了一次清点，逐个编号登记，清点出大小石狮子485个，由此结束了数不清的"神话"。但是，在1979年的又一次清点

◆ 卢沟桥

◆ 卢沟桥上的石狮子

中，又发现了17个石狮，也就是说上一次的清点是错误的。至于此后是否还会有新发现，倒也难说。

桥栏上的狮子，艺术价值极高。罗哲文在《名闻中外的卢沟桥》一文中说"有的昂首挺胸，仰望云天；有的双目凝神，注视桥面；有的侧身转首，两两相对，好像在交谈；有的在抚育狮儿，好像在轻轻呼唤……"可以说道尽了石狮的形态。

造型艺术

卢沟桥为联拱墩式结构，规模宏伟，结构精巧，工艺高超，造型秀美自然。全长266.5米，宽7.5米，桥身下有11孔涵洞，桥墩呈船型。并铸有银锭锁，三角柱起牢固和分水作用。整座桥具有极高的科学性。桥身用坚固的花岗岩建造，桥的东、西两端各有一对石化表，两侧还各筑有一座正方形汉白玉石碑亭，亭柱上雕刻着精美的盘龙纹饰。

卢沟桥的历史

卢沟桥自金代建成后，长期担负着交通重任，曾多次重修。元、明、清三朝都曾予以修护。其中，清代大规模修复有两次，清康熙时期，永定河发大洪水，桥身受损严重，不能继续使用，很多古迹也在洪水中损毁。1698年清政府重修后，康熙帝命在桥西头立碑，记述重修卢沟桥一事。乾隆帝酷爱此桥，曾在桥东御笔题"卢沟晓月"，即如今桥东侧的碑亭内题字。公元1908年，清光绪帝死后，葬于河北省易县清西陵，须通过卢沟桥。由于桥面窄，不便于仪仗和大型队伍通行，因此只得将桥边石栏拆除，添搭木桥，事后，又将石栏照原样恢复。

卢沟桥还是一处具有重要历史纪念意义的地方。1937年7月7日著名的"卢沟桥事变"就发生在此。1987年7月7日，在卢沟桥畔宛平城城内街101号建成中国人民抗日战争纪念馆。目前，卢沟桥已不再具有实用功能，而是作为全国重点文物来供人们寻幽探奇，参观凭吊。

延伸阅读

卢沟桥上的石狮子

传说，很久以前卢沟桥上的石狮子多得数也数不清。有一个县令不相信，就派100个官兵去数，居然没数清，他决心亲自去数。结果自己也没数清。莫非狮子长了腿，会动了？

想到这儿，他有主意了。半夜，四处静悄悄的，只有卢沟桥下的河水在"哗哗"流淌。县令轻轻地走到桥边，小心翼翼地朝桥上望去。果然，狮子都活了。县令看得也开心极了，情不自禁"啊"的一声叫了出来，狮子立刻都回到原位，一动也不动了。从此，卢沟桥上的石狮子就再也不会动了。

中国古代第一跨海大桥——洛阳桥

洛阳桥是中国第一座海港大石桥，是我国现存年代最早的跨海梁式大石桥，也是世界桥梁筏形基础的开端，被国务院认定为"全国重点文物保护单位"。

洛阳桥并不在河南洛阳，而在福建省泉州市东郊的洛阳江上，原名"万安桥"。从宋皇祐五年（1053年）至嘉祐四年（1059年），前后历七年之久，耗银一千四百万两，建成了这座跨江接海的大石桥。史料记载，初建时桥长三百六十丈，宽一丈五尺，武士造像分立两旁。造桥工程规模巨大，结构工艺高超，名震寰宇。

造桥传说

当年主持修建洛阳桥者为泉州郡守（太守）蔡襄。相传蔡襄自幼聪明博学，十八岁高中状元，从而入朝为官，但他从小受其母教诲，为官后要为郡人修桥，为民解难。他在京城时，挂念着建造洛阳桥之事。但当时朝廷有规定：不准文武官员回原籍做官。有一天，蔡襄陪皇帝游玩御花园，事前他暗中叫一个太监，预先在路边的芭蕉叶上，用毛笔蘸蜂蜜写了

八个大字，蚂蚁嗅着香甜味，都围来叮蜜，排成了字阵。皇帝经过这里便顺口念了芭蕉叶上的字："蔡端蔡端，本府做官。"蔡襄赶紧跪下谢恩。皇帝笑着说："朕只是念叶子上的字，并非当真！"蔡襄一直跪着不起来，说："君无戏言，岂可失信于臣？"接着，又将母亲许愿造桥的事情对皇帝讲了一遍。皇帝也很感动，就派他到泉州府做太守了。后来，蔡襄就在洛阳江上修造起一座大桥，这就是中外闻名的洛阳桥。

◆ 洛阳桥

们认识的新型桥基——筏形基础，就是沿着桥的中轴线抛置大量石块，形成一条连接江底的矮石堤，然后在上面建造船形墩。同时采用"激浪涨舟，浮运架梁"的妙法，把一条条重达数吨的大石板架在桥面上。他们又在桥下养殖大量牡蛎，把桥基石和桥墩石胶合凝结成牢固的整体。这就是造桥史上最别出心裁的"种蛎固基法"，也是世界上第一个把生物学运用于桥梁工程的创举。

洛阳桥的建成，是中国第一座海港大石桥，是中国古代桥梁建筑史上的伟大创举，中国著名桥梁专家茅以升教授称赞说："洛阳桥是福建桥梁的状元。"

◆ 洛阳桥筏形桥墩

洛阳桥名称由来

唐宋之前，泉州一带居住着越族人。唐朝初年，由于社会动荡不安，时有战争爆发，所以造成大量的中原人南迁，迁到泉州及闽南一带的多数为河南、河水和洛水一带的人士，现在泉州乃至整个闽南地区所用的语系称为"河洛语"，也就是现在所说的闽南语。这些中原人士带来了中原先进、发达的农业技术和经验，引导当地人们开垦、发展。他们来到了泉州，看到这里的山川地势很像古都洛阳，就把当地一条河命名为洛阳江，此桥也因此而得名。

洛阳桥的成就

洛阳桥的建造，是对世界桥梁科学的一大贡献。由于当时洛阳江潮狂水急，"水阔五里""深不可址"，桥基很容易被摧毁。造桥工匠就创造了一种直到近代才被人

延伸阅读

蔡襄求助龙王建桥

蔡襄回到泉州后为洛阳江水深浪大，难造桥基而日夜发愁。一天他突然梦见观音大士指点他派人向海龙王求助。蔡襄一觉醒来十分惊奇，便给海神写好一封求助公文，问手下衙吏："谁人下得海？"一个衙吏随即答道："小人夏得海！"原来此人姓夏名得海，误以为老爷叫他，随口应答。于是派他前往海神处投递公文。夏得海知道此去必无回，便告别了妻子，买了一壶酒喝得大醉卧在海滩上，想让潮水卷走了事，哪知一觉醒来，黄色的公文袋变成了红色公文袋，于是连忙回来交给蔡襄，打开一看，只见上面写着一个"醋"字。蔡襄冥思苦想，终于领悟了海龙王的启示，当月二十一日酉时动工，果然此时海潮退落，三天三夜不涨潮，桥基终于顺利砌成。

桥梁史上的里程碑——赵州桥

赵州桥是世界上最古老、保存最完善的石拱桥，是我国古代建筑工程中最杰出的成就之一。赵州桥是我国桥梁史上的创举，处处都体现着中国古代工匠们的聪明才智。赵州桥被国务院列为第一批"全国重点文物保护单位"。

在河北省赵县城南5里外的洨河上横跨着一座千古独步、优美秀丽的大石桥，它就是闻名中外的赵州桥，是我国现存最早，也是世界最古老的、保存完善的石拱桥。

赵州桥的传说

相传赵州桥是鲁班所造，大桥建成后，八仙之一的张果老倒骑着毛驴，带着柴荣，也兴冲冲地去赶热闹。他们来到桥头，正巧碰上鲁班，于是他们便问这座大桥是否经得起他俩走。鲁班心想：这座桥，骡马大车都能过，两个人算什么？于是就请他俩上桥。谁知，张果老带着装有太阳、月亮的褡裢，柴荣推着载有"五岳名山"的小车，所以他们上桥后，桥竟被压得摇晃起来。鲁班一见不好，急忙跳进水中，用手使劲撑住大桥东侧，保住了大桥。两人过去了，张果老回头瞅了瞅大桥对柴王爷说："不怪人称赞，鲁班修的这桥真是天下无双。"柴王爷连连点头称是，并对着回到桥头的鲁班伸出了大拇指。因为鲁班使劲太大，大桥东拱圈下便留下了他的手印，桥上也因此留下了驴蹄印、车道沟、柴荣跌倒时留下的一个膝印和张果老斗笠掉在桥上时打出的圆坑。至今这些痕迹犹在。

历史传承

赵州桥建于隋代大业年间（606—618年），历经1400多年的漫长岁月，承受过洪水

◆ 赵州桥

入洪水季节甚至不能通行。因此，隋朝大业元年，政府决定在洨河上建设一座大型石桥，李春受命负责设计并管理大桥的施工。他率领属下的工匠来到这里，对洨河及两岸地质情况进行了实地考察，同时认真总结了前人的建桥经验，提出了独具匠心的设计方案，经过精心细致的施工，很快就出色地完成了建桥任务。

赵州桥的成就

赵州桥桥体全部用石块建成，共用石块1000多块，每块石重达1吨，桥上装有精美的石雕栏杆，雄伟壮丽、灵巧精美。它以首创的敞肩拱结构形式、精美的建筑艺术和施工技巧等杰出成就，在中外桥梁史上令人瞩目，充分体现了我国古代劳动人民在桥梁建造方面的丰富经验和高度智慧。

◆ 李春像

冲击，地震摇撼，车马碾压，风雨侵蚀，至今岿然屹立，被无数中外桥梁建筑专家称为奇迹。故有"奇巧固护，甲于天下"之誉。

赵州桥是世界首创大型敞肩石拱桥，是我国古代建筑工程中最杰出的成就之一。建成700年后，法国泰克河上才出现石拱桥，但还不是敞肩的，而且在1809年就已毁坏。像赵州桥这样的敞肩拱桥，直到19世纪中叶才在欧洲问世。前后比较，他们已晚了1000多年。

造桥过程

赵县是南北交通的必经之路，北上可抵涿郡，南下可达洛阳，交通十分繁忙。但这一交通要道却被城外的洨河阻断，洨河进

延伸阅读

小石桥

古时候的赵州，就是现在河北的赵县。赵州有两座石桥，一座在城南，一座在城西。城南的大石桥，看上去像长虹架在河上，壮丽雄伟。民间传说，这座大石桥是鲁班修的，小石桥是鲁班的妹妹鲁姜修的。她在栏杆上刻了盘古开天、大禹治水，又刻了牛郎织女、丹凤朝阳。什么珍禽异兽、奇花异草，都刻得像真的一样。刻得鸟儿展翅能飞，刻得花儿香味扑鼻。每个看了的人都无不赞美。能工巧匠来这里学手艺，巧手姑娘来这里描花样。每天来参观的人像流水一样多。

中国最具诗意的桥梁——风雨桥

风雨桥是侗族独有的桥，被称为世界十大最不可思议桥梁之一。侗乡风雨桥是侗族人民的标志性风物，也是传统色彩浓厚的交通建筑。风雨桥以其独特的造型和艺术风格成为中国桥梁中的艺术珍品。

风雨桥也称"花桥"，是侗乡的特色标志。在侗乡，"有寨必有鼓楼，有河必有风雨桥"。全木结构的风雨桥集桥、廊、亭三者为一体，是侗族人民的智慧结晶。风雨桥大多架设在村寨下方的溪河之上，既作交通之用，又有宗教方面的含义。它象征飞龙绕寨，以保年年风调雨顺，五谷丰登，吉祥幸福。

风雨桥的特征

风雨桥，是侗族建筑"三宝"之一。风雨桥的桥墩以巨大的石块构成，桥身用巨木，桥梁上建造木质的长廊和亭阁。始于汉末至唐代，风格和汉唐时的古建筑颇为相似，结构严谨，造型独特，极富民族气质。通常风雨桥以杉木为主要建筑材料，整座建筑不用一钉一铆，全系木料凿榫衔接，横穿竖插。棚顶都盖有坚硬严实的瓦片，凡外露的木质表面都涂有防腐桐油，所以这一座座庞大的建筑物，横跨溪河，傲立苍穹，久经风雨，仍然岿然不动。

风雨桥的力学原理很值得称道，桥身以巨木为梁。从石墩起，用巨木结构倒梯形的桥梁，抬拱桥身，使受力点均衡，桥面游廊宛如长龙。游廊上建有三层或五层的四角形或八角形的桥亭三至五座。桥的长廊中间

◆ 远眺风雨桥

为过道，两旁铺设长凳，供来往行人休息。热心公益的侗族人民在夏天施茶水于桥上，供行人解渴。长廊两壁上端，用木板雕刻各种历史人物，或绘制神话故事彩画，供行人

休息时欣赏。

程阳桥

程阳桥坐落在广西三江林溪河上，建于1916年，是一座四孔五墩伸臂木梁桥。其结构以桥墩、桥身为主的两部分。墩底用生松木铺垫，用油灰沾合料石砌成菱形墩座，上铺放数层并排巨杉圆木，再铺木板作桥面，桥面上建造长廊，为四柱抬楼式建筑。五个石墩上各筑有宝塔形和宫殿形的桥亭，逶迤交错，气势雄浑。长廊和楼亭的瓦檐头均有雕刻绘画，是中国木建筑中的艺术珍品。

永济桥

侗族风雨桥中的永济桥是国内唯一一座被列为"全国重点文物保护单位"的侗乡桥梁。该桥坐落于广西三江侗族自治县林溪乡马安寨，始建于1912年，于1924年建成，桥长77.76米，桥道宽3.75米，桥面高11.52米，为石墩木结构楼阁式建筑，二台三墩四孔。墩台上建有五座塔式桥亭和十九间桥廊。五个桥亭最有特色，中亭似宝塔，巍峨雄伟，侧面亭似宫阙，富丽端庄。亭廊相连，浑然一体，宛如水上一座长廊式楼阁，雄伟壮观，飘逸俊秀。全桥为吊脚悬柱，不用一根铁钉，均为榫接，穿孔衔接，横直斜套，成为一个坚固的整体。

风雨桥的特色

在侗乡纵横交错的溪河上都建有风雨桥，人们根据自己的爱好和河床的宽度大小，设计出各式各样的风雨桥，不过在众多的风雨桥中，以亭楼式的风雨桥居多，这种风雨桥于长廊顶部竖起多个宝塔式楼阁，楼

◆ 风雨桥模型

阁飞檐重叠，少的有三层，多的达五层。桥身庄重巍峨，如巨龙卧江，气吞山河，十分壮观。桥面两侧有精致的栏杆和舒适的座位，可供人们憩息。桥壁上或雕或画有雄狮、蝙蝠、凤凰、麒麟等吉祥之物图案，形象诙谐洒脱，古香古色，栩栩如生。风雨桥既有古代百越族干栏式的建筑色彩，又有汉族宫殿式的工艺成分。据传，风雨桥建在溪河上不仅是给人们交通提供便利，而且还有镇邪和留财之意。

延伸阅读

风雨桥奖

鼓楼和风雨桥，是侗族人民的天才创造，是侗族优秀传统文化的代表，所以将侗族文学的最高奖项定名为"鼓楼奖"和"风雨桥奖"。"风雨桥奖"主要颁发给那些有重大影响的侗族文学作者以及其他研究成果，包括侗族作家、学者的创作和研究成果，及兄弟民族作家、学者反映或研究侗族的创作或研究成果。

"风雨桥奖"以精神鼓励为主，目前只颁发印有侗族鼓楼或风雨桥图案的特制奖状或奖牌。采用个人申请与单位或集体推荐相结合的办法申报，每人限报一项。

遗址 遗迹 陵墓

人类的发祥地之一——"北京人"遗址

> 周口店"北京人"遗址，是研究人类起源的著名而重要的科学考察基地，周口店遗址不仅是有关远古时期亚洲大陆人类社会的一个罕见的历史证据，而且也阐明了人类进化的过程。1987年被世界遗产委员会认定为"世界文化遗产"。

周口店遗址是中国主要的古人类文化遗址。位于北京市西南约50公里的房山区周口店村旁的龙骨山上。这里地处山区和平原的交界处，有许多大小不等的天然洞穴。70万年前，北京人的祖先就是在这些洞穴中生活、藏身和保存火种的。

"北京人"遗址的发掘

1918年，瑞典地质学家约翰·古纳·安特生首次到周口店一带进行考察旅行。1921年，他又和奥地利古生物学家奥托·茨丹斯基等人来到这里，在考察龙骨山北坡时，发现了更丰富的埋葬化石的地点，这就是著名的周口店第一地点——"北京人"遗址。之后又有多名学者来此挖掘。1927年，加拿大学者步达生对周口店进行正式挖掘，并将在周口店发现的三枚古人类牙齿化石正式命名为"中国猿人北京种"。1929年，中国考古学者裴文中在此发掘出土了第一个完整的北京人头盖骨，距今约60万年。这消息一公布，立刻在世界上引起了巨大的轰动。1933年，在裴文中先生的主持下，在龙骨山山顶洞穴内又发现了人类化石，距今约1.8

◆ 北京人复原头像

万年。它们大约代表着十个人的遗骸，其中有三个完整的成年男女的头盖骨，被命名为"山顶洞人"，属晚期智人，具有原始蒙古人种的特征。1973年，在龙骨山东南角还发现了介于北京人和山顶洞人之间的古人类牙齿，距今约10万年，被命名为"新洞人"。

揭开人类历史的序幕

早在旧石器时代初期，"北京人"已

◆ 周口店北京人遗址

懂得选取岩石，制作石器，用它作为武器或原始的生产工具，在与大自然进行斗争中改造自己，这表明"北京人"已经学会使用原始的工具从事劳动，这是人和猿的根本区别所在。

考古人员在"北京人"居住过的洞穴里，发现厚度达4～6米、色彩鲜艳的灰烬，表明"北京人"已懂得使用火、支配火、学会保存火种的方法，是人类由动物界跨入文明世界的重要标志。

周口店出土文物

周口店第一地点从1921年发现和发掘起，已下挖了40多米，宛如一口深井。但已挖堆积物还不到全洞堆积物的一半。从早期的挖掘开始，"北京人"化石从第二层至第三层均有发现，共出土骨头6具、头骨碎片12件、下颌骨15件、牙齿157枚、股骨7件、胫骨1件、肱骨1件、锁骨和月骨各1件，另外还有一些破片。这些"北京人"遗骨分属四十多个人体。但绝大多数化石在第二次世界大战期间下落不明，成为考古界的谜团。

目前所知的化石，保存在我国的有七枚牙齿、一段肱骨、一段胫骨、顶骨和枕骨各一件，另外还有一具保存完好的下颌骨；1927年以前发现的三枚牙齿则在瑞典。北京人已经学会使用石器，主要分为两种：锤击石器和刮削器。这类工具发现亦不少，保存在周口店博物馆。

延伸阅读

山顶洞人的生活

有人依据山顶洞人发掘成果绘制了一幅想象画，反映一个氏族中的男女老少共同劳动、共同生活的情景。画面右边有一妇女手持骨针用兽皮缝制衣服，他们不再赤身露体了。画面中间一人用火烧烤食物，表明山顶洞人已经学会了人工取火，这比过去只会保存天然火种又前进了一步。画面上方一人身背野兔和一条大鱼，左手还提着一只猎物，说明山顶洞人除了狩猎野兽和采集果实以外，还以鱼类等水生动物作为食物。画面左边一位老人左手持尖状器，右手拿一圆形贝壳，好像在教他身旁的人如何钻孔。画面最下方的小孩子，身上戴着项链，他正在用心地将一些带孔的小石子、兽骨、海蚶壳等穿连在一起，反映山顶洞人已经懂得了审美。整个画面，人物分工明确，人人平等，他们共同劳动，共同分配食物，过着丰富多彩的氏族生活。

长江流域的华夏古文明——河姆渡遗址

河姆渡遗址是新石器时代遗址，遗址总面积约四万平方米。河姆渡遗址的发掘为研究当时的农业、建筑、纺织、艺术等东方文明，提供了极其珍贵的实物佐证。被国务院公布为"全国重点文物保护单位"。

河姆渡遗址是一处新石器时代的聚落遗址，位于中国东部、长江下游的浙江省余姚市河姆渡村附近，遗址总面积约四万平方米，堆积厚度四米左右，上下叠压着四个文化层。在这个遗址内出土了数以千计的文物。

河姆渡的传说

传说，在六七千年前姚江沿岸是杂草丛生的沼泽，江的南岸有一个小村落，住着一位勤劳善良的女人，她每天带着忠实的小狗摆渡到姚江的北岸，在沼泽中捡拾野鸭蛋和禾草等度日。就这样日复一日、年复一年。有一天，烧着的禾草中发出"乒乓"的声音，小狗摇着尾巴寻觅着火中爆出的白色棉团物吃得津津有味，女人捡起一颗放入口中品尝，果然香甜味美。又过了不久，她从北岸拔回的禾草旁长出一丛丛谷物，结出的谷粒很像火中爆开前的谷粒。她把这一发现告诉村民，从此，村民在摸索中开始种植这种谷物。这便是长江流域最早种植的水稻。为了纪念这位勤劳善良的女性，人们将她每天摆渡的渡口称之为"河

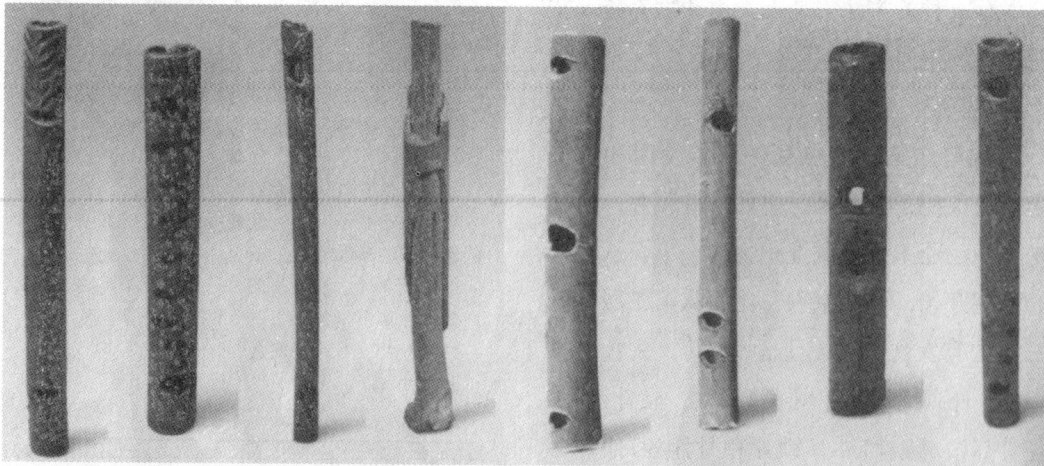

◆ 河姆渡遗址出土的骨哨

姆渡"。

耜耕农业

河姆渡人从事以种植水稻为主的农业经济活动，已进入耜耕阶段。遗址分布有大面积的稻谷堆积层，最厚处近1米，达12吨以上，在世界史前遗址中十分罕见。在遗址中普遍发现有稻谷、谷壳、稻秆、稻叶等遗存，比印度卢塔尔稻（被称为最早的亚洲原生稻）要早三千多年，是中国迄今发现最早的农作物。河姆渡遗址人工栽培稻谷的发现，说明农业不是由某一个圣人或天才发明的，而是人类自身进步的结果。

纺织工具的出现

河姆渡文明时代的人类纺织技术已相当成熟，使用骨针、细小的骨锥、管状针等工具缝纫衣物。出土的纺织工具数量之多、种类之丰富为新石器时代遗址考古所罕见。数量最多的是纺轮，有300多件，质地以陶为主，还有石质和木质，形状以扁圆形最常见，另有少量剖面呈梯形状。织的方面有经轴、分经木、绕纱棒、齿状器、机刀、梭形器等，纺织专家认为这是原始踞织机的部件。缝纫用的骨针有90多件，最小的骨针长仅9厘米，径大0.2厘米，针孔大0.1厘米，与如今的大号钢针差不多。

"干栏式"建筑

考古人员在河姆渡遗址两次发掘范围内发现大量"干栏式"建筑遗迹，特别是在第四文化层底部，分布面积最大，数量最多，远远望去，密密麻麻，蔚为壮观。

◆ 河姆渡草屋（根据遗迹复原）

因地处沼泽地带，地面潮湿，河姆渡人先在地上打桩，在桩上架梁铺木板，四周以密密的木桩作墙建造住房，留下大面积木结构建筑遗迹。这种底层高于地面，既防潮又能防止野兽侵袭的"干栏式"建筑是中国南方传统木构建筑的渊薮。在当时仅有石器和骨器工具的条件下，河姆渡人采用木构件榫卯技术，创造了十余种形式的榫卯。

古蜀国的幻影——三星堆

三星堆古遗址是迄今在西南地区发现的范围最大、延续时间最长、文化内涵最丰富的古城、古国、古蜀文化遗址，被称为20世纪人类最伟大的考古发现之一，昭示了古蜀文化同长江流域与黄河流域一样，同属中华文明的母体，被誉为"长江文明之源"。

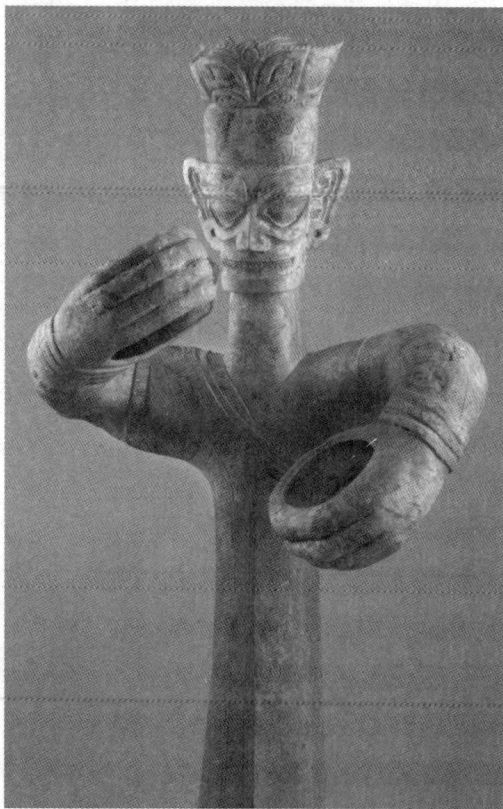

◆ 铜人

三星堆遗址位于成都平原北部的沱江冲积扇上，在沱江支流湔江南面。它的得名，传说是玉皇大帝从天上撒下三把土，落在广汉的湔江边，成为大平原上的三堆黄土，就像三颗金星成一直线，所以称为"三星堆"。

当然这是一个美丽的传说，考古证明，三星堆实际上是一段城墙，经风霜雨雪，黄土夯筑的墙体坍塌出两个缺口，因而成为三个土堆。三星堆遗址于1929年被发现，后经多次发掘，尤其是1968年发现两座祭祀坑，出土了近千件珍贵文物，包括精美绝伦的六件国宝级文物。三星堆是殷商时代与商文化并行的西南地区独特的文明中心，长江上游的成都平原文明同黄河流域古文明一样，也是中华文明的发源地之一。

三星堆文物

三星堆遗址出土的文物中，表现人"眼睛"的文物不仅数量众多，而且这些文物本身珍贵、奇特，如一件大面具，眼球极度夸张，瞳孔部分呈圆柱状向前突出。这与古蜀人崇拜祖先有关。据学者研究，所谓"纵目"，即是指这种铜面具眼睛上凸起的圆柱，三星堆出土的突目铜面具正是古代蜀

◆ 纵目青铜面具

王蚕丛的造像。

蚕丛何许人也？他是"蜀"的化身，是华夏族第一个把山上的野蚕进行驯化，变为家蚕的人，是古蜀国第一个蜀王。从古史资料分析，蚕丛长相奇特，衣着特别。杨雄《蜀王本纪》说："蜀之先，称王者有蚕丛、柏灌、鱼凫、杜宇、开明。是时，人萌椎髻，左衽。"《华阳国志·蜀志》中说："有蜀侯蚕丛，其目纵，始称王，作石棺石椁。"还有记载说他"衣青衣"，教人农桑，被尊为"青衣神"。从上述的描述中，我们可以想象蚕丛的形象是：他长着鼓鼓的眼睛，头上挽着高高的髻，穿着青色的衣服，衣襟左衽（传统中国人右衽），他曾住在阿坝汶川叠溪一带的岷山石洞中，过着穴居生活，后来率部落顺岷江而下进入成都平原，引导人民开始平原生活。

蜀帝化杜鹃

上古时期，传说有一个男子，名叫杜宇，从天上落至古蜀地区；又有一个女子，从长江源头的井水里出来，嫁给他做妻子。于是他自己立为蜀王，号称"望帝"，建都在汶山下面的郫地。他的最大功绩是"教民务农"，以至于他"仙去"后化为杜鹃鸟，每到春天来临便啼叫不止，催民春耕播种，以致啼出血来。

古蜀文明

古蜀人民根据成都平原的水源情况、土地特点，大力发展农业生产。从渔猎时代转向农耕文明，经过历代蜀王的治理，川西平原五谷丰登，蜀国领地不断扩大。

从蜀族先王名称来看，他们主要是以鸟为祖神，推崇鸟图腾。柏灌是水鸟，鱼凫即鱼鹰，杜宇是杜鹃鸟，另外从三星堆大量鸟类青铜器也可以证明。蜀民经历了饲养野蚕、家蚕、渔猎、农耕的时代。

三星堆文物是宝贵的人类文化遗产，在中国浩如烟海蔚为壮观的文物群体中，属最具历史科学文化艺术价值和最富观赏性的文物群体之一。在这批古蜀秘宝中，有许多诡谲的青铜器造型，还有流光溢彩的金杖、满饰图案的边璋，其他文物亦多属前所未见的稀世之珍。

延伸阅读

三星堆"铜巨人"

三星堆出土的青铜器"铜人"高1.7米左右，连座通高2.62米，重180公斤，被尊称为"世界铜像之王"。铸造历史距今已有3000多年，如此庞大的青铜巨人，迄今为止，在国内出土的商周文物中尚属首例，因此被誉为"东方巨人"。

青铜像头顶花冠的正中，有一个圆形代表太阳的标志。从它所在的位置看，这个大立人像也许就是代表太阳神在行使自己的职能，也许他本身就是太阳神的化身。这是太阳崇拜的直接表现。

奴隶王朝档案馆——殷墟遗址

殷墟是中国历史上第一个有文献可考，并为甲骨文和考古发掘所证实的古代都城遗址，也是中国商代晚期的政治、经济、军事、文化中心。它犹如一座展示华夏历史的档案馆，使人对商代文明有客观的认识。2006年被世界遗产委员会认定为"世界文化遗产"。

商朝是中国历史上第二个奴隶制国家，有600余年历史。公元前14世纪左右，商王盘庚把都城迁到殷，直至灭亡，历史上称迁殷的商后期为"殷商"。殷即今天河南安阳，殷墟位于安阳西北小屯村一带，是有文字可考、最早的古代都城遗址，距今已有3300多年历史。

汉字鼻祖——甲骨文

相传，甲骨文最先是在河南安阳附近的小屯村被发现的，当时，无意中让它们重见天日的农夫们，把这些为数不少的骨头当作药材，卖给药铺。清末时，一些骨片传到学者王懿荣手中，他立刻发现这些骨片上的文字比周朝青铜器上的钟鼎文年代更早。后来，罗振玉、王国维、郭沫若等学者也开始着手研究这些文字，并进一步确定这些文字的年代是商朝。

殷墟甲骨文是现今所见中国最早的具有完备体系的文字，殷墟甲骨文多为殷王朝占卜的记录，被称为中国古代最早的"档案库"。目前发现有大约15万片甲骨，4500多个单字。

◆ 殷墟铭石

中国古代青铜冶铸业的巅峰——殷墟青铜器

中国青铜文化源远流长，具有浓郁的民族特色和艺术风格。殷墟出土的大量青铜

◆ 妇好像

口宽79厘米，是迄今为止出土的最大最重的青铜器，这就是后母戊鼎。后母戊鼎立耳、方腹、四足中空，除鼎身四面中央是无纹饰的长方形素面外，其余各处皆有纹饰。在细密的云雷纹之上，各部分主纹饰各具形态。鼎身四面以饕餮作为主要纹饰，四面交接处，则饰以扉棱，扉棱之上为牛首，下为饕餮。鼎耳外廓有两只猛虎，耳侧以鱼纹为饰。四只鼎足的纹饰也匠心独具，在三道弦纹之上各施以兽面。据考证，后母戊鼎是商王室重器，其造型、纹饰、工艺均达到极高的水平，是商代青铜文化顶峰时期的代表作。

器，包括礼器、乐器、兵器、工具、生活用具、装饰品、艺术品等，形成了璀璨夺目的青铜文明，是中国青铜器使用和制造的巅峰，在中国古代文明史上占有重要地位。殷墟青铜礼器的大量出现，证明中国青铜文化已发展到了最高阶段。青铜礼器有鼎、簋、瓿、爵、斝；兵器有戈、矛、钺、刀、镞；工具有锛、凿、斧、锯、铲；乐器有铙、铃、钲等。形制丰富多样，纹饰繁缛神秘。殷墟所显示的青铜冶铸方面的辉煌成就，使其成为世界古代青铜文明的中心之一。

后母戊鼎

1939年3月，河南安阳侯家庄武官村挖掘出一只巨型青铜鼎，此鼎形制雄伟，重量达832.84千克，高133厘米、口长110厘米、

延伸阅读

中国最早的女将军——妇好

妇好是中国历史上第一个有文字记载的女将军，她是商王武丁三个法定的配偶之一，也是最有能力最受宠爱的王后。殷墟出土的甲骨文中有关她的记载多达240多条，其中不乏描述她领兵打仗和参与国家祭祀活动的内容。史料记载，商人"国之大事，在祀与戎"，就是说商人政治生活中两件最大的事情是祭祀和战争。甲骨文资料显示，妇好经常参与战争和主持国家祭祀，其中在甲骨文里记载她率兵最多的一次是13000人，并且运筹帷幄、巧设埋伏，配合商王的大将打了一个漂亮的伏击战。也许是由于连年征战，妇好积劳成疾过早地去世了。商王武丁为了纪念她，把她厚葬在了宫殿区，并在她的墓圹上修建了一座享堂，便于对她进行祭祀。

大漠中的神秘王国——楼兰遗址

楼兰是个充满了神秘色彩的字眼，它昔日的辉煌和今日的荒凉，形成了它在中国文化史上的特殊地位。

◆ 楼兰出土的残纸文书

史料记载，楼兰为西汉西域三十六国之一，东汉时成为西域长史府所在地，后来被鄯善国所替代。因其位于塔里木盆地东部，因而是中原地区通西域最便捷的通道。作为当时西域政治、经济、交通的枢纽，楼兰曾辉煌一时，但东汉以后即从历史文献中消失。公元4世纪末已人去城空、田地荒芜，"上无飞鸟，下无走兽"。考古工作者从楼兰遗址挖掘出各类文物，特别是木简文书居多，不仅填补了史籍记载的空白，更有助于我们进一步了解楼兰古国消亡的原因。

消亡原因

《水经注》记载，东汉以后，当时塔里木河中游的注滨河改道，导致楼兰严重缺水。敦煌的索勒率兵1000人来到楼兰，又召集鄯善、焉耆、龟兹三国兵士3000人，不分昼夜横断注滨河引水进入楼兰，暂时缓解了楼兰缺水的困境。但在此之后，尽管楼兰人为疏浚河道做出了最大限度的努力和尝试，但楼兰古城最终还是因缺水而废弃了。

另一种说法认为，楼兰的灭亡，是人类违背自然规律的结果，楼兰人滥砍乱伐致使水土流失，风沙侵袭，河流改道，气候反常，瘟疫流行，水分减少，盐碱日积，最后必然消亡。

古楼兰兴衰

《史记·大宛列传》和《汉书·西域传》记载，早在2世纪以前，楼兰就是西域一个著名的"城郭之国"。它东通敦煌，西北到焉耆、尉犁，西南到若羌、且末，是古代"丝绸之路"的重要枢纽。

汉代的楼兰国，有时偏向匈奴，有时归附于汉，维持着灵活的外交政策，介于汉和匈奴两大势力之间，巧妙地维持着其政治生命。由于楼兰地处汉王朝与西域诸国交通要冲，汉军不能越过这一地区打匈奴，匈奴不假借楼兰的力量也不能威胁汉王朝，汉和匈奴对楼兰都尽力实行怀柔政策。

西汉武帝时派人出使西域，并开通与中亚、西亚及欧洲贸易的丝绸之路，楼兰成为丝绸之路上一个重要中转站。由于当时楼兰王攻杀汉使、劫掠商人，公元77年，汉武帝派刺客暗杀了新国王，并为在汉朝廷做人质的楼兰王子婚配一位美姬送回楼兰继承王位。更国名为鄯善，迁都扜逆城（今新疆若羌附近）。新国王战战兢兢害怕遭遇暗杀，汉武帝在保护国王的名义下派部队驻屯楼兰境内，从而为讨伐匈奴和西域诸国获得了主动权。汉政府遣吏卒在楼兰屯田，使得楼兰昌盛一时，最盛时有臣民一万四千余人，士兵三千多。至公元4世纪末，历史文献中楼兰的记载就减少了，多记载其荒凉境况。其消亡的原因，至今仍为学界争论不一。

楼兰文化

楼兰文化堪称世界上最具神秘色彩的文明之一，它和玛雅文明、印加文明等消失

◆ 楼兰遗址

的文明一道成为最受世人瞩目的未解谜团。它曾经的辉煌，造就了它在世界文化史上的特殊地位。楼兰文化是研究人类历史发展、自然更迭、气候变迁的重要资源，是一笔无法估量的历史遗产。同时也意味着挖掘、整理、研究楼兰文化，在学术上和经济文化上都具有重大意义。有计划地，以科学的理念开发楼兰及其文化遗产，就是赋予楼兰文化以新的生命。

延伸阅读

楼兰美女

1980年在孔雀河下游的铁板河三角洲，发现了一片墓地，墓中出土一具中年女性干尸，体肤指甲保存完好，始称"楼兰美女"，是迄今为止新疆出土古尸中年代最早的一具，距今约有3800年的历史。科学测定该女子死时为45岁左右，生前身高1.55米左右，为O型血。她身穿粗质毛织物和羊皮，足蹬粗线缝制的毛皮靴。发长一尺有余，呈黄棕色，卷压在尖顶毡帽内，帽插数支羽毛，肤色红褐色富有弹性，眼窝深，鼻梁高而窄，下巴尖翘，具有鲜明的欧罗巴人种特征。

第三讲　遗址 遗迹 陵墓

东北亚艺术宝库——高句丽王城遗址

高句丽遗址位于吉林省集安市，东邻朝鲜，被誉为"东北亚艺术宝库"，记载了我国古代东北少数民族的特殊文化，是五千年华夏文明的一朵奇葩。2004年被世界遗产委员会认定为"世界文化遗产"。

高句丽历史

"高句丽"（"句"读作"勾"），史书中记作"高句骊"，简称"句丽"或"句骊"，是公元前1世纪至7世纪时期生活在中国东北地区的一个古老民族。汉元帝建昭二年（公元前37年），扶余人朱蒙在西汉玄菟郡高句丽县（今辽宁省新宾县境内）建国，故称"高句丽"。后建都为"纥升骨城"，西汉元始三年（公元3年），迁都国内城，同时筑尉那岩城（均在今吉林省集安市境内），尉那岩城又称"丸都山城"，至北魏始光四年（427年）迁都平壤。

高句丽强盛时期，其势力范围包括中国吉林省的东部、辽宁省东北部和朝鲜半岛的北部。公元668年，高句丽被唐与朝鲜半岛的新罗联军所灭，在历史上持续了705年之久。高句丽始终在中国历史上的中原王朝管辖范围内，并与历代王朝保持着隶属关系，是受中原王朝制约和管辖的地方政权。在政治、文化等各个方面都受到中原王朝的强烈影响。

好太王碑

好太王碑，无论碑体造型、碑刻技法，还是碑文风格，都堪称中华民族碑刻艺术的瑰宝。好太王碑是高句丽第20代寿王为纪念19代好太王而竖立的，碑高6.39米，由一整块巨型角砾凝灰岩雕凿而成，

◆ 将军坟

为不规则的方形柱状体。碑文四面环刻，计44行1775字，字体介于隶书与楷书之间。

碑文大体分为三部分。第一部分较短，共6行，主要记叙了高句丽建国的神话传说及好太王统治时期国富民强、五谷丰登的情况。第二部分是碑文中心，占22行。较详尽地记录了好太王率军攻城略地的情况。第三部分占16行，记载了为好太王守墓之烟户的数量、来源以及相关的守墓制度。

◆ 好太王碑碑亭

高句丽壁画艺术

遗址墓室内绘有精美壁画，再现高句丽王公贵族家居、宴饮、出行等生活场景。早期壁画中有不少战争场面，表现出高句丽人骁勇善战的场景。而墓壁上的伏羲、女娲、黄帝、神农、朱雀、玄武、青龙、白虎以及僧侣、道士等，则明显具有中原儒、佛、道文化特征。壁画的颜料主要有朱砂、土红、石黄、粉黄、白粉以及石绿，丰富、鲜亮如新。这一时期的壁画，集安有"四神墓""五盔坟"四、五号墓等，大部分分布于今天的朝鲜境内。

华夏文明的重要组成部分

高句丽经济以农业为主兼营渔猎，通用汉字记事，现已发现的好太王碑、中原郡碑、冉牟墓志及大量铭文砖和铭文瓦上面的汉字佐证了这一点。高句丽创造了具有民族特色的文化，但中后期受中原文化影响较大，儒、佛、道文化盛行，特别是高句丽坚固的山城、雄伟的陵墓、辉煌的古墓壁画，都是华夏文明的重要组成部分。

延伸阅读

高句丽墓葬之冠千秋墓

该墓位于集安城西3.5公里处麻线河东岸200米的坡地上。形制浩大，宛若山岳，因墓上发现有"千秋万岁"字样的汉字铭文砖而被称之为"千秋墓"。千秋墓为方坛阶梯石室墓，近正方形，边长80～85米，残高15米。墓顶较平坦，约20平方米，乱石中埋有数块经加工的大石条。墓上现存有大量的简瓦和板瓦残片及文字砖残段，其文为"千秋万岁永固""保国乾坤相毕"。千秋墓占地6000多平方米，使用石材数万立方米，修筑方式与将军坟相同，但工程巨大，数倍于将军坟，堪称高句丽墓葬之冠，是一座高句丽的王陵。

历史的见证——圆明园遗址

圆明园体现了中国古代造园艺术之精华，是当时最出色的一座大型园林，在世界园林建筑史上占有重要地位。它是一个令人叹为观止且无与伦比的杰作。其盛名传至欧洲，被誉为"万园之园"。法国大文豪雨果于1861年有这样的评价："你只管去想象那是一座令人神往的、如同月宫的城堡一样的建筑，夏宫（指圆明园）就是这样的一座建筑。"

名称由来

"圆明园"，是由康熙皇帝命名的。玄烨御书的匾牌，就悬挂在圆明园大殿的门楣上方。对这个园名雍正皇帝有个解释，说"圆明"二字的含义是："圆而入神，君子之时中也；明而普照，达人之睿智也。"意思是说，"圆"是指个人品德圆满无缺，超越常人；"明"是指政治业绩明光普照，完美明智。这可以说是封建时代统治阶级标榜明君贤相的理想标准。

历史发展

圆明园是清代重要的皇家园林，面积五千二百余亩，一百五十余景。最初是康熙帝赐给皇四子胤禛(即后来的雍正皇帝）的花园。康熙四十六年（1707年），圆明园已初具规模。胤禛即位为皇帝后，开始对这所园林扩建。乾隆时期，对圆明园进行了大规模的营建，费银以千万计。嘉庆时期，主要对绮春园进行修缮和拓建，使之成为主要园居场所之一。道光时期，虽然裁撤万寿、香

◆ 圆明园立柱

山、玉泉"三山"的陈设，甚至停止了每年一次的木兰狩猎，但对圆明园仍然进行不间断的扩建，使之成为当时世界上最豪华的皇家园林。

◆ 圆明园残迹

建筑的特征

圆明园汇集了江南园林的胜景，还创造性地移植了西方园林建筑，集当时古今中外造园艺术之大成。平地叠山理水，精制园林建筑，广植树木花卉。以断续的山丘、曲折的水面及亭台、曲廊、洲岛、桥堤等，将广阔的空间分割成大小百余处山水环抱、意趣各不相同的风景群。从总体来说，拥有以下一些特色：

水的主题

圆明园的园林造景多以水为主题，因水成趣，其中不少是直接吸取江南著名水景的意趣。圆明园后湖景区，环绕后湖构筑九个小岛，是《禹贡》中全国疆域"九洲"的象征。另外还吸取了洞庭湖、杭州西湖、神话中的蓬莱胜景等水域景观。

借鉴的主题

圆明园大量仿建了全国各地的名胜。乾隆皇帝弘历曾经六次南巡江浙，多次西巡五台，东巡岱岳，巡游热河、盛京和盘山等地。每至一地，凡他所中意的名山胜水、名园胜景，后来都在园内仿建。

独立的造型主题

圆明园虽然是一个完整的整体，但各个景点却又是独立的，共有一百余处建筑群，各有自己的造型风格，即通常所说的一百景。如字轩、眉月轩、田字殿，还有扇面形、弓面形、圆镜形、工字形、山字形、十字形、方胜形、书卷形等。加之在园林布局上，因景随势，千姿百态，园中各景又环环相套，层层进深，形成了丰富多彩、自然和谐的整体美。

宗教主题

圆明园的寺庙园林，也是反映中国古代文化的一个侧面。园内有祭祀康熙帝、雍正帝的皇家祖祠，规格廓大，庄严肃穆。另外还供奉有2200多尊佛像，有30余座佛塔，都体现了宗教上的需要。

中华民族的人文始祖陵——黄帝陵

黄帝是我国原始社会末期一位伟大的部落首领，是开创中华民族文明的祖先。位于陕西省黄陵县的黄帝陵即为其陵寝。1961年，黄帝陵被国务院公布为第一批"全国重点文物保护单位"。

黄帝陵古称"桥陵"，素有"天下第一陵"的称号，为中国历代帝王和著名人士祭祀黄帝的场所。据记载，最早祭祀黄帝始于公元前442年。自唐大历五年（770年）建庙祀典以来，一直是历代王朝举行国家大祭的场所。

人文初祖——黄帝

据传，黄帝姓公孙，名轩辕，号有熊氏，以土德称王。因土为黄色，故名"黄帝"。在远古时代，他是陕西北部黄土高原一带的部落首领。后来，他率领部落迁居到河北涿鹿附近。黄帝以他杰出的才能，鼓励农桑，创做车船，打制兵器，发明文字、音律、医术、算数，为人民做了许多好事，受到人们的崇敬和爱戴。他在开发黄河中下游的过程中，逐渐融合了周围的一些部落，基本上统一了中原，形成了华夏族，奠定了中华民族赖以生存的基石；因而被尊为中华民族的始祖。后来黄帝被逐渐神化，

道教也尊其为祖。传说中，他不仅成仙得道，还能够驱使群仙。黄帝与炎帝同为华夏民族祖先，故中国人自称"炎黄子孙"。黄帝这位口传历史中的重要人物集中了古人的多种优点、诸多创造，带领中华民族从野蛮向文明发展，从而被尊为"人文初祖"。

◆ 轩辕庙碑

陵区概况

陵冢深藏在桥山之巅的古柏林中，千年以上古柏有三万余株，是中国最大的古柏群，幽静深邃，气势雄伟。古代天子的坟墓称作"陵"，庶民坟称作"墓"，天子陵旁必设"庙"，故而皇帝的墓地被称为"黄帝

陵"，黄帝庙前区气势恢宏，面积约10000平方米，入口广场选用5000块大型河卵石铺砌，象征中华民族的五千年文明史。

广场北端为轩辕桥，宽8.6米、长66米、高6.15米，全桥共9跨，石梁121根，桥面设护栏。栏板上均雕有古典图案花纹。全桥均采用花岗石料砌成，显得粗犷古朴。轩辕桥下及其左右水面为印池，占地约300余亩。蓄水量可达46万平方米。桥山古柏，倒映池中，与白云蓝天交相辉映，为黄帝陵平添了无限灵气。印池四周绿树成荫，形成优美的空间环境。

轩辕桥北端为龙尾道，共设95级台阶，象征黄帝"九五之尊"至高无上的寓意。由龙尾道向上即登临庙院山门。山门为五间廊庑式花岗岩（仿汉代木）建筑，显得庄严雄伟。

入庙院山门，首先映入眼帘的是轩辕手植柏，传为轩辕黄帝亲手所植。此柏高19米，树干下围10米、中围6米、上围2米，遒枝苍劲，柏叶青翠，被称为"世界柏树之王"。

对后人的影响

每年清明、重阳节，海内外炎黄子孙聚集桥山，举行隆重的祭祀大典。历史上祭祀规模最大、形式最隆重的，要算雄才大略的汉武帝刘彻"十八万大军祭黄陵"。公元前110年，刘彻率大军北征后返长安，途经桥山，令士兵一夜之间在黄帝陵对面堆起一座用来祭祀的"祈仙台"。其中一棵汉武帝当年挂过盔甲的古柏，枝杆皆似断钉在内，斑痕密布成行，尤其令人称奇。

◆黄帝像

轩辕庙碑廊内有历代帝王重修碑记和祭文石刻，我国近代及当代国家领导人也曾来此。香港与澳门回归祖国后，在庙内立下的"回归纪念碑"，甚为引人注目。

延伸阅读

黄帝陵修建的传说

黄帝有一天出巡河南。眨眼间晴天霹雳，乌云翻滚，暴雨滂沱，一条黄龙腾云驾雾从天而降，对黄帝说："陛下的使命已经完成，请随我归天吧？"黄帝不得已，只好跨上龙背。当黄龙飞到桥山时，黄帝怀念百姓，请求黄龙下降。周围百姓听说黄帝要归天，纷纷赶来围住他，有的抓住衣带，有的拉住黄帝的鞋子，苦苦挽留。但在黄龙的催促下，黄帝只好把衣冠留下，恋恋不舍地道别百姓。后来人们为了铭记黄帝的恩德，就把衣冠葬在桥山，黄帝陵衣冠冢就是这样修建起来的。

千古第一帝的墓葬——秦始皇陵

秦始皇兵马俑，无论在数量上、质量上，还是在考古发现上，都是世界上所罕见的，它对于深入研究公元前2世纪秦代的军事、政治、经济、文化、科学和艺术等提供了极为珍贵的实物材料。1961年被国务院公布为第一批"全国重点文物保护单位"。1987年被列入"世界文化遗产名录"。

公元前246年中国正处于战国时代，13岁的嬴政被立为秦王。秦王即位后，开始修筑陵园。其巨大的规模、丰富的陪葬物居历代君主陵寝之首，是中国历史上第一座皇帝陵园。

秦始皇陵的构造

秦始皇陵仿秦国都城咸阳建造，陵墓呈"回"字形，筑有内、外两重夯土城垣，象征着都城的皇城和宫城，总面积有50多平方公里。它实际上是一个被搬入地下的人间世界缩影。陵墓地宫中心安放着秦始皇棺椁，墓室里放满了奇珍异宝，要道机关可射出防盗的利箭。墓室中还注满水银，象征着百川江河大海的帝国疆域版图。陵墓四周有陪葬坑和墓葬数百个，陪葬品有铜车马、珍禽异兽以及兵马俑、百

戏俑等，其中两乘大型的彩绘铜车马结构逼真、装饰华丽，被誉为"青铜之冠"。

震惊中外的考古发现

1974年，中国考古工作者把沉睡千年的7000多件陶俑发掘出土，被认为是21世纪最壮观的考古发现。

秦陵中共有3个兵马俑坑，呈"品"字形排列。一号坑为步兵部队，东西长230

◆ 气势磅礴的兵马俑

◆ 将军俑

米，南北宽62米，深约5米，面积为14220平方米，是一位农民打井时发现的。二号坑呈曲尺形，面积为5000平方米，它是由骑兵、战车和步兵（包括弩兵）组成的多兵种特殊部队。三号坑呈"凹"字形，面积为520平方米，似为统率一、二号坑的指挥机关。三个坑共有7000余件陶俑、100余乘战车、400余匹陶马和数十万件兵器。

秦始皇兵马俑的发现使人们对秦始皇陵有了新的认识。尽管目前人们对秦始皇陵的内部还处于猜想阶段，但是从庞大的兵马俑军阵也可窥见其壮观。秦始皇陵兵马俑是可以同埃及金字塔和古希腊雕塑相媲美的宝贵财富，艺术手法细腻、明快，手势、脸部表情神态各异，具有鲜明的个性和强烈的时代特征，显示出泥塑艺术的高超，充分表现了2000多年前中国人的艺术水平，是中华民族的骄傲。兵马俑为中华民族灿烂的古老文化增添了光彩，给世界艺术史补充了光辉的一页。

延伸阅读

"地宫飞雁" 的传说

《三辅故事》记载，楚霸王项羽入关后，曾以三十万人盗掘秦陵。在他们挖掘过程中，突然一只金雁从墓中飞出，这只神奇的飞雁一直朝南飞去。斗转星移过了几百年，到三国时期，一位在云南做太守的官吏名叫张善。一天，有人给他送来一只金雁，他立即从金雁上的文字判断此物出自始皇陵。这个神奇的传说有没有历史依据？近年来有的学者著文指出："这虽然是个传说故事，但说明秦陵内的文物曾经流失于外，并且远达云南以南。"

第三讲 遗址 遗迹 陵墓

85

千年湿女尸的现身处——马王堆汉墓

马王堆汉墓群是西汉初期政治家利苍的家族墓地，利苍曾担任长沙国丞相，封号"轪侯"。由于墓地曾被后世讹传为五代十国时楚王马殷的陵墓，以讹传讹，从而被称作"马王堆"。

马王堆汉墓群是西汉初期利苍的家族墓地，利苍曾担任长沙国丞相，封号"轪侯"。墓址位于湖南省长沙市东郊。长沙为西汉长沙国首府所在地。由于墓地曾被后世

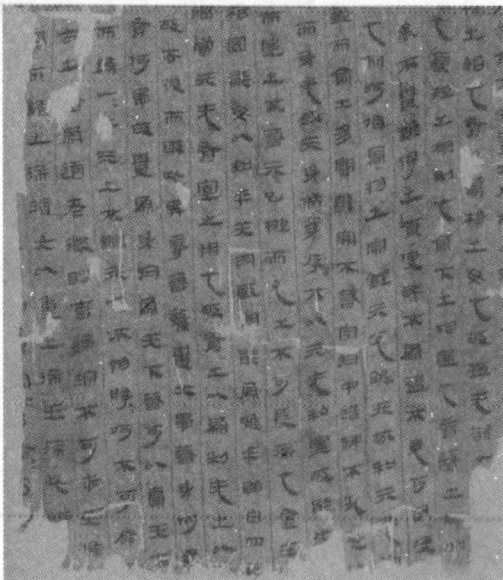

◆ 马王堆出土的残书

讹传为五代十国时楚王马殷的陵墓，以讹传讹，从而被称作"马王堆"。

据史料推测，约在汉高祖九至十年，湖北人利苍携妻子辛追，带着刚满周岁的儿子利豨来到长沙国任职。不久，正遇上邻近的封国淮南王英布作乱，利苍劝说第二代长沙王吴臣诱杀了吴臣的姐夫英布。长沙王之子吴浅、长沙丞相利苍均因功而被封侯。

马王堆汉墓概况

马王堆共发掘出三个汉墓，一号墓主辛追，是西汉长沙国丞相利苍之妻；二号墓主为利苍；三号墓则是利苍之子。从墓葬中出土的三枚印章"长沙丞相""大侯之印""利苍"铭文来看，证明是汉初长沙国丞相利苍及其家族的墓地。这三座古墓规模巨大，封土堆高10余米，直径30米左右。1972年至1974年相继发掘，其墓葬结构宏伟复杂，其中一、三号墓棺椁保存得非常完好。

根据漆器款识、封泥、印章等推断，三座墓葬的时间相距约20年。马王堆汉墓的地面上，原有大小相仿的两个封土，东、西并列，底径各约40米，顶部圆平，高约16米。当地原是一片四五米高的土丘，造墓时先在土丘上挖出墓坑的下半部，再用版筑法夯筑出墓坑的上半部和墓道，入葬后填土夯实，筑起高大的坟丘。三座墓的墓坑，形

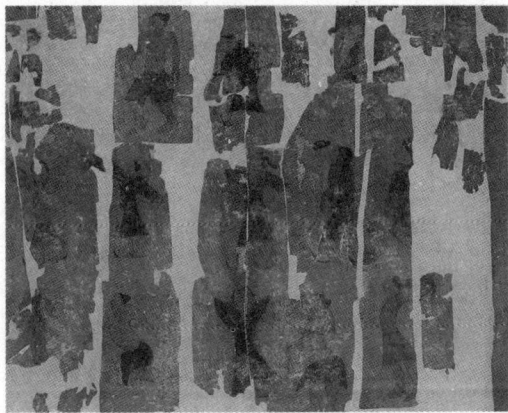

◆ 马王堆出土的残帛

式基本相同，都是北侧有墓道的长方形竖穴。一号墓的墓坑最大、最深。墓口南北长19.5米，东西宽17.8米，以下有4层台阶，再下则是斗形坑壁，直达墓底。墓底长7.6米，宽6.7米，深16米。另外两座墓的规模略小，墓坑较浅，墓壁只有3层台阶。二号墓墓底长7.25米，宽5.95米；三号墓墓底长5.8米，宽5.05米。

丝织品和衣物

马王堆汉墓出土的各种丝织品和衣物，年代早，数量大，品种多，保存好，极大地丰富了中国古代纺织技术的实证。一号墓边箱出土的织物，大部分放在几个竹笥之中，除15件相当完整的单、夹绵袍及裙、袜、手套、香囊和巾、袂外，还有46卷单幅的绢、纱、绮、罗、锦和绣品，都以荻茎为骨干卷扎整齐，以象征成匹的缯帛。三号墓出土的丝织品和衣物，大部分已残破不成形，品种与一号墓大致相同，但锦的花色较多。最能反映汉代纺织技术发展状况的是素纱和绒圈锦。薄如蝉翼的素纱单衣，重不到一两，是当时缫纺技术高度发达的标志。

珍贵文物

马王堆三座汉墓共出土珍贵文物3000多件，绝大多数保存完好。一号汉墓的彩绘漆棺，色泽如新，棺面漆绘的流云漫卷，形态诡谲的动物和神怪，体态生动，活灵活现，具有很高的艺术水平。二号汉墓出土的地形图，其绘制技术及其所标示的位置与现代地图大体近似，先后在美国、日本、波兰等国展出，评价极高，誉为"惊人的发现"。三号墓出土的10多万字的大批帛书，是不可多得的历史文献资料。帛书大部分写在宽48厘米的整幅帛上，折叠成长方形；少部分书写在宽24厘米的半幅帛上，用木条将其卷起。出土时都已严重破损，经整理，总共有28种。帛书的内容涉及古代哲学、历史、科学技术等方面。另外还有几册图籍，其中除《周易》和《老子》二书有今本传世外，绝大多数是古佚书，还有两幅古地图，堪称稀世珍品。马王堆的发掘是中国考古学上古代典籍资料的一次重大发现。

延伸阅读

马王堆女尸

女尸出土于长沙马王堆一号汉墓，距今2100多年。她是西汉初年长沙国相、第一代轪侯利苍的夫人"辛追"。出土时，女尸身长1.54米，体重为34.3公斤，血型为A型。女尸的头、颈、躯干、四肢均保存了完整的外形，皮肤湿润且覆盖完整，呈淡黄褐色，手摸着有油腻感；头发、眼睫毛、鼻毛等毛发附在原位，部分关节仍然可以活动。尸体有早期腐败现象，但是下葬后不久就停止了。这具尸体的完整性在世界尸体保存记录中都是十分罕见的。

汉墓附属建筑孤存——高颐墓阙

高颐墓阙位于四川省雅安市城东，是中国汉代益州郡太守高颐兄弟的墓阙。它是全国唯一碑、阙、墓、神道、石兽保存完整的汉代葬制实体，其阙身则是我国保存最为完好，雕刻最为精美，内容最为丰富的汉代墓阙阙身。

墓阙是墓前神道两侧的建筑物，陵墓前的一条大道称为"神道"，神道两侧置石人、石兽装饰。西汉时为了祭祀需要，表示对神祇的敬重，开始出现墓阙。东汉是墓阙发展的顶峰时期，隋、唐、宋代，仅限于帝王陵墓专有，以后墓阙逐渐消失。

高颐

高颐(？-209年)，今雅安市雨城区人。字贯光，东汉末和弟弟高实一起被推荐为孝廉，历任北府丞、武阳令、阴平都尉及益州太守。卒于建安十四年(209年)八月。死后，据说臣吏悲号，百姓痛哭，可见他深受下属和百姓的爱戴。

墓阙构造

高颐墓阙建于东汉末年，坐北向南，东、西阙相距13米左右，东阙残，仅存主阙阙身。西阙完整，主阙13层，高约6米，宽1.6米，厚0.9米；子阙7层，高3米多，宽1.1米，厚0.5米。阙前两具石兽雌雄各一，称"天禄""辟邪"，似狮非狮，似虎非虎，肩生双翅，昂首、张口、吐舌，威猛雄健，为东汉石刻精品。每阙由阙座、阙身、

◆ 高颐墓阙

阙顶组成。阙顶是重檐五脊式，汉代仿木结构建筑，正脊当中雕有神鸟口衔组绶。(绶是一种丝织带子，汉代男子根据官级，佩戴不同颜色的绶于腰侧。)阙身5层，用多块红色长条石英岩叠砌而成，阙身到屋檐，5层石块逐渐向外挑出，每层均有浮雕作品。内容涉及历史故事，神话中的鸟兽、龙、

◆ 墓阙石兽

虎、天马等。整个阙的轮廓曲折而有变化，雕刻华丽细致，是四川雅安诸阙的代表作。

雕刻珍品

阙石四周的雕刻是此阙的重要部分，浮雕内容有贵胄出游、车盖驰马、宴饮行乐等贵族生活场景，还有张良椎秦皇、高祖斩蛇、师旷鼓琴等历史故事。

"张良椎秦皇"是历史故事，战国末年韩国的贵族后裔张良，因韩国被秦国所灭，于是寻得刺客田仲，制造了一颗巨型铁椎，趁秦始皇东游途中，在搏浪沙椎击秦始皇，结果秦始皇的副车被椎击得粉碎，张良只好逃亡。《史记》中有记载。

"高祖斩蛇"同样是历史故事，秦末，身为小吏的刘邦押送一帮人去服苦役，途中遇到大白蛇挡住去路，刘邦借酒将其斩杀。由于一路上刘邦对逃跑的役犯并不追究，因此深受役犯们的拥戴，面对役犯的大批逃亡，刘邦干脆带领其他役犯发动起义，

走上反秦道路，后来建立西汉政权，称为汉高祖。

师旷是春秋时期著名的大音乐家，是个盲人，据说孔子曾向他学习音乐。传说师旷鼓琴的时候能使云起雨至，鸟雀听到后也翩翩起舞。

阙石上还有神话传说中的九尾狐、三足鸟、龙虎、朱雀、饕餮、鲲鹏、角兽等动物，以及各种花纹图案等。阙身上雕有突出的纵横相交的枋子、斗拱，整个阙的轮廓曲折而有变化，雕刻华丽细致，内容题材丰富，是四川诸阙的代表作。

影响

汉阙是中国古代特有的建筑设施，是汉代宫殿、祠庙和陵墓前一种表示尊严的装饰性建筑，阙由主阙和子阙组成，一般有阙墓、阙身、阙顶三部分，既是一种古老的建筑艺术，又是一种特殊的石刻珍品，是研究当时历史文化、建筑、雕塑、美术的重要实体。

延伸阅读

什么是汉阙

汉阙是中国古代特有的建筑设施，汉代官俸2000石以上者，墓前立阙，是身份和地位的象征。所以，汉阙文化是两汉文化的重要组成部分。历经千年沧桑，用木材制作的城阙、宫阙已荡然无存，只有宗庙祠堂、墓冢神道两侧的石阙，还部分得以保存，现在全国仅存20多处，大部分在四川雅安。

第三讲 遗址 遗迹 陵墓

东方金字塔——西夏王陵

西夏王陵是西夏王朝的皇家陵寝，是中国现存规模最大、地面遗址最完整的帝王陵园之一。被国务院公布为"全国重点文物保护单位""国家重点风景名胜区"。被世人誉为"神秘的奇迹""东方金字塔"。

西夏王陵位于银川市以西约25公里的贺兰山东麓，方圆40平方公里，坐落着9座帝王陵和200多座陪葬墓。陵邑位于陵区北部，总面积约6万平方米，四周筑有夯土城

◆ 西夏王陵

墙，城内广场、道路、院落、水井和房屋等遗迹都清晰可见，布局规范整齐。城内分前、中、后三个部分，中部和后部的正中，各有一座规模宏大的殿堂，其他建筑多集中在城的前部和中部，并组成一座座封闭式庭院。

昔日王朝

西夏是11世纪初以党项羌族为主体建立的封建王朝。自1038年李元昊在兴庆府（今银川市）称帝建国，于1227年被蒙古所灭，在历史上存在了189年，经历10代皇帝。其疆域"东尽黄河，西界玉门，南接萧关，北控大漠，地方万余里"，最鼎盛时期面积约83万平方公里，包括今宁夏、甘肃大部，内蒙古西部、陕西北部、青海东部、新疆东部及蒙古国南部的广大地区。前期与北宋、辽平分秋色，中后期与南宋、金鼎足而立，后人称其"三分天下居其一，雄踞西北两百年"。

昊王坟传说

西夏王陵里有一座泰陵，又叫"昊王坟"，是西夏开国君主李元昊的陵墓。它是西夏王陵中最大的，也是旅游者经常参观的一座王陵。相传，李元昊为人凶残、猜忌，怕人死后盗掘他的坟墓，生前便调集民夫建成了360座坟墓，随后将修墓的人统统杀光。在他死后，西夏都城兴庆府每天为"昊王"举哀出殡一次，持续360天，在贺兰山下便出现了360座"昊王坟"，谁也不知道哪一座是真的。

◆ 6号陵出土的鸱吻

建筑群体

20世纪70年代，在宁夏贺兰山下挖掘工程地基的时候，意外地挖出十几件古老的陶制品，其中的方砖上刻有西夏文字，荒漠中的西夏王陵始被发现。

西夏王陵每座帝陵陵园均是一个完整的建筑群体，占地面积在10万平方米以上，坐北朝南，平地起建。高大的阙台犹如威严的门卫，耸立于陵园最南端。碑亭位于其后，这里有过一通用西夏文、汉文刻制的歌颂帝王功绩的石碑。碑亭后是月城，南墙居中为门阙，经门阙入月城，这里曾置放有文官、武将的石刻雕像。月城之北是陵城，陵城南神墙居中有门阙，经门阙入陵城，陵台偏处陵城西北，为塔式建筑，八角形，上下各分为五级、七级、九级不等，外部用砖包砌并附有出檐，为砖木瓦结构。陵台是陵园中的主体建筑。

在中国古代传统陵园建筑中，陵台一般为土冢，起封土作用，位于墓室之上，但西夏陵台建在墓室北10米处，不具封土作用，其形状呈八角形，为五级或七级塔式，为夯土实心砖木混合密檐式结构，且偏离中轴线矗立，这种形式的陵台，从古到今在中原地区是不曾见的。原来，党项人笃信佛教，西夏的历代帝王对佛教更是推崇备至，他们希望死后能像佛祖和高僧一样转世，因此把陵台修建成浮屠的形式。

文化宝库

西夏王陵不仅吸收了秦汉以来，特别是唐宋皇陵所长，同时又受到佛教建筑的影响，将汉族文化、佛教文化与党项民族文化有机地结合在一起，构成了我国陵园建筑中别具一格的建筑文化。

延伸阅读

西夏王陵的主人——李元昊

西夏景宗李元昊（1003—1048年），是西夏的开国君主。为人雄才大略，不甘臣服于北宋，因此自立为帝，建国号夏。建国后屡次骚扰北宋边境，又在三川口、好水川和北宋作战，宋军一败涂地。北宋只好签订盟约，给予岁币。李元昊和历史上许许多多的统治者一样，也有自身固有的和难以克服的缺憾和不足。他认为，皇权已经很稳固，陶醉于自己的赫赫战功，后期不理朝政，经常在贺兰山离宫和诸妃嬉戏，纵情声色。他强娶太子宁令哥的未婚妻，结果引发内斗。李元昊被削去了鼻子，受了惊吓，又急恼不过，鼻创发作，于1048年正月初二死去。

世界上规模最大的皇家陵寝
——明清皇陵

明清皇家陵寝是明、清两代帝王的皇家陵园，代表了古代建筑的较高成就和装饰水平。世界遗产委员会于2003年将明孝陵及其周围功臣墓列入"世界文化遗产名录"。另外，清东陵和西陵也都名列"世界文化遗产名录"。

◆ 明十三陵附属建筑

明清时代(1368—1911年)是陵寝建设史上的一个辉煌时期。明朝的开国皇帝朱元璋对陵寝制度作了重大改革。他将地上的封土堆由以前的覆斗式方形改为圆形或长圆形，又取消寝宫，并扩大了祭殿建筑。清代沿袭明代制度，更加注重陵园与周围山川形胜的结合，注重按所葬人辈分排列顺序，还形成了帝后妃陵寝的配套序列，在祭祀制度上也更加完善、合理。

明孝陵

明孝陵是明朝开国皇帝朱元璋的陵墓，它位于南京紫金山南麓，陵垣周长达22.5公里。明孝陵布局呈"北斗星"图。孝陵的神道以弯曲幽长有别于历代帝王的宽阔直接，一直使人们百思不得其解，并由此附会出很多传说。研究者根据星象学说揭示了这一离奇现象：古代帝王陵墓中有采用天宫、天象、星宿图的情况，蕴含"天人合一""魂归北斗"等传统思想，朱元璋尤其崇仰天象，因而在生前就把自己的陵墓设计成北斗七星的形状，"勺头"为绕梅花山而环行的导引神道部分，"勺柄"为正北方向直线排列的陵寝建筑部分，"勺头""勺柄"上的"七星"依次为四方城、神道望柱、棂星门、金水桥、文武坊门、享殿、宝城。从平面图上看，孝陵的"七星"排列走向与南北朝、辽代、唐代所绘制的"北斗七星"图是相同的。

明十三陵

明十三陵是中国明代13位皇帝陵墓的总称，位于北京市昌平区境内的天寿山下，是世界上保存较为完整的、埋葬皇帝最多的皇陵群，均依山面水而建，建筑模式相仿，但规模不一，其中以长陵的规模最为宏大、雄伟。

◆ 定陵内景

清东陵

清东陵是中国最后一个封建王朝——清朝的皇家陵园之一,位于河北省遵化市西北部的昌瑞山下,在这里共建有15座陵寝,埋葬帝、后、妃及皇子、公主等共161人。清东陵是中国现存规模最为宏大、体系最为完整、保存最为完好的帝王陵墓建筑群。

1644年清军入关前,满族努尔哈赤已建立汗国,史称"后金",后金在阿拉赫图建都,后迁都沈阳,更名为"盛京"。迁都盛京的第二年,努尔哈赤与明军作战时受伤而死,其子皇太极继位后称帝,改国号清。努尔哈赤和皇太极均安葬在东北地区。1643年,皇太极第九子福临即位,第二年越过长城的山海关,迁都北京,入主中原。此后的历代帝王均安葬在关内。

清东陵是一部用砖、木、瓦、石写就的清王朝盛衰的历史。孝陵的建筑反映出清朝定鼎中原初期财力不足,但是雄健古拙、规模庞大的石像则反映出八旗子弟以武力征服中原,靠弓马开创天下的雄姿。景陵、裕陵则反映出"康乾盛世"天下太平的时代特征,定陵和惠陵则是清王朝一步步走向衰亡

的写照;慈禧陵则是权力的象征,反映出慈禧两度"垂帘听政"的那段特殊的历史。

清西陵

清西陵始建于1730年(雍正八年),历经18世纪中叶至19世纪初,余绪延至民国年间。清西陵是中国清朝前期、中期、晚期陵寝建筑艺术的代表作品。4座帝陵建筑规模宏大、布局合理、宫殿辉煌、石雕精美、形式多样、内涵丰富、保存完整;后妃陵寝严格按照封建等级制度的规格建造,虽久经大自然的风雨剥蚀,但基本上保持了原貌。清西陵以大量的实物形象和文字史料,从不同侧面展示了18世纪30年代至20世纪初期中国陵寝建筑艺术风格及皇家宗教信仰的重大发展、变化,对中国古代陵寝建筑艺术的创新与发展有重要贡献,具有清代以前各代陵寝建筑不可替代的历史、艺术、科学和鉴赏价值。

延伸阅读

清东陵的来历

传说,有一次福临带着王公大臣去遵化马兰峪一带狩猎,看到此处青山葱茂,生机无限,王气十足,龙脉清晰。北有昌瑞山如锦屏翠帐,南有金星山如持笏朝揖,中间有影壁山做书案可凭可依,东有鹰飞倒仰山如青龙盘卧,西有黄花山似白虎雄踞,东西两条大河环绕夹流似两条玉带。群山环抱的格局辽阔坦荡,雍容不迫,真可谓地臻全美,景物天成。福临一下子感动了,希望死后能葬在这里。当即,他摘下手指的白玉扳指,往前投掷下去。陪臣找到后,就在扳指跌落处做下记号,此处即为福临地宫所在,后来置放棺椁的宝床正位之处。

第三讲 遗址 遗迹 陵墓

93

传奇皇妃的地下归宿——香妃墓

香妃墓是一座典型的伊斯兰古建筑群，经历了三百多年风雨洗礼，依然保存完整。其外墙砖都是独一无二的手工艺品，绝没有相同的图案，令人叹为观止。

香妃墓又名"阿帕克霍加墓"，始建于1640年，坐落在新疆喀什市东郊5公里处的浩罕村，是新疆重点文物保护单位。香妃墓是一座典型的伊斯兰古建筑群，也是伊斯兰教圣裔的陵墓，是伊斯兰教阿帕克霍加家族墓地，"霍加"意为圣人后裔，这一陵墓埋葬着喀什"霍加政权"之王、白山派首领阿帕克霍加及其家族成员。

香妃

香妃本是玉素甫阿訇的第五代子孙。

◆ 香妃墓清真寺

1758年乾隆皇帝派兵征讨叶尔羌，当时香妃的叔、兄等声援清军，参加平反战斗，因功被封爵。香妃家族协助朝廷平定叛乱，为国家统一、边疆稳定和民族和睦做出了积极贡献。因此，1760年香妃被召进京，备受乾隆帝的宠爱，先封为贵人，后封为容妃。香妃在清宫生活28年，死后葬在河北省遵化市清东陵。据民间传说，由于香妃在宫中经常思念家乡，故乾隆皇帝为了还她生前愿望，将她的朝服、朝冠、吉服等遗物埋葬在家族墓中。因此人们又将这座陵墓称作"香妃墓"。

香妃的地位

香妃27岁入宫，初封为和贵人，属于清朝后妃八级中的第六级。三年后，被封为容嫔，她的哥哥也受到晋爵。由于香妃性格温和，其父兄均有军功，因此于乾隆二十三年将她又晋

◆ 香妃墓内景

为容妃，位居皇帝后妃序列中的第四级别。后来，乾隆帝的皇后和皇贵妃先后薨逝，容妃的地位仅次于皇后，由此可见其地位之尊崇。

香妃墓的构造

香妃墓以土坯为胎，外用绿色和紫色琉璃方砖包砌，建筑宏伟，色彩富丽堂皇。穹隆形的圆顶上，一座玲珑剔透的塔楼巍然屹立。塔楼之巅，又有一镀金新月，金光灿灿，直插云天，与绘有各种花纹的琉璃圆顶互相辉映，越发显得壮观。

陵墓由门楼、大小礼拜寺、教经堂和主墓室五部分组成。正门门楼精美华丽，两侧有高大的砖砌圆柱和门墙，表面镶着蓝底白花琉璃砖。与门楼西墙紧连的是一座小清真寺，前有彩绘天棚覆顶的高台，后有祈祷室。陵园内西面是一座大清真寺，正北是一座穹隆顶的教经堂。主墓室在陵园东部，是整个建筑群的主体建筑，主墓屋顶呈圆形，其圆拱直径达17米，无任何梁柱，外面全部是用绿色琉璃砖贴面，并夹杂一些绘有各色图案的黄色或蓝色瓷砖，显得富丽堂皇、庄

严肃穆。

跨进陵墓，高大宽敞的厅堂里，筑有半人高的平台，平台上排列着大大小小72座坟丘。这些坟丘和平台，一色儿用白底蓝花的琉璃包砌，看上去晶莹素洁，熠熠闪光。香妃的坟丘就在平台的东北角上，虽然并不高大显眼，却一直是吸引游人的地方。陵墓的附属建筑，无论在建筑格调还是装饰等方面，都与陵墓主体形成和谐的布局。

当地的习俗

关于香妃墓，当地百姓中还有一些有趣的风俗。有些妇女不论是已婚或未婚，当她们在生活中遇到某些不顺心的事或者有某种愿望时，常不择路途远近来到陵墓前，手扶墓墙哭诉心中的苦闷，或念叨心中的愿望，直到心中感到舒畅之后才离去。有些想生孩子的妇女除了许愿之外，临行时还把一条细长的红布条用小棍插入墓墙缝内。这种风俗至今还在一些群众中沿袭着。

延伸阅读

"香妃"的民间记载

有关"香妃"的记载，最初在清末一些私人著述中出现。最早出现香妃之名的是1892年萧雄写的《西疆杂述诗》。另外在1904年刊印的《王湘绮先生全集》中也有关于"香妃"的记载。

香妃的名字广泛流传是在民国之后。1914年，故宫古物陈列所从沈阳故宫和承德避暑山庄调来一批文物展览，其中有一幅年轻女子的戎装像。据传该画背面有说明文字指出："香妃者，回部王妃也。美姿色，生而体有异香，不假熏沐，国人号之曰香妃。"从此，香妃之名大震。

古城 古镇 古村

自然之神的居所——丽江古城

丽江位于古代经济和战略重地，保存完整、形貌古朴，虽历经无数风雨，但依然焕发出勃勃生机。丽江还拥有古老的供水系统，大面积的原生态民居，成熟的本土文化，是我国西南地区的著名古城。1997年被认定为"世界文化遗产"。

丽江古城，又称"大研古城"，坐落在云南省丽江坝子中部，它是我国保存最为完整、最具纳西族风格的古代城镇，始建于南宋末年。"城依水存，水随城在"是丽江古城的一大特色，水源利用科学而合理，使

◆ 丽江民居

古城既有山城之貌，又有水乡之容，被誉为"高原姑苏"。

古城历史

丽江古城始建于宋末元初（公元13世纪后期），它是中国历史文化名城中唯一没有城墙的古城，据说是因为丽江世袭统治者姓木，筑城势必如木字加框而成"困"字之故。丽江古城的纳西名称叫"巩本知"，"巩本"为仓廪，"知"即集市，可知丽江古城曾是仓廪集散之地。元世祖忽必烈南征大理国，曾渡金沙江进入丽江，在古城一带驻军整训。自元至清初近500年，这里由纳西族首领木氏及其儿孙世袭土司之位，加以统治。古城地处云贵高原，海拔2400余米，全城面积达3.8平方公里，自古就是远近闻名的集市和重镇。

古城遗迹

古街

丽江街道依山势而建，顺水流而设，以红色角砾岩铺就，雨季不泥泞、旱季不飞灰，石上花纹图案自然雅致，质感细腻，与整个

◆ 丽江民居瓦顶

城市环境相得益彰。四方街是丽江古街的代表，位于古城的核心位置，不仅是古城的中心，也是滇西北地区的集贸和商业中心。

古桥

丽江古城区内的玉河水系上，飞架有354座桥梁，其密度为平均每平方公里93座。形式有廊桥风雨桥、石拱桥、石板桥、木板桥等。较著名的有锁翠桥、大石桥、万千桥、南门桥、马鞍桥、仁寿桥，均建于明清时期。

木府

木府原系丽江世袭土司木氏衙署，占地46亩，坐西向东，沿中轴线依地势建有忠义坊、义门、前议事厅、万卷楼等15幢建筑。历经风雨战火毁损，1998年重修，并在府内设立了古城博物院。

福国寺五凤楼

五凤楼，位于黑龙潭公园北端，始建于明代万历年间，楼高20米，为层薨三重担结构，基呈"亚"字形，楼台三叠，屋担八角，三层共24个飞檐，就像五只彩凤展翅来仪，故名"五凤楼"。

丰富的民族传统文化

丽江古城的繁荣已有800多年的历史，它已逐渐成为滇西北经济文化的中心，为民族文化的发展提供了良好的环境，聚居在这里的纳西族与其他少数民族一道创造了光辉灿烂的少数民族文化。不论是古城的街道、广场牌坊、水系、桥梁还是民居装饰、庭院小品、楹联匾额、碑刻条石，无不渗透纳西人的文化修养和审美情趣，无不充分体现地方民族宗教、美学、文学等多方面的文化内涵、意境和神韵，展现历史文化的深厚和丰富内容。尤其是东巴文化、白沙壁画等具有少数民族色彩的艺术，更是为人类文明史留下了灿烂的篇章。

延伸阅读

丽江古城石牌坊的传说

丽江古城内的木天王府大门是一座高大的石牌坊。相传丽江木天王为了建造不朽的石牌坊，派许多丽江工匠到离古城百多公里的江边坝子开凿石头，把重达千万斤的石柱石板运往丽江古城，许多人在半路活活累死。石料备齐后，木天王命令一位丽江白族师傅来主持工程，搭架试修了几次都坍塌了。后来师傅从小孩们玩的游戏中得到启发，先竖石柱，周围培土，并堆得和石柱一样高，再砌石牌坊，这样一边堆土一边砌，砌好后再把土撤去。

最初修建牌坊时，四周用木板、竹子围住，不让人们看见，修好后才拆去。

晋商的金融中心之一——平遥古城

平遥古城历史悠久，文物古迹众多，是中国境内保存最为完整的一座古代县城。它完整地体现了17至19世纪的历史面貌，是明清建筑艺术的历史博物馆，1997年被认定为"世界文化遗产"。

◆ 平遥古城

平遥古城距今已有2700多年的历史，较好地保留着明清（1368—1911年）时期县城的基本风貌，堪称中国汉民族地区现存最为完整的古城。

平遥古城传说

传说在很久以前，生活在东海的万年海龟变成了神龟，一天它携儿带女到渤海旅游，一不留神误入黄河入海口，进入了黄河，它逆流而上又到了汾河，有一天路经平遥界时，只见此地南边山峦起伏，连绵不断，酷似大海里出现的海市蜃楼。思念家乡的神龟误以为到了家乡，立即爬上岸。就在此时，被一位当地的神仙发现，龟以长寿和善良给人以吉祥幸福，这位仙人就想让它留

在此地为平遥人造福，于是将它的一条腿拴了起来。由于汾河在平遥境内为略偏南北的东西走向，所以象征神龟的平遥城也就与汾河垂直成了略偏东西的南北走向。由于龟的身体为前厚后薄，所以平遥城的地势也是南高北低。为了不让这只神龟饿死，神仙还在南门外十几里外的阮寺村造了个神池，那里有水、有草又有鱼，可供其食用。

平遥三宝

平遥县城墙建于明洪武三年(1370年)，周长6.4公里，是山西现存历史较早、规模最大的一座城池。明、清两代都有补修，但基本上还是明初的形制和构造。城为方形，墙高12米左右，外表全部砖砌，墙上筑有垛口，墙外有护城河，深广各4米。城墙上开有六道门，东、西各两座，南、北各一座。东、西城门外又筑以瓮城，以利防守。环城墙有3000个垛口、72座敌楼，据说象征孔子三千弟子及七十二贤人。城墙历经600余年的风雨沧桑，至今仍安然屹立。城垣系统被称为"平遥第一宝"。

出古城北门有镇国寺，是古城的第二

宝。该寺的万佛殿建于五代(公元10世纪)时期,是中国排名第三位的木结构建筑,距今已有1000余年的历史。殿内的五代时期彩塑更是不可多得的雕塑珍品。

古城的第三宝是位于城西南的双林寺。该寺修建于北齐武平二年(571年)。寺内10余座大殿内保存有元代至明代(13—17世纪)的彩塑造像2000余尊,被人们誉为"彩塑艺术的宝库"。

发达的金融城市

平遥古城在19世纪的中后期,是金融业最为发达的城市之一,也是中国古代商业中著名的"晋商"发源地之一。清道光四年(1824年),中国第一家现代银行的雏形"日昇昌"票号在平遥诞生。三年之后,"日昇昌"在中国大部分省份先后设立分支机构。19世纪40年代,它的业务更进一步扩展到日本、新加坡、俄罗斯等国家。当时,在"日昇昌"票号的带动下,平遥的票号业发展迅猛,鼎盛时期这里的票号竟多达22家,一度成为中国金融业的中心,被西方人士称为中国古代的"华人街"。

汉民族的传统文化特色

平遥古城是按照汉民族传统规划思想和建筑风格建设起来的城市,集中体现了14至19世纪前后汉民族的历史文化特色,对研究这一时期的社会形态、经济结构、军事防御、宗教信仰、传统思想、伦理道德都有重要的参考价值。

在封闭的城池内,有4条大街、8条小街及72条小巷经纬交织,高大的铺面沿街而立,檐下绘有彩画,房梁上刻有传统彩雕。

◆ 平遥民居门楼

民宅深藏小巷内,为清一色青砖灰瓦的传统四合院,现存近3800处,其中400余处保存完好。这些民居功能分明,布局严谨,讲究轴线明确和左右对称,精巧的木雕、砖雕和石雕配以乡土气息浓重的剪纸窗花,堪称汉民族地区保存最完整的民俗博物馆。

延伸阅读

黄帝封鼎与平陶

平遥上古时期称平陶,原址位于今平遥桥头村。相传炎、黄二帝相争,阪泉之战黄帝得胜,确立了黄帝天下共主的地位,号令天下,大封领地。一日黄帝沿汾河入惠济河巡视至平遥桥头村一带的平原,发现不远处风景独秀,青烟四起,上岸查看,原来此处是制陶器的工场,制陶规模宏大,而且工艺精湛,因此封此地为平陶。所以有"黄帝封鼎于平陶"之说。

第四讲 古城 古镇 古村

天主圣名之城的核心——澳门历史古城区

澳门城区保存了四百多年中西文化交流的印迹。它是中国境内现存年代最远、规模最大、保存最完整和最集中，以西式建筑为主、中西式建筑互相辉映的历史城区；是西方宗教文化在中国和远东地区传播历史的重要见证；更是四百多年来中西文化多元共存的结晶。2005年被认定为"世界文化遗产"。

澳门历史城区的范围东起东望洋山，西至新马路靠内港码头，南起妈阁山，北至白鸽巢公园，是中国境内现存最古老、规模最大、保存最完整、最集中的中西文化共存的历史城区。

多元交融

16世纪中叶，因中外贸易的新形势，明朝政府划出澳门半岛西南部一片地段，供以葡萄牙人为主的外国商人居住及进行贸

◆ 澳门风光

易，澳门由此发展成19世纪前中国主要的对外港口，也是亚洲地区重要的国际港口。贸易活动的兴盛吸引了世界各地的人前来，一

个融合欧、亚、非、美四洲人民的"华洋杂居"的国际城市由此诞生。葡萄牙人将这个用城墙围起的城市命名为"天主圣名之城"，今天的澳门历史城区就是它的核心部分。

四百多年间，在这块城区内，来自世界不同地方的人，带着不同的文化思想，不同的职业技艺，不同的风俗习惯，在澳门历史城区内盖房子、建教堂、修马路、筑炮台……演绎着多姿多彩的生活话剧。

宗教文化

明末清初，大量天主教传教士以澳门为传教基地，积极从事远东地区的传教工作，并由此创造出中西文化交流的辉煌篇章。这些传教士来自不同的教会，他们为中国带来了西方近代的科学技术及人文艺术，又向西方介绍了中国的文化成就。

19世纪，随着第一位传教士马礼逊来到中国大陆，基督新教也以澳门为基地之一，积极开展传教活动。比如中国第一位新教徒蔡高就是由马礼逊在澳门为其洗礼的；

◆ 大三巴牌坊

此外，由马礼逊编写的《华英字典》也是在澳门出版的最早的中英文对照文辞书之一。而由新教徒在澳门开办的"马礼逊学校"，更将近代西式学校教育的模式引入了中国，培养出容闳等一大批著名学生，对中国教育的现代化做出了重大贡献。

另一方面，澳门的妈祖崇拜，体现了澳门与中国闽粤沿海居民妈祖信仰一脉相承的关系。但是，由于社会和历史环境的特殊性，澳门的妈阁庙在中国众多的妈祖庙中又别具特色。它既有中国以及海外妈祖崇拜传播和组织的典型特征，又因澳门是近代中国与西方接触最重要的商港，使妈阁庙成为最早向欧洲传播妈祖文化的地方。

开创许多中国之最

"澳门历史城区"包括大三巴牌坊、妈阁庙、港务局大楼、东望洋炮台等20多处的历史建筑，以及妈阁庙前地、阿婆井前地等7个广场空间。昔日华洋共处的旧城区，至今基本上保持原貌，开创了许多"中国之

最"。如最早一批天主教堂建筑、最古老的教堂遗址、最古老的西式炮台群、最古老的修道院、最古老的基督教陵园、第一座西式剧院、第一座现代化灯塔、第一所西式大学、第一座西式医院等。这个大范围的建筑群，呈现出海港城市和传统中葡聚居地的典型特色，体现了中西文化融会交流的特点。

文化价值

在四百多年的历史里，中国人与葡萄牙人在澳门历史城区内，合力营造了不同的生活社区。这些生活社区，除了展示澳门的中西式建筑艺术特色外，更展现了中葡两国人民不同宗教、文化以及生活习惯的交融与尊重。这种中葡人民共同酝酿出来的温情、淳朴、包容的社区气息，是澳门最具特色、最有价值的地方。

第四讲 古城 古镇 古村

商贾名流出水乡——南浔

南浔古镇以其格局独特、保存完好、文化深厚、民风淳朴而成为江南水乡众多城镇的典范和代表。南浔古镇见证了中西文化的相互碰撞、融会贯通，素有"文化之邦"和"诗书之乡"之称。

南浔位于浙江湖州市，地处杭嘉湖平原腹地，南望省城杭州，北濒太湖，东接嘉兴。南浔素有"丝绸之府、鱼米之乡、文化之邦"的称号。当地的特产更是名闻遐迩，其中辑里湖丝甲于天下；善琏湖笔名贵文房；双林绫绢更有"朝如轻丝、薄似蝉羽"之称。1991年，南浔镇被浙江省政府列为首批历史文化名镇。

◆ 南浔

名称的由来

南浔镇历史悠久，南宋以来已是"水陆冲要之地""耕桑之富，甲于浙右"，因濒浔溪河而名浔溪，后又因浔溪之南商贾云集，屋宇林立，得名"南林"。至淳祐十二年建镇，南林、浔溪两名各取首字，改称"南浔"。

文化底蕴

南浔名胜古迹众多，与自然风光相得益彰，既充满着浓郁的历史文化底蕴和灵气，又洋溢着江南水乡古镇诗画一般的神韵。南浔自古以来文化昌盛，人才辈出，书香不绝。从南宋开始，这里就诞生了大量书法家、诗人、画家和名流显贵。他们自身文化功底深厚，也为南浔留下了重视文化的传统。

建筑古迹

张石铭故居是一座欧式建筑，这在江南水乡古镇中是绝无仅有的，其建筑材料多从法国进口，如彩色玻璃、屋内装饰材料等。该建筑深藏在平凡的院墙内、大院的最深处，说明其主人深受中国文化濡染。建筑中有一欧式舞厅，当外边的女人还裹着小脚时，里边的人却在伴着华尔兹翩翩起舞。由此可见主人深谙西方文化，真可谓一身兼受中西文化的影响，不能不说是那个时代的奇人。

嘉业藏书楼是江南四大藏书楼之一，是清代的秀才刘承干在1920年修建的。藏书最多时曾达到60万卷。现在是浙江省图书馆古籍书库。园中莲池、假山、凉亭处处流露出江南园林的小巧与别致，其主体建筑却又是一座西式回廊式的建筑，由此可见西方文化在南浔颇有影响。

人才辈出

一方水土养育一方人，南浔人质朴善良，具有豁然达观、维和积福的性格特点，又具有崇文重教的优良传统，人才辈出，素有"文化之邦"和"诗书之乡"之称。明代时就有"九里三阁老十里两尚书"之谚。宋、明、清三朝，南浔籍进士41人，宋、元、明、清时期，浔籍京官56人；明、清两代全国各地州县官56人。还出现了许多历史

◆ 南浔一角

人物：民国奇人张静江；"西泠印社"发起人之一张石铭；近代著名藏书家、嘉业堂藏书楼的主人刘承干；以经营生丝发家的南浔"四象"——刘镛、张颂贤、庞云曾、顾福昌；著名诗人、散文家徐迟等。

延伸阅读

"四象八牛七十二黄金狗"之说

在清代，南浔人以动物形体大小来衡量财富的多寡。财富在1000万两以上的为象，100万两以上的为牛，30万两以上的为狗。南浔当时就有"四象八牛七十二黄金狗"一说。据说，南浔巨富们所掌控的财富，曾占大清国库的一半以上，可以想象南浔的经济实力和地位。

第四讲 古城 古镇 古村

深巷杏花江南雨——乌镇

乌镇是典型的江南水乡小镇，它历史悠久，虽历经两千多年沧桑，仍完整地保存着原有的水乡古镇风貌和格局。和许多江南水乡小镇一样，乌镇的街道、民居也都是沿溪、河而造。但与众不同的是，乌镇沿河的民居有一部分延伸至河面，下面用木桩或石柱打在河床中，上架横梁，搁上木板，人称"水阁"，这就是乌镇所特有的风貌了。

乌镇位于浙江北部桐乡市，地处桐乡、嘉兴、湖州和苏州吴江区交界处，是江浙一带最知名的水乡，横跨在小河上的石桥，被磨得明镜般的洗衣石，窄窄的小巷，隐藏在屋角的杏花，古朴的石板路，店铺的旧门板，街道两旁的老当铺、大药房……堪称江南古镇中最原汁原味的小镇了。

乌镇历史

乌镇的历史悠久而灿烂，六千多年前，就有先人在此创造出灿烂的文明，镇东郊谭家湾古文化遗址就是实证。春秋时，乌镇为吴、越两国的疆界，战事频繁，吴国曾驻兵于此以防御越国，故得名"乌戍"；唐咸通十三年始建镇；宋嘉定年间，以车溪（今市河）为界分为两镇，市河以西为乌镇，属吴兴县（今湖州市），市河以东称为青镇，属桐乡市。新中国成立后，于1950年乌、青两镇合并，统称乌镇。

乌镇景观

西栅

进入西栅要乘渡船，西栅由12座小岛组成，60多座小桥将这些小岛串联在一起，河流密度和石桥数量均为全国古镇之最。不管站在哪一座桥边，都可以看到一个桥洞里的另一座桥，故有"桥里桥"之称。

西栅有许多原生态的场景，有长达数公里的老街，手工制酱作坊、红烧菜馆、手工铸造铁锅作坊等。

百床馆

百床馆是中国第一家专门收藏、展出江南古床的博物馆，坐落在乌镇东大街，面

◆ 静静的乌镇水乡

◆ 乌镇的河流

积约1200多平方米，内收数十张明、清、近代的江南古床精品。从富商大贾到极普通的平民百姓的各式木床无不具备。既有贵胄们的奢华，也有普通百姓的俭朴，是中国床文化的集大成者。

江浙分府

乌镇历史上曾经设置江浙分府，执掌巡盐捕盗，兼理地方词讼，俗称"二府衙门"。自明朝嘉靖间设立，至民国初撤销，几经革复，数易其址，历时三百七十余年。

东栅民俗馆

东栅的金家，曾经是乌镇的望族，今天他们的居所变成了一个博物馆。这儿展示了晚清至民国时期乌镇民间有关寿庆礼仪、婚育习俗和岁时节令等民俗。精彩的蜡像塑出了一幕幕婚丧嫁娶的话剧，处处融入了对美好生活的期盼。衣俗厅以实物、蜡像、照片等不同手段展示百余年前江南民间的穿着习俗，可以从中西合璧的风格中窥视历史的缩影。

文人文化

乌镇钟灵毓秀，文人荟萃，人才辈出。自宋至清出过64名进士，161名举人。乌镇的文化人，最有影响力的当属梁昭明太子萧统，他曾在乌镇筑馆读书，他编辑的文集《昭明文选》和《古文观止》《唐宋八大家文抄》，一起成为古代读书人手头必备的文学范本。

乌镇历史上的"第一乡贤"张杨园是明末清初著名的理学家，一生以教授学生为业，中年经营农务，以实践所得，写成《补农书》，堪称自学成才的农学家。

清代著名藏书家、乌镇人鲍廷博有"知不足斋"，他不仅藏书可观，还将所藏之孤本、善本校刊、辑成《知不足斋丛书》计三十集，世称善本。乾隆编《四库全书》，鲍廷博贡献的藏书甚多，称私家藏书之冠，先后受到乾隆、嘉庆帝的多次奖谕。

另外，文化名流文徵明、祝枝山等人的足迹亦常履乌镇，留下了珍贵的诗文墨迹……

延伸阅读

姑嫂饼传说

据传，一百多年前，乌镇有一家名叫"天顺"的夫妻糕饼店，店主育有一儿一女，为了保住独家经营的生财之道，在儿子结婚以后，店主打定主意：一定要保住小酥饼配料及制作方法的秘密。考虑到女儿总是要出嫁，媳妇常留家，所以，制饼秘诀只传媳妇，不传女儿。为此，女儿顿生妒意。一天，女儿见阿嫂正在配料，有意将阿嫂支开，偷偷溜进了工场，在粉料里撒了一把盐，谁知歪打正着，坏事竟变成了好事。这样配制出来的小酥饼，既香又甜，甜中带咸，还有点椒盐味，十分可口，倍受顾客欢迎。店主查明这件事以后，一改初衷，决定让女儿也参加配料制作，并借题发挥，将小酥饼的名称改成"姑嫂饼"，说这是姑嫂二人合力创制而成。从此，乌镇姑嫂饼就出了名。

第四讲 古城 古镇 古村

吴越气韵唐宋风——西塘

西塘是一座江南水乡古镇，既有古民居的韵味，又有水乡的清雅。在今天喧嚣繁杂、快节奏的现代社会里，难得保留了一份古朴幽静的历史氛围。因此，西塘也被称为"生活中的千年古镇"。

◆ 西塘小巷

西塘素以桥多、弄多、廊棚多而闻名。民风淳厚，橹声悠扬，溪河中倒映着楼影，到处洋溢着中国古代传统文化特有的人文气息。西塘古镇呈现出良好的人与自然关系，保持了良好的水乡原生态，是研究"江南水乡民俗文化"的活化石，是艺术家们的灵感源泉，是游客们的难忘之境。西塘

古镇以特有的文化气质，吸引着世界各地的人们。

西塘历史

西塘，古名"斜塘""胥塘"，位于嘉善县城北十公里。因镇东南"横亘乾巽"之六"斜塘"谐音"西塘"而得名。春秋战国年代，这里是吴、越两国的交界地，有"吴根越角"之称。相传，伍子胥曾在西塘帮助吴国修筑水利工程。元代时开始形成集镇，后来成为杭嘉湖平原的重要商业集镇。明清时期发展成为江南手工业和商业重镇。"春秋的水，唐宋的镇，明清的建筑，现代的人"，是对西塘最恰当的概括。

西塘特色建筑

西塘拥有不少特色建筑，种福堂为清代康熙年间所建，前后共有七进，总长百余米。头进为墙门间，二进为轿厅，三进为正厅即种福厅，四进为花厅，五进为内宅，六进、七进为粮仓和雇工住房。每进均有长石铺成的天井，后面点缀着花园。

与种福堂隔着一条弄堂的尊闻堂也是西塘的代表性建筑，它是西塘最古老的民居

之一，集元、明建筑风格为一体。老宅厅堂主梁上刻有100个"寿"字，每个"寿"字之间，雕刻着九只蝙蝠，其中南北两面的六只蝙蝠造型为向下飞，名曰"福从天降"，有的蝙蝠朝向古钱飞舞，名曰"福到眼前"。这些生活化很强的装饰，真实地记录了屋主人的审美情调。

西塘的民居很独特，把各个独立的民居有机连成一体的弄堂同样有名。在西塘的弄堂中，名气最大的是石皮弄，长不过68米，宽不到1米，但却使用了166块条石。条石厚仅3厘米，如石头的一层薄皮，非常精巧。据考证，石皮弄与东面的种福堂、西面的尊闻堂建筑年代相仿。小小的石皮弄只是两群老宅子中间的狭道而已，但声名却丝毫不在两座古代"豪宅"之下。

最典型的宅弄，要算是种福堂内的陪弄了。过去，大户人家平时不开正门，陪弄就用来连接边门，让家人进出。有趣的是，陪弄没有窗户，终年见不到阳光，仅靠天井里的一点自然光作为光源，这和江南水乡大户人家建宅的生活哲学相吻合，所谓"银不露白，暗可藏财"，这包含着水乡人的生活理念。"以暗为安"的理念在民居中有着深刻的反映，例如，居室大多处于明堂之后，光线效果也以暗淡为主，也许这和南宋的偏安一隅有很大关系吧。

西塘的花

西塘有"杜鹃之乡"的美誉。清代中期开始有人培植，杜鹃花生性娇嫩，要细心栽培，需要极其细致的管理和耐心的浇灌。1972年，美国总统尼克松访华下榻杭州，急

◆ 梦境一般的西塘

需花草布置宾室，可那时正是"文革"时期，养花种草被当作资产阶级情调，许多名贵花草都被遗弃，一时找不到那么多花草。浙江省园林管理处四处打听，终于在西塘一家姓卓的家中觅得杜鹃19盆、盆景20盆，为尼克松下榻的客厅增添了春意与生气。由此可见西塘人爱花之执着。随着养花的人越来越多，品种也越来越齐全。据统计，西塘镇上现有杜鹃花品种145种，栽培杜鹃花的有100多户，各种品种的杜鹃花达4000多盆。

延伸阅读

西塘廊棚的由来

相传，很早以前在西塘有个年轻的寡妇胡氏，独自支撑着一家老小和一个铺子。胡家铺前的河滩边，有一个摆豆腐摊的王二。王二同情胡氏，常帮着做一些体力活。日子一久，胡氏便觉得离不开王二，但又难以启齿表达这份感情，便煞费苦心地借修缮店铺之机，请人沿河建起了棚屋，将店铺前的街路遮盖了起来。这么一来，王二既可免受风吹雨淋，两人也可同在一个屋檐下。不想胡家铺子因建了这棚屋而生意一下子红火起来。镇上商家纷纷效仿，几年来，棚屋连成了一线。后人就取"为郎而盖"之意，将棚屋叫作"廊棚"了。

毓秀东方威尼斯——同里

同里古镇风景优美，镇外四面环水，古镇镶嵌于同里、九里、叶泽、南星、庞山五湖之中。镇区被"川"字形的15条小河分隔成7个小岛，而49座古桥又将小岛串为一个整体。建筑依水而立，以"小桥流水人家"著称，是目前江苏省保存最为完整的水乡古镇，也是省重点文物保护单位，已被列为太湖十三大景区之一。

同里镇位于江苏省苏州市吴江区，距上海80公里，距苏州20公里，是一个具有悠久历史和典型水乡风格的古镇。因其桥梁众多，镇外四面环水，镇内古民居众多，故而赢得"东方小威尼斯"的美誉。

◆ 同里古镇的桥

"同里"名称的由来

据考古挖掘的大量文物证实，同里的历史可追溯到距今五六千年前的"崧泽文化"和"良渚文化"。早在新石器时代即有先民在此刀耕火种、生息繁衍。优越的自然条件，使这里成为吴地最为富庶的地方，所以同里原称"富土"。到唐朝时，因觉其名太过奢侈，遂改名为"铜里"。宋代时，又将旧名"富土"两字相叠，上去点，中横断，拆字为"同里"，沿用至今。

同里古镇的园林

同里古镇最出名的园林是退思园，建于清光绪十一年至十三年（1885—1887年），主人

◆ 同里古镇的园林

是任兰生，字畹香，号南云。曾经代理按察使，在任期间兴修水利工程，亲自为灾民募捐，在百姓中很有口碑，后来因不为上司所容，遭到弹劾，被罢官。任兰生落职回到家乡后，请著名画家袁龙设计居室，建造了一所私家宅院，取名"退思"。2001年，被列为"世界文化遗产"。

同里古镇的桥

同里的桥以"三桥"最为出名，即太平桥、吉利桥和长庆桥三个风格迥异的石桥。同里人有"过三桥"的习俗，取其消灾解难、幸福吉祥之意。"走三桥"也是游客不可少的旅游内容，因此"三桥"成为同里人气最"旺"的桥。

同里古镇的水

同里镇内自成水网，悠悠小船儿，弯弯石桥，碧波荡漾，橹声欸乃，家家临水，户户通舟，形成"水巷小桥多，人家尽枕河"的画面，是江南典型的"小桥、流水、人家"的水乡古镇。

同里镇区市河总长5.14公里，面积9.37公顷，平均每个市民占有13.9平方米；石驳岸总长6.04公里，临水民居5.46万平方米，占民居总建筑面积的36.9%。市镇布局一切环绕水做文章，因水成街，因水成路，因水成市，因水成园，巧妙而自然地把水、路、桥、民居、园林等融为一体，构成了同里古镇特有的水乡风貌。

延伸阅读

同里特产——闵饼

闵饼是同里闵家湾"本堂斋"特产，颇负盛名，已有400多年历史，其制作仅闵氏一家，世传其业，故称"闵饼"。闵饼用"闵饼草"揉入米粉作皮，以豆沙、胡桃肉作馅，蒸制而成，是青团的一种，色泽黛青，光亮细结，入口油而不腻，清香滑糯，具有独特的江南农家风味。清代，闵饼曾被列为朝廷贡品，选送给慈禧太后品尝。

明代画家沈周曾赋诗一首赞美曰："香剂圆从范，青青软出蒸。女工虚郑缟，士宴夺唐绫。"民国初年，闵氏在上海创建"大富贵闵饼公司"，产品远销海内外。

第四讲 古城 古镇 古村

111

银虹卧波连古今——甪直

甪直镇作为神州水乡古镇的佼佼者，拥有长虹般的桥梁、缎带般的小河、圆月般的桥门洞、沿河而建的各类建筑，其中的古桥、古街、古民宅大多保持了原生态，是研究江南文化的活资料，它那拥有1300多年历史的古银杏树，更是目睹了发生在这里的所有历史。

"甪直"的由来

"甪直"古称"甫里""琢里"，吴宫旧地，唐宋名镇。《甫里志》载：甪直原名为甫里，因镇西有"甫里塘"而得名。还有另一说法，因唐代诗人陆龟蒙号甫里先生，隐居于此故得名。唐代以后，因镇东有直港，通向六处，水流酷似"甪"字，故改名为"甪直"。又传古代独角神兽"甪端"巡察神州大地路径甪直，见这里是一块风水宝地，因此就长期落在甪直。所以，仅从"甪直"这两个字就可看出甪直镇文化底蕴的深厚。又因镇内河道纵横，所以又有"五湖之厅"和"六泽之冲"的称谓。

甪直胜景

甪直保圣寺建于503年，距今已有1500余年的历史，是江南一座著名的千年古刹，寺内有唐代著名雕塑家杨惠之所塑的九尊罗汉，虽历经千年沧桑，却仍然保存完好。目前寺院仍然拥有200多间建筑，保持了近乎原貌的寺庙格局，号称江南四大寺院之一。保圣寺内的"斗鸭池""小虹桥"和"清风亭"，是晚唐著名诗人、文学家陆龟蒙的遗迹。

甪直历来享有江南"桥都"的美称，据说一平方公里的古镇区曾有宋、元、明、清时代的石拱桥72座半，目前尚有41座石桥继续发挥着作用，这些桥造型各异、精致典

◆ 甪直古镇

◆ 甪直一角

雅，古色古香，有多孔的大石桥、独孔的小石桥、宽敞的拱形桥、狭窄的平顶桥，也有装饰性很强的双桥、左右相邻的姊妹桥和注重实用的平桥。因此，参观甪直，就等于行走在一个古代桥梁博物馆里。

除此之外，甪直镇还有很多古代名人的遗址旧迹。镇东有北宋的白莲花寺，镇西有孙妃墓，镇北有吴王夫差的行宫，镇南有西汉丞相张苍的陵墓。

甪直的古老象征

古银杏树是甪直镇的古老象征之一，目前镇上有银杏树7棵，其中在保圣寺四周有4棵，最大的一棵距今已有1300年的树龄了，高达50米，树身由三位成年男子合抱也围不住，著名教育家、文学家叶圣陶先生在甪直执教期间写成《高高的银杏树》一文，脍炙人口，轰动一时。叶圣陶对甪直古银杏有特殊的情感，曾经评价说"形象高大，意志坚强，气魄宏伟"，临终时更是关照亲属将自己的全部骨灰安放在保圣寺旁的4棵银杏树间。

甪直文化

甪直文化底蕴的深厚不仅是因为这里有很多名胜古迹，还表现在这里曾留下很多名人的足迹。这些名人或者为甪直做出了贡献，或者走出了甪直，促进了中西文化的交流。

最为著名的是当代著名作家、教育家、编辑出版家和社会活动家叶圣陶，早年曾在甪直吴县第五高等小学执教5年，叶圣陶先生深情地称甪直是自己的第二故乡。1988年叶圣陶先生逝世后，家属遵其遗嘱，将叶圣陶先生的骨灰安葬在了这里。同年，当地政府将叶圣陶先生执教的学校旧址修建成叶圣陶纪念馆。至今，它已成为江苏省和苏州市的德育教育基地。

延伸阅读

甪直服饰文化

生活在苏州以东吴县甪直、胜浦、唯亭、陆墓一带的农村妇女，一直保留着传统的民俗服饰。她们历来以梳愿摄头、扎包头巾，穿拼接衫、拼裆裤、束偎裙、裹卷膀及着绣花鞋为主要特征的传统服饰，充分显示了当地的传统民俗色彩，曾经甪直的农村妇女上苏州、去上海特别显眼，被城里人称之为"苏州的少数民族"。

深山复见桃花源——西递、宏村

西递、宏村这两个传统的古村落在很大程度上仍然保持着一些田园牧歌式的色彩，仿佛那些消失的乡村又从历史中复活了。其街道、古建筑、传统装饰物，以及完备的供水系统都是非常独特的文化遗存。2000年，西递、宏村被认定为"世界文化遗产"。

皇南山区的黟县是一个人口仅十来万的小县，西递、宏村就坐落在这里。唐朝大诗人李白曾赞美道："黟县小桃源，烟霞百里间。地多灵草木，人尚古衣冠。"这道出了皖南乡村的独特意境：山水风物优美，古老的文化孕育出淳厚从容的人们。

宏村

宏村是一个由古代村民有计划、别出心裁地建造的牛形村落，堪称"建筑史上一大奇观"，村庄以巍峨苍翠的雷岗为牛首，参天古木为牛角，由东而西错落有致的民居群宛如庞大的牛躯。引清泉宛若"牛肠"，从清溪注满水的月塘宛若"牛胃"，经过滤流向村外被称作"牛肚"的南湖。人们还在绕村的河溪上先后架起了四座桥梁，作为牛腿。这种独具匠心又科学合理的村落水系设

◆ 宏村月塘

计，不仅为村民解决了生活用水，而且调节了村落的气候条件，为居民生产、生活提供了方便，创造了一种"浣汲未防溪路远，家家门前有清泉"的良好环境。

全村现存完好的明清民居达140余幢之多。素有民间故宫之称的"承志堂"富丽堂皇，是皖南古民居之最。村内鳞次栉比的层楼叠院与旖旎的湖光山色交相辉映，动静相宜，空灵蕴藉，处处是景，步步入画。从村外自然环境到村内的水系、街道、建筑，甚至室内布置都完整地保存着古村落的原生状态，没有丝毫现代文明侵入的迹象，被誉为"中国画里乡村"。

西递

西递坐落于黄山南麓，距黄山风景区仅40公里，素有"桃花源里人家"之称，它始建于北宋皇祐年间，发展于明朝景泰中叶，鼎盛于清朝初期，至今已近960余年历史。

西递村中至今尚保存完好的明清民居近200幢，目前已开发的有凌云阁、刺史牌楼、瑞玉庭、桃李园、东园、西园、大夫第、敬爱堂、履福堂、青云轩、膺福堂、应天齐艺术馆等20余处景点。史料记载，西递村始祖为唐昭宗李晔之子，因遭变乱，逃匿民间，改为胡姓，繁衍生息，形成聚居村落。故自古文风昌盛，到明清年间，一部分读书人开始经商，并获得较大成功，他们大兴土木，建房修祠，铺路架桥，将故里建设得极为壮丽。历经数百年社会的动荡，风雨的侵袭，整体上仍然保留了明清时期的特征。

◆ 西递祠堂

文化价值

西递、宏村古民居群是徽派建筑的典型代表，现存完好的明清民居有几百幢，布局之工、结构之巧、装饰之美、营造之精为世所罕见。西递和宏村浓缩了徽商鼎盛时期的历史，凝结了徽州古老而优秀的文化，是中国建筑史上的一个绝唱，也是人类共同的文化遗产。

延伸阅读

半圆月沼的由来

1407年左右，宏村决定把村子中间的一眼天然泉窟开拓成一个池塘，当众人都主张将池塘挖成满月形时，聪慧灵秀的胡重娘闻讯前来劝阻众乡亲：花开则落，月满则亏，"花未开、月未圆"的境界才是生命的常态和最佳状态，我们的池塘万万不能掘成圆形！所以才有了今天的半圆月沼。今天，这半圆月沼无论从实用价值还是欣赏价值来看都成为经典。后来，胡重娘和乡亲们还"凿圳绕村屋"。家家门前的活水日日流淌，水使村庄有了灵性，有了活力，有了文化，有了与众不同的气质。

袖珍"古堡"藏乾坤——张壁村

张壁是我国现有比较完好的一座融军事、居住、生产、宗教活动为一体的袖珍"城堡"，它集中了夏商古文化遗址、隋唐地道、金代墓葬、元代戏台、明清民居等许多文物古迹。2006年，张壁古堡被国务院批准列入第六批"全国重点文物保护单位"名单。

张壁村，又称"张壁古堡"，位于山西省介休市龙凤镇，处于三面沟壑、一面平川的险峻地段，海拔1040米。它是世界建筑史上罕见的袖珍小城，在0.1平方公里的土地上古堡、地道、宫殿庙宇各种建筑一应俱全，军事、宗教、民用多重功能融为一体。设计之巧妙，构造之奇特，功能之完备，处处可见设计者的心思。

"城堡"历史

张壁村建于公元619年，是隋末割据政权领袖刘武周所建。刘武周于隋末崛起，他趁天下大乱之机，杀死马邑太守王仁恭，进而攻占隋炀帝的行宫汾阳宫，由于拥有突厥人的支持，因此被称作"定杨可汗"，后来自封为皇帝。唐武德二年夏，他听说李渊在长安称帝，便率领部分突厥士卒南下和唐军决战，在介休遭到李世民的阻截。一年后，李世民击败了其他几路军队，把刘武周逼入了"雀鼠谷"（介

休西南汾河经过的山谷），两军一日八战，刘武周全都输给了李世民，随后率军逃跑，经太原逃到突厥盘踞的北方地区，后来死于突厥地区。传说张壁就是他和李世民在介休对垒时修筑的，刘武周命人明修堡、暗筑道，把士兵的生活与军事融为一体，创造性地建造了袖珍小城张壁。

◆ 张壁古堡城门

小城构造

堡有南北二门，北堡门为砖砌，筑有瓮城，瓮城城门面向正东偏北开设，与北堡门构成了两道堡门。两道堡门不在一条中轴

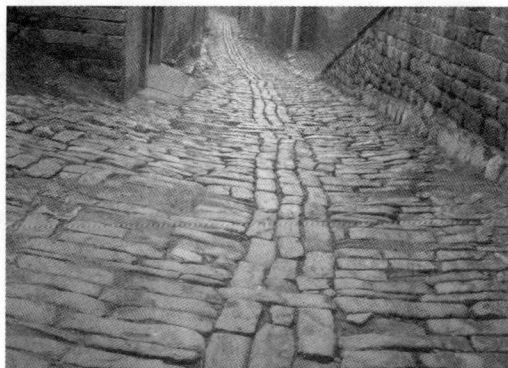

◆ 张壁古堡铺石街道

线上，这既是遵循古代军事防御的原则，同时又寓有风水不外流之意，并使瓮城城门指向800米外的一座小山丘，形成自然的"照壁"，山丘上的七棵槐树便象征北斗七星。南堡门为石砌，堡门上有一座石雕龙头，象征龙首；门外有九条红石铺路，象征龙须。

进入城堡，是一条连接南北两个堡门的交通主干道，这条长约三百米的街道以石板铺地，象征龙身；清朝年间，堡中居民出于协调风水和兴盛文运的考虑，花费人力财力运入石材，将街道中央的青石板挖起，铺设了三列平行的红色长石条，一直从南堡门延伸到北堡门，用以象征龙脊。南北两座堡门是相互看不见的，它们并不在一条贯穿的直线上，因为连接两座堡门的主街道有意设计了弧度，略呈"S"形，这样的设计也是出于"风水不外流"的考虑。

军事用途

张壁古堡是一座军事城堡，堡内遍布地道，规模宏大，结构奇特，与堡内四通八达的道路一起构成一个整体的军事防御设施。堡外南北面沟中有洞口，既可作为进出口，又可用作哨位。古堡内现有水井六眼，

每眼井的井壁上均开有洞口或洞门。

张壁古堡地道设计原理暗含"六壬奇门"之术，设计思想超前。地道内既有规模较大的屯兵洞、粮仓、马厩，又有陷阱、伏击坑、射箭坑、淹水道、通讯道、瞭望孔等军事性很强的设计，还有排水道口、逃跑出口等撤退设计，并有直井从顶层直通底层，可谓进、退、攻、防、藏、逃灵活多变。

寺庙奇观

最令人称奇的是在宗教建筑方面，不大的一座古堡，竟然建有唐代以来的近十座寺庙宫观，同样，其他古建筑之多、密度之高，也极为罕见。古堡内目前保留的古代宗教、民俗建筑主要有："关帝庙"、道教"真武殿""二郎庙"、佛教"空王佛行宫"和"兴隆寺"五座宗教建筑，并有"地藏王菩萨殿"、"吕祖阁"遗址等，更为难得的是，真武庙和空王殿碑具有极高的艺术价值和研究价值。

延伸阅读

佛像之谜

张壁古堡有一尊佛像。据说，"文革"时期，此像前面的3尊千手千眼观音雕像被捣毁，后来有人建议将其清理出来作生产队的仓库。一位村民在清理散落的佛龛时，无意中发现佛龛后面的墙壁是空的。打开墙壁，出现一尊彩塑像。为了防备再遭劫难，这位村民重新封好墙壁。直到1994年，这尊胶泥彩塑像才重见天日。当它再次被"解救"出来时，村民们发现佛像的一条腿胶泥脱落。人们为之惋惜之时，却有人惊奇地发现，佛像破损的腿部竟然裸露出一截盘坐着的铁腿！

武侯遗族的小王国——诸葛村

诸葛村位于浙江兰溪，是诸葛亮后裔聚居的地方，为其第27代孙诸葛大狮构建。这种以九宫八卦构思布局的村庄，目前在中国村落中仅属首例。被国务院认定为"全国重点文物保护单位"。

诸葛村位于浙江省兰溪市境内，市区偏西17.5公里处，330国道从村的东侧通过，通往龙游、衢州的省道从北侧通过。诸葛村是全国诸葛亮后裔最大聚居地。

神秘布局

诸葛村村落布局非常别致，以太极图

◆ 诸葛村祠堂

为蓝本设计，空中轮廓优美。诸葛村大约形成于1340年前后（元代中期），为诸葛亮的第二十七代孙诸葛大狮所设计。村子的中心是一个钟池，一半水塘一半陆地，两面各设一口水井，形成极具象征意义的鱼形太极图。钟池周围构筑的八条弄堂向四周辐射，使村中的所有民居自然归入坎、震、巽、离、坤、兑、乾、艮八个部位。更为神秘的是村外八座小山环抱诸葛村，构成天然的外八卦。当游客步入村中纵横交错的古巷时，大有似连非连、半通不通、曲折玄妙之感。置身其中，更加感悟到杜甫的"功盖三分国，名成八阵图。江流石不转，遗恨失吞吴"的内涵。

据传，在明清时，诸葛村有18座厅堂、18口井和18条主巷，阴阳相克，祥瑞气升。至今，这里保存完好的还有大公堂、丞相祠堂、崇信堂、尚礼堂、雍睦堂、大经堂、崇行堂、春晖堂、文与堂、燕贻堂、敦多堂11座大厅堂。

诸葛村大公堂

诸葛村被国家文物局专家组称为"传

统民居古建筑的富金矿"。现存有209座明、清住宅，"青砖小瓦马头墙，肥梁胖柱小闺房"，结构之精、布局之奇，令人叹为观止。建筑类型上的楼上厅和前厅后堂楼，在全国都属少见。

诸葛村三奇

第一奇是全村绝大多数村民都是1700多年前蜀国宰相诸葛亮的后代。换句话说，满村的人几乎全是姓诸葛，或是嫁到诸葛家的妇女，只有极少数不是诸葛家族的成员。据统计，全国诸葛亮的后代共约16000人，单单一个诸葛八卦村就聚居了四分之一，堪称全国第一。

第二奇是它的布局精巧玄妙，从高空俯视，全村呈八卦形，房屋、街巷的分布走向恰好与历史上写的诸葛亮九宫八卦阵暗合。

第三奇是这里完整保存了大量元、明、清三代的古建筑与文物。700多年来的朝代更替、社会动乱、战火纷飞，不知多少中国名楼古刹、园林台阁，或焚于战火，或毁于天灾，但这座大村庄却像个世外桃源，远离战火，避过天灾，躲过人祸。

据说，1925年北伐战争期间，南方国民革命军肖劲光的部队与军阀孙传芳部队在诸葛村附近激战三天，竟然没有子弹、炮弹落入村子，整个村庄毫无影响。

抗战时期，一队日军从村外高隆岗大道经过，竟然没有发现这个村庄。唯一受影响的一次是日军飞机投弹，炸毁村里一所房子。

◆ 诸葛村建筑

民风习俗

诸葛八卦村每年有两个最重要的日子，那就是农历四月十四日诸葛亮的诞辰，及八月二十八日诸葛亮的忌日，在这两个重要的日子，全村人都要参加隆重的祭祖大典，配合大典的还有热火朝天的庙会和演戏的戏班，形成该村独有的民俗文化。

延伸阅读

诸葛亮的后裔

据记载，诸葛亮的第十四世孙诸葛利在浙江寿昌县任县令，死在寿昌。他是浙江诸葛氏的始祖。诸葛利的儿子诸葛青于北宋天禧二年迁居兰溪，诸葛青的一个儿子诸葛承载在兰溪传了十代诸葛亮的后代，以诸葛承载这一系人丁最旺。其中一个原因是诸葛家族的这一支系秉承先祖诸葛亮的教导，"不为良相，便为良医"，他们精心经营中医药业，所制良药畅销大江南北，积累了不少财富，从而使诸葛家族的光荣昌明发扬光大。

清代民居的明珠——乔家大院

乔家大院是一座集中体现我国清代北方民居建筑独特风格的宏伟建筑群，具有很高的研究价值，被许多专家学者誉为"清代北方民居建筑的一颗明珠"。2001年被国务院公布为"全国重点文物保护单位"。

乔家大院，原名"在中堂"，是清代赫赫有名的金融资本家乔致庸的宅院。建于清乾隆、嘉庆年间，占地面积为9180.8平方米，建筑面积为4042.4平方米，外视威严高大，宛如城堡，内视则富丽堂皇，既有跌宕起伏的层次，又有意蕴深藏的统一规范，结构考究，选材精良。曾有两次增修，一次扩建，经过乔氏几代人的不断努力，于民国初年建成一座宏伟的建筑群，集中体现了我国清代北方民居的风格。

建造历史

大院始建于清乾隆二十年（1755年），以后有两次扩建，一次增修。第一次扩建约在清同治年间，由乔致庸主持，第二次扩建为光绪中晚期，由乔景仪、乔景俨经手；最后一次增修是在民国十年后，由乔映霞、乔映奎分别完成。从始建到最后建成现在的格局，中间经过近两个世纪。虽然时间跨度很大，但后来的扩建和增修都能按原先的构思进行，使整个大院风格一致，浑然一体。

建筑群体

大院三面临街，不与周围民居相连。外围是封闭的砖墙，高10米有余，上层是女墙式的垛口，还有更楼、眺阁点缀其间，显得气势宏伟，威严高大。大门坐西朝东，上有高大的顶楼，中间城门洞式的门道，大门

◆ 乔家大院内景

◆ 乔家大院福德祠砖壁

对面是砖雕百寿图照壁。大门以里，是一条石铺的东西走向的甬道，甬道两侧靠墙有护墙围台，甬道尽头是祖先祠堂，与大门遥遥相对，为庙堂式结构。北面三个大院，都是芜廊出檐大门，暗榫暗柱，三大开间，车轿出入绰绰有余，门外侧有拴马柱和上马石，从东往西数，依次为老院、西北院、书房院。所有院落都是正偏结构，正院主人居住，偏院则是客房、佣人住室及灶房。在建筑上偏院较为低矮，房顶结构也大不相同，正院都为瓦房出檐，偏院则为方砖铺顶的平房，既表现了伦理上的尊卑有序，又显示了建筑上的层次感。大院有主楼四座，门楼、更楼、眺阁六座。各院房顶有走道相通，便于夜间巡更护院。

建筑技艺

乔家大院闻名于世，不仅因为它有作为建筑群的宏伟壮观的房屋，更主要的是它在一砖一瓦、一木一石方面都体现了精湛的雕刻艺术。南、北六个大院内，砖雕、木刻、彩绘随处可见。从门的结构看，有硬山单檐砖砌门楼、半出檐门、石雕侧跨门、一斗三升十一踩双翘仪门等。窗子的格式有仿明酸枝棂丹窗、通天夹扇菱花窗、栅条窗、雕花窗及大格窗等，各式各样，变化无穷。再从房顶上看，有歇山顶、硬山顶、悬山顶、卷棚顶、平房顶等，这样形成平的、低的、高的、凸的、无脊的、有脊的、上翘的、垂弧的屋顶……处处别有洞天，细细看来，着实赏心悦目，韵味无穷。

大院中的西式建筑

民国初年，乔家人口增多，住房显得不足，因而又购买地皮，向西扩张延伸。民国十年后，乔映霞、乔映奎又在紧靠西南院建起新院，格局和东南院相似。但窗户全部装上大格玻璃，此外还在设计上采用了西洋式装饰，采光效果非常好。同时，她把原来的一个通道堵塞，将老院灶房改建为客厅，并在客厅旁建了浴室，修建了洗手间，颇有异国风情。这也是乔家大院的最后一次扩建。

延伸阅读

乔家大院的主人——乔致庸

乔致庸(1818—1907年)，早年丧失父母，由兄长乔致广抚养成人。他本性不喜经商，而是"幼嗜读书，思以儒术昌门阀"，一心想做学问，为此还曾经中过秀才。后因兄长乔致广去世，家业无人接替，他被逼无奈，只得弃儒从商，操持起乔家的商业。乔致庸待人随和、处世中庸、善于计谋，执掌家业时资产越滚越多，是"在中堂"殷实家财真正的奠基人。

传统建筑的瑰宝——牟氏庄园

> 牟氏庄园是中国规模较大、保存较好的地主庄园。它以其恢宏的规模、深沉的内涵，被诸多专家学者评价为"百年庄园之活化石""传统建筑之瑰宝""六百年旺气之所在"。1998年，被国务院公布为"全国重点文物保护单位"。

牟氏庄园，又称"牟二黑庄园"，坐落于山东省栖霞市城北古镇都村，是牟墨林家族几代人聚居的地方。整个庄园建筑结构严谨，紧固敦实，雄伟庄重，是中国北方规模最大、全国保存最为完整、最具典型性的封建地主庄园。

庄园主人

牟墨林(1789—1870年)字松野。据传，由于他皮肤有些黑，名字中带有一个"墨"字，因此绰号"牟二黑子"。为山东省栖霞市古镇都人，嘉庆年间太学生出身，胶东有名的大地主，栖霞牟氏家族的主要创业人。

庄园格局

庄园有"中国民间小故宫"之称，整个建筑群从空中看，宛若一个小型城市，拥有完整的生活、生产体系。庄园规模恢宏，古朴壮观，集中国传统文化、建筑文化、民俗文化之大成。

◆ 牟氏庄园鸟瞰

牟氏庄园始建于清乾隆年间，后不断扩展，遂成今日规模。共3个建筑单元，分6个宅区，各自立有堂号，东西长158米，南北宽148米，总面积约23400平方米，共有房屋490余间，建筑面积约7600平方米，庄园坐北朝南，诸宅区均沿南北中轴线建门厅（亦称"南群房"）、客厅、寝房及厢房等，构成多进套院，又以南北通道连贯诸院。各建筑单元，均以南、北群房，东、西群厢或围墙相连，结为整体四合院。沿街设高窗，庄园后面高筑石围墙，其建筑形式均为清式硬山式木砖石结构，以灰色泥质鱼鳞瓦起垅覆顶，瓦下铺设木炭，以做减轻屋顶重量和保暖、防潮之用。大门两侧沿街石墙上，横嵌石鼻拴马扣，颇具北方民居特点。

建筑文化

牟氏庄园建筑文化博大精深。六个大院沿南北中轴线依次建为南群房、平房、客厅、大楼、小楼、北群及东西群厢多进四合院落，形成一套完整的具有典型北方民居建筑特色的古建筑群落。庄园建筑工艺独特，雕刻砌凿，工艺细腻精湛，明柱花窗，文采斐然，美妙绝伦，其建筑风格有"三雕""六怪""九绝"之称。牟氏庄园生动地反映了以胶东半岛为代表的中国北方农业生产俗、家族俗、衣食住行、人生礼仪俗、节庆俗等古老的民俗事象。

历史文化

牟氏庄园是中国几千年农耕文明的集中反映。它以农为本，春稼秋穑，顺天应时，反映了中国传统农耕对自然规律的适应。而牟氏庄园现有的复原陈列体系，则客

◆ 牟氏庄园一角

观地记录了牟氏家族兴起、发展和衰败的历史轨迹，生动地再现了封建社会后期的生产关系和地主阶级的道德规范、精神状态。

延伸阅读

庄园一奇

牟氏庄园的石墙均平整如镜，石缝细如线。据说，砌墙时，主人每天都会给石匠发一些铜钱和锅铁，用之嵌在墙缝间，使墙面平整。若仔细观察，经常可以发现墙缝里嵌着的铜钱。据说，平均每块石头造价为一斗谷子，此面墙就耗谷物446斗。院落里有一面花墙，砌有386块六边形的墙石，任取其中一块，均可与周围石块组成六边形花卉图案，总体上组成一个百花相连的连续图案。

第四讲 古城 古镇 古村

123

三晋民间紫禁城——王家大院

王家大院是清代民居建筑的集大成者，由历史上灵石县四大家族之一的太原王氏后裔所建，总面积达25万平方米以上，被誉为"山西的紫禁城"。2006年，被国务院批准列入第六批"全国重点文物保护单位名单"。

◆ 王家大院内景

王家大院位于山西省灵石县城东12公里处的静升镇，总面积达25万平方米以上。现以"中国民居艺术馆""中华王氏博物馆"的名称对外开放，共有两大建筑群，大小院落123座，房屋1118间，面积4.5万平方米。

王氏家族史

灵石静升王氏家族，源出太原，世居本县汾河峡谷间沟营村（今富家滩镇沟峪滩村）。元皇庆年间（1312—1313年）先祖王实迁至静升后，由农及商，人丁渐旺，继而读书入仕，遂"以商贾兴，以官宦显"，成为当地一大望族。王家入宦者仅五品至二品官员就有12人，包括授、封、赠在内的各种大夫达42人，还有二人参加了康熙六十一年（1722年）和嘉庆元年（1796年）皇帝的千叟宴。

王氏家族从十八世以后（清道光年间）逐渐衰败，除政治经济和社会多方面客观因素外，自身的问题也很严重，王氏后裔抛弃了先祖勤俭创业的品质，荒废学业，染上毒瘾吸食鸦片，终于导致大厦倾覆。

主要建筑

王家大院有两个建筑群，分别在东西方向，东大院俗称"高家崖"，建于清嘉庆初年，是一个不规则的城堡式串联住宅群。高家崖建筑群为三进式四合院，每院除都有高高在上的祭祖堂和两厢的绣楼外，还有各自的厨院、塾院，并有共同的书院、花院、长工院、围院（家丁院）。体现出"尊卑分等，贵贱分级，上下有序，长幼有伦，内外有别"的封建礼制格局。

西大院俗称"红门堡"，是一处十分规则的城堡式封闭型住宅群，隐一个"王"字在内，又附会着龙的造型。除前堂后寝的院落外，为顺应地形，一部分又应变为前园后院。各院落有的富丽堂皇，有的曲幽小巧。其砖、木、石三雕非常出名，有些因出自清代早期，古朴粗犷，还保留着明代风格；大多数同高家崖一样，都具有清代"纤细繁密"的特点。

建筑艺术的博物馆

王家大院的建筑、装饰、雕刻无不超凡脱俗，别具一格。院内外，屋上下，房表

◆ 王家大院小巷

里，随处可见精雕细刻的艺术品。这些艺术品从屋檐、斗拱、照壁、吻兽到础石、神龛、石鼓、门窗，造型逼真，构思奇特，既具有北方建筑的雄伟气势，又具有南国建筑的秀雅风格，可谓北方民居建筑艺苑中的一颗璀璨明珠。

延伸阅读

乐善好施的园主

王氏家族乐善好施，多行义举，并以此家声远扬。16世纪中期，王氏曾捐钱修建县城防洪堤、村中义学等。其中学校房舍不足，王氏直接捐资增建23间。除此之外，还修筑被洪水冲毁的道路，开辟山道，于山道旁开设旅店。这些旅店供人免费投宿打尖，自行使用，旅店内有皮袄数十件。王氏家族后代也有乐善好施的声名，13世孙王佐才在外村买地助学，15世孙王麟趾捐地筑塘、蓄水造渠，并在县城捐资修复学官……都为静升王氏家族远播了家声，留下了百年光彩。

尘封的民间城堡——王氏庄园

王氏庄园是中国古建筑史上一处罕见的超规制清代城堡式民居建筑群。整座建筑以灰色调为主，古朴大方，给人以庄重典雅的感觉。庄园建筑既不同于皇宫官府，又不同于一般民居，是我国北方民居建筑的极品。

出保定顺平县东北10余里，一座巨大的庄园跃然在目。鼎盛时庄园占地279亩，50多套宅院、500余间房屋；现存65亩，房屋163间。庄园主要建筑布局呈四方形，坐北朝南排列在一条直线上，内有东西排列四合院两排，四合院各院前后贯通，左右相连。

王氏家族的传说

关于王氏家族的发迹史，几百年来众说纷纭，留下了种种美丽动人的传说。有的说王氏家族的发迹是跑马圈地得来的。有的说是王氏第四代族人王佩上村北山腰刨荆根，刨出了大量金银宝贝。还有人说，曹雪芹在《红楼梦》中描写的四大家族中的王家，就是顺平县南腰山的王氏家族……据考证，王氏家族祖居辽宁铁岭，后迁入

河北境内。王氏的发迹略在清代初年，王氏庄园的初建也大约在清初。

庄园布局

王氏庄园是具有典型北方特征的古代民居，它采用了北京四合院的建筑规制，并大胆创新，体现了独特的建筑个性，是中国北方建筑文化的大观园。庄园设计充满传统情调，在空间上以儒家的伦理思想为指导原则，主屋与厢房之间尊卑有序，通道开阔，

◆ 王氏庄园鸟瞰

◆ 王氏庄园砖壁

小巷幽深，又具有北方居室的风水观念。

王氏庄园的南院在整个庄园的最南部，也是庄园现有的主要景观。一条内街将南院分为南、北两院。南院当年是主人的场院，建有粮仓、店铺、账房、收租院、车马院等，如今属于一所中学，当年的情景已荡然无存。北院为住院建筑区，也就是我们今天见到的庄园。

王氏庄园主要建筑

八角楼

八角楼建于1930年，坐落在庄园北院，主要功能为防御土匪侵扰，分上、下两层，顶上原为防御挡墙，后被日本兵拆毁。此门口正对街中几个主要街道，所以建筑为八角楼式，便于抵御。八角楼南北长15.5米，南墙宽5.85米，北墙宽2.91米，楼基高3米。该楼有四个直角，四个钝角，两个内直角。大门雄伟高大，设有两层木门，两套串杆。为坐西朝东的东北门，对防盗防匪有很强的安全作用。

大券门

大券门与八角楼相连，为过街楼门。券上建成有二层楼，四方留有窗户、枪眼，也称"炮楼"。站在楼上可以看到四面八方

的情况。到晚上掌灯时分就大门紧闭，禁止外村人入内。该楼为著名工匠王德付建造，建造时就地取材，使用的树木、砖瓦都是当地砍伐或者烧制的。

元宝洞

庄园建筑的东南侧建筑物下有一偏僻院落，坐西朝东砌有四条砖洞，一溜排开。南、北各三间陪房，独立门院。洞高3米，洞深8米左右。四条洞底头都建有神龛位置。原为王氏庄园存放元宝、珠宝的仓库，因此称作"元宝洞"。

九间楼

九间楼为王氏庄园九门相照院落的最高主体建筑。为上、下两层，原楼顶上边有掩体式的防御墙，"文革"中被拆除。现仅南陪房上留有一排单人掩体，保存非常完整。

五间楼

五间楼为北院，与九间楼相映，但略靠前。建筑风格与九间楼相同，前与王氏庄园客厅、书房、客房院落相通。

延伸阅读

王锡衮

王锡衮，据传为王氏庄园的主人。字龙藻，号昆华，生年不详，卒于永历元年（1647年），云南禄丰县人。他的父亲名叫王劝士，读书甚多，但没有做官，王锡衮于明万历四十三年（1615年）考中举人，天启年间又考中进士，被选入翰林院充任庶吉士。三年后被授予中央政府的秘书官，参议政事。明王朝覆灭后，分布在全国的明朝宗室开始延续帝国的命运，其中唐王朱聿键称帝于福建，诏拜王锡衮为东阁大学士，后来南明王朝江河日下，王锡衮遇害于云南贡院至公堂。

第五讲
石窟 石刻 石雕

东方文化的博物馆——敦煌莫高窟

敦煌莫高窟是甘肃省敦煌市境内的莫高窟和西千佛洞的总称，是中国著名的四大石窟之一。1961年，被国务院公布为第一批"全国重点文物保护单位"；1987年，被认定为"世界文化遗产"。

莫高窟位于敦煌市东南25公里处，开凿在鸣吵山东麓断崖上。前秦苻坚建元二年（366年）有沙门乐尊者行至此处，见鸣沙山上金光万道，状有千佛，于是萌发开凿洞窟、雕塑佛像之心，后来历代不断营建，遂成佛门圣地，号为敦煌莫高窟，俗称"千佛洞"。

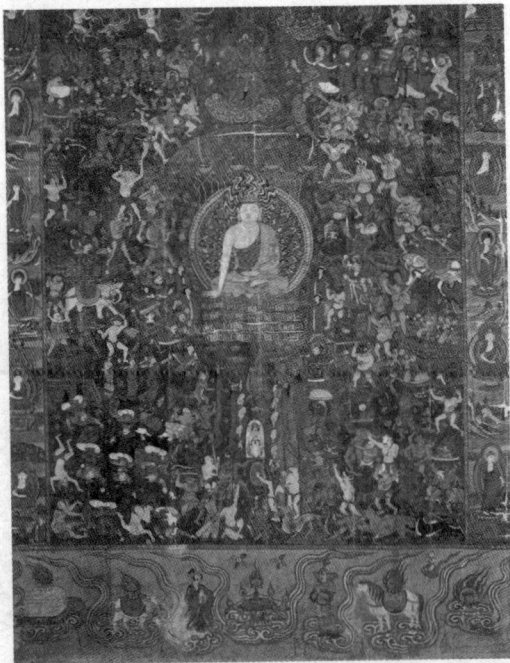

◆ 敦煌莫高窟壁画

中国石窟艺术受到印度的影响，印度传统的石窟造像乃以石雕为主，而敦煌莫高窟因岩石不适合雕刻，故造像以泥塑壁画为主。整个洞窟一般前为圆塑，而后逐渐淡化为高塑、影塑、壁塑，最后则以壁画为背景，把塑、画两种艺术融为一体。莫高窟洞窟众多，据记载，唐时有窟千余间，目前存世石窟不足一半，其中北魏所建洞窟32，隋代洞窟110，唐代洞窟247，五代洞窟36，宋代洞窟45，元代洞窟8，总计492洞窟。

飞天传说

敦煌飞天从起源和职能上说，它不是一位神，它是印度神话中乾闼婆与紧那罗的合体。"乾闼婆"是梵文音译，意译为"天歌神"，是一位男性的神，他周身散发香气，因而又称作"香间神"；"紧那罗"也为梵文音译，意译为"天乐神"，是印度早期古神话中的歌舞神。传说中他们一个善歌，一个善舞，形影不离，融洽和谐，是一对恩爱的夫妻。后来佛教吸收了这一形象，成为天龙八部众神中的两位天神，在众神中担任赞颂和歌舞的职能。开始的时候，他们

◆ 莫高窟外景

并不是翩翩起舞的飘逸形象，而是一副狰狞模样。但是随着佛教的传播和人们审美的需要，逐渐演化为眉清目秀、体态俏丽、翩翩起舞、翔翔天空的飞仙了。莫高窟中的飞天将乾闼婆和紧那罗合为一体，不再区分男女，并发展成独一无二的艺术形象。

建筑风格

莫高窟始凿于公元366年，历经十六国、北魏、西魏、北周、隋、唐、五代、宋、西夏、元十几个朝代相继凿建，一公里长的崖面上，上下五层，洞窟密集，现存有492座洞窟。早期洞窟有明显的西域艺术风格，西魏开始受到中原艺术风格的影响，至隋唐，进入敦煌艺术的黄金时代，人物造型、敷彩晕染和线描技巧都具有中国传统艺术特点，从而成为中华民族的成熟艺术风格。

彩塑艺术

彩塑是敦煌艺术的主体，现存的2400余尊彩塑雕像，最高30余米，最小仅有拇指大小，有佛祖、菩萨、罗汉、弟子、天王、金刚等。莫高窟壁画今存45000平方米，有佛像画、经变画、佛教史迹、瑞像画、佛经故事画和供养人画。

佛像画中以菩萨像最为优美动人，被称为"东方维纳斯""东方圣母"。依据佛经而绘制的敦煌经变画，通常综合表现了一部或几部佛经的整体内容。莫高窟有经变30余种，持续时间长的有西方净土变、东方药师变、弥勒经变、法华经变、维摩诘经变，数量最多的是东方药师变。大量社会生活内容在经变画中得到生动体现，因而被称作"墙壁上的图书馆"。

文化宝藏和精神财富

敦煌石窟艺术是集建筑、雕塑、绘画于一体的立体艺术，古代艺术家在继承中原汉民族和西域兄弟民族艺术传统的基础上，吸收、融合了外来的表现手法，发展成为独具敦煌地方色彩的中国民俗佛教艺术，为研究中国古代政治、经济、文化、宗教、民族关系、中外友好往来等提供了珍贵资料，是全人类共同的文化和财富。

延伸阅读

莫高窟的传说

据莫高窟的碑文，公元366年，有位叫乐尊者的僧人云游到鸣沙山东麓脚下，此时，太阳西下，夕阳照射在对面的三危山上，他举目观看，忽然间他看见山顶上金光万道，仿佛有千万尊佛在金光中闪烁，一心修行的乐尊者被这奇妙的佛光景象感动了，他认为这就是佛光显现，因此发愿在此开凿洞窟，遂成为莫高窟的渊薮。

中国石刻的里程碑——云冈石窟

云冈石窟造像气势宏伟，内容丰富多彩，堪称公元5世纪中国石刻艺术之冠，被誉为中国古代雕刻艺术的宝库。1961年，国务院将云冈石窟列为"国家重点文物保护单位"；2001年，被世界遗产委员会认定为"世界文化遗产"；2007年，被国家旅游局认定为"国家5A级旅游景区"。

云冈石窟历史

云冈石窟位于山西省大同市以西16公里处的武周山南麓。历史久远，规模宏大，内容丰富，雕刻精细，被誉为中国美术史上的奇迹。始凿于北魏兴安二年（453年），大部分完成于北魏迁都洛阳之前。石窟依山而凿，东西绵亘约1公里，现存洞窟45个，大小窟龛252个，石雕造像51000余躯，最大者达17米，最小者仅几厘米。窟中菩萨、力士、飞天形象生动活泼，塔柱上的雕刻精致细腻。从艺术手法来看，上承秦汉现实主义的精华，下开隋唐浪漫主义的先河，是我国石雕艺术的宝库之一。

建筑特色

云冈石窟的造像气势宏伟，内容丰富多彩，按照开凿的时间可分为早、中、晚三期，不同时期的石窟造像风格也各有特色。早期的"昙曜五窟"气势磅礴，具有浑厚、纯朴的西域情调。中期石窟则以精雕细琢、装饰华丽著称于世，显示出复杂多变、富丽堂皇的北魏风格。晚期窟室规模虽小，但人

◆ 云冈石窟造像

物形象清瘦俊美，比例适中，是中国北方石窟艺术"瘦骨清像"的源起。此外，石窟中留下的乐舞和百戏杂技雕刻，也是当时佛教思想流行和北魏现实社会的反映。

雕刻艺术

石窟群中，有神态各异、栩栩如生的各种人物形象，如佛、菩萨、弟子和护法诸天等；有风格古朴、形制多样的仿木构建筑物；有主题突出、刀法娴熟的佛传浮雕；有构图繁富、优美精致的装饰纹样；在雕造技

◆ 第二十窟内景

多种佛教艺术造像风格在云冈石窟实现了前所未有的融会贯通，由此而形成的"云冈模式"成为中国佛教艺术发展的转折点，云冈石窟是石窟艺术从印度传入中国并本土化的开始。云冈中期石窟出现的中国宫殿建筑式样雕刻，以及在此基础上发展出的中国式佛像龛，在后世的石窟建造中得到广泛应用。云冈晚期石窟的窟室布局和装饰，更加突出地展现了浓郁的中国式建筑、装饰风格，反映出佛教艺术"中国化"的不断深入。

艺上，继承和发展了我国秦汉时代雕刻艺术的优秀传统，又吸取和融合了印度犍陀罗艺术的有益成分，创造出具有独特风格的艺术品，在我国雕塑史上留下了重要的一页。云冈石窟不但是了解和研究我国古代历史、雕刻、建筑、音乐以及宗教信仰等方面的重要形象资料，也是追溯古代中西文化交流和人民友好往来的实物佐证。

云冈石窟乐舞雕刻，是古代多元文化结合的产物，各民族深厚悠久的民间乐舞艺术在此积淀。有表现佛界或俗界的专门性伎乐，也有点缀于壁面空间的图案化装饰性伎乐；有规模宏大、形式俊丽的天宫伎乐，也有态势缥缈悠逸、具有回旋流动之美的飞天伎乐，无不精雕细刻，形态逼真。

石窟艺术"中国化"的开始

云冈石窟形象地记录了印度及中亚佛教艺术向中国佛教艺术发展的历史轨迹，反映出佛教造像在中国逐渐发生变化的过程。

延伸阅读

云冈最大的石窟

高大平展、气势恢宏的第三窟高25米，面阔50米，是云冈石窟之最。原设计为大型塔庙窟，开凿于孝文帝太和时期。但终北魏一代亦未完成。前室分两层，上层左、右侧各雕一塔，中部方形窟室内主像为弥勒菩萨。后室未见北魏雕刻，初唐时于石室中部塔柱雕"西方三圣"（阿弥陀佛及观世音、大势至菩萨），其肌肉丰满、面相圆润。窟前崖壁上端排列着12个高达2米的长方形梁孔，证实这里曾有一座规模空前的木构建筑，但遭到火焚，致使"灵岩栋宇，扫地无遗"。

石刻艺术的宝库——龙门石窟

龙门石窟为我国四大石窟之一，1961年就被国务院公布为全国第一批重点文物保护单位；1982年，被国务院公布为全国第一批国家级风景名胜区；2000年，联合国教科文组织将其列入"世界文化遗产名录"。

◆ 龙门石窟内景

龙门石窟始凿于北魏孝文帝时期，历经400余年建成，迄今已有1500余年的历史。龙门石窟南北长约1公里，现存石窟1300多个，窟龛2345个，题记和碑刻3600余品，佛塔50余座，佛像97000余尊。其中以宾阳中洞、奉先寺和古阳洞最具有代表性。

石窟历史

魏窟始建于493年北魏孝文帝时代，到魏宣武帝、魏孝明帝时期达到极盛，连续开凿宾阳洞的北、中、南三个大石窟，营造这三个大石窟时动用工人达80万以上。北朝石窟集中在龙门山，造像从北魏到东魏从未停止，持续达50多年之久，表现出众多的艺术形象，大佛姿态也由云冈石窟的雄健可畏转变为温和可亲。以宾阳中洞主佛为代表的佛像，人物面部含着微笑。相比而言，龙门石窟比云冈石窟表现出更多的中国艺术形象。

唐窟是唐代最兴盛的时候开凿的，占石窟总数的60%以上，尤其以武则天执政时期开凿的石窟最多，这与她长期在洛阳不无关系。奉先寺是最具代表性的唐窟，二菩萨高70尺，迦叶、阿难、金刚、神王各高50尺（唐代长度）。规模之大，在龙门石窟中堪称第一，先后用了四年时间，武则天自己出钱二万贯。

中国石窟艺术的"里程碑"

龙门石窟的造像艺术一开始就融入了本民族审美意识，使石窟艺术呈现出中国化、世俗化的趋势，是中国石窟艺术变革的"里程碑"。龙门石窟规模宏大，气势磅礴，窟内造像雕刻精湛，内容庞杂，题材丰富，被誉为世界最伟大的古典艺术宝库之一。它以自身系统、独到的雕塑语言，展现了雕塑艺术的规律和法则。而在它之前的石窟艺术则较多地保留了古印度时期雕塑艺术的手法和理念，而龙门石窟则远承印度石窟艺术，近继云冈石窟风范，与深厚博大的汉族文化相融合。

皇家风范

龙门石窟是历代皇室贵族发愿造像最集中的地方，它是皇家意志和行为的体现。皇室贵族拥有雄厚的人力、物力条件，他们所主持开凿的石窟规模庞大、富丽堂皇，汇集当时石窟艺术的精华，因而龙门石窟是最能体现皇家造像艺术风范的洞窟。这些洞窟的开凿具有浓厚的国家宗教色彩，所以龙门石窟的兴衰，不仅反映了中国5至10世纪皇室崇佛信教的盛衰变化，同时也从某些侧面反映中国历史上一些政治风云的动向和社会经济态势，它的意义是其他石窟所无法比拟的。

龙门二十品

龙门石窟也是书法珍品云集的地方，著名的书法精品龙门二十品就在这里。"龙门二十品"的说法始自清代，碑拓鉴赏家们从龙门石窟众多的石刻造像题记中精选出最具艺术价值的书法珍品，名曰"龙门二十品"。这二十处书法是指选自龙门石窟中北魏时期的二十方造像题记，其中十九品在古阳洞，一品在慈香窟。"龙门二十品"最能体现"魏碑体"的精髓，字体端正大方，气势刚健有力，结体方严，笔画沉着，历来为

◆ 奉先寺的天王造像

世人所推崇。

龙门石窟还保留有大量的美术、音乐、服饰、医药、建筑和中外交通等方面的实物史料。因此，它又是一座大型的历史资料馆。

延伸阅读

龙门石窟的潜溪寺

潜溪寺是龙门西山北端第一个大窟。它高、宽各九米多，进深近七米，大约建于1300多年前的唐代初期。窟顶藻井为一朵浅刻大莲花。主佛阿弥陀佛端坐在须弥台上，面颊丰满，胸部隆起，衣纹斜垂座前，身体各部比例匀称，神情睿智，整个姿态给人以静穆慈祥之感。主佛左侧为大弟子迦叶，右侧为小弟子阿难。两弟子旁边分别为观世音菩萨与大势至菩萨。整个洞窟布局合理，庄严肃穆。

第五讲 石窟 石刻 石雕

135

中国古代泥塑馆——麦积山石窟

麦积山石窟保留有大量宗教、艺术、建筑等方面的实物资料，丰富了中国古代文化史。被国务院认定为"全国重点文物保护单位"。

◆ 麦积山

麦积山石窟周围风景秀丽，山峦上密布着翠柏苍松、野花茂草。攀上山顶，极目远望，四面全是郁郁葱葱的青山，只见千山万壑，重峦叠嶂，青松似海，云雾阵阵，远景近物交织在一起，构成了一幅幅美丽的图景，这图景中被称为天水八景之首的是"麦积烟雨"。在我国的著名石窟中，麦积山石窟的自然景色最佳，素有"小江南""秦地林泉之冠"的美誉。

麦积山石窟位于甘肃省东部天水市东南约45公里处，开凿于十六国时期的后秦

（384—417年），以后南北朝时期的北魏、西魏、北周和隋、唐、宋、元乃至明、清等十几个朝代，都进行了扩建。现存大小窟龛194个，共保存从4世纪末到19世纪约1500年间的泥塑、石雕7200多件，壁画1300多平方米。

建筑艺术

麦积山石窟开凿在悬崖峭壁之上，洞窟"密如蜂房"，栈道"凌空飞架"，层层相叠，其惊险陡峻为世所罕见，形成一个宏伟壮观的立体建筑群。其仿木殿堂式石雕崖阁独具特色，雄浑壮丽。洞窟多为佛殿式而无中心柱窟，明显带有地方特色。

麦积山石窟群中最宏伟、最壮丽的一座建筑是第四窟的七佛龛，又称"散花楼"，位于东崖大佛上方，距离地面约80米，为七间八柱庑殿式结构，高约9米，面阔30米，进深8米，分前廊、后室两部分。立柱为八棱大柱，覆莲瓣形柱础，建筑构件无不精雕细琢，体现了北周时期建筑技

术的日臻成熟。后室由并列七个四角攒尖式帐形龛组成，帐幔层层重叠，龛内柱、梁等建筑构件均以浮雕表现。因而，麦积山第四窟的建筑是全国各石窟中最大的一座摹仿中国传统建筑形式的洞窟，是研究北朝木构建筑的重要资料，真实地体现了南北朝后期中国化的佛殿外部和内部面貌，在石窟发展史上具有重要的意义。

石窟泥塑

麦积山石质不宜于雕刻，因此以精美的泥塑像著称，大致可以分为突出墙面的高浮塑、完全离开墙面的圆塑、粘贴在墙面上的模制影塑和壁塑四类，其中数以千计与真人大小相仿的圆塑被视为珍品。

麦积山石窟泥塑讲究以形传神，神形俱备，富有浓郁的生活情趣、强烈的民族意识和世俗化趋向。佛像皆俯首下视，端庄的佛犹如世俗帝王。侧侍的菩萨、弟子，有的低眉含笑、窃窃私语，有的俊俏活泼、天真聪慧。从神圣的佛到"金角银蹄"的牛犊儿，均栩栩如生。在塑绘手法上，上彩但不重彩，特色鲜明，体现了各个时代塑像的特点，系统地反映了中国泥塑艺术发展和演变过程，被誉为"东方泥塑馆"。

塑像的特点

麦积山的塑像有两大明显特点：强烈的民族意识和世俗化的趋向。除早期作品外，从北魏塑像开始，差不多所有的佛像都是俯首下视的体态，都有和蔼可亲的面容，

◆ 麦积山石窟栈道

虽是天堂的神，却像世俗的人，成为人们美好愿望的化身。从塑像的体形和服饰看，也逐渐摆脱外来艺术的影响，体现出汉民族的特点。

第五讲 石窟 石刻 石雕

137

半壁危岩参佛影——大足石刻

大足石刻是唐末宋初时期的宗教摩崖石刻，以佛教题材为主，它以规模宏大、雕刻精美、题材多样、内涵丰富、保存完整而著称于世，是国务院认定的"全国重点文物保护单位"。1999年，被联合国教科文组织世界遗产委员会认定为"世界文化遗产"。

大足石刻位于重庆市大足区境内，这里素有"石刻之乡"的美誉。大足石刻最初开凿于初唐永徽年间（649年），历经晚唐、五代，盛于两宋，一直延续到明清时期还在继续雕刻，形成了一处规模庞大，集中国石刻之大成的艺术殿堂。

艺术杰作

大足石刻是大足境内摩崖造像艺术的总称，拥有摩崖造像75处，雕像5万余尊，铭文10万余字。宝顶山大佛湾造像长达500米，气势磅礴，雄伟壮观。整个石刻，图文并茂，布局谨严，教义体系完备，是世界上罕见的大型密宗道场。造像既追求形式美，又注重内容的准确表达，其所显示的故事内容和宗教、生活哲理对世人晓之以理、动之以情、诱之以福乐、威之以祸苦。宗教劝善惩恶的

思想弥漫其间，令人百看不厌，流连忘返。南山、石篆山、石门山摩崖造像精雕细琢，是中国石窟艺术中罕见的释、道、儒"三教"造像的珍品。

大足石刻的创新与发展

大足石刻在立体造型的技法上，运用写实与夸张互补的手法，摹难显之状，传难

◆ 大足石刻

达之情，对不同的人物赋予不同的性格特征，务求传神写形。强调善恶、美丑的对比，表现内容贴近生活，文字通俗，文意简

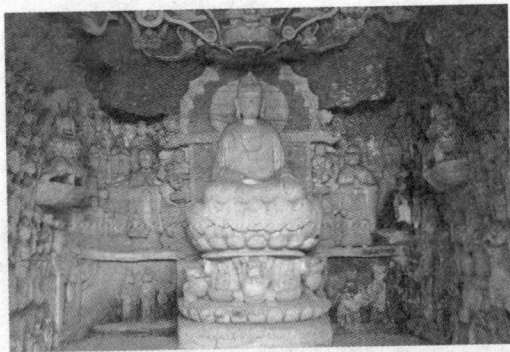

◆ 大足北山石刻造像

赅，既有很强的艺术感染力，又有着极大的社会教化作用。在选材上，既源于经典，而又不拘泥于经典，具有极大的包容性和创造性，反映出世俗信仰惩恶扬善、调伏人性和规范行为的义理要求。在布局上，是艺术、宗教、科学、自然的巧妙结合。在审美上，融神秘、自然、典雅三者于一体。充分体现了中国传统文化重鉴戒的审美要求。在表现上，突破了一些宗教雕塑的旧程式，有了创造性的发展，神像人化，人神合一，极富中国特色。总之，大足石刻在诸多方面都开创了石窟艺术的新形式，成为具有中国风格和中国传统文化内涵，以及体现中国传统审美思想和审美情趣的石窟艺术典范。同时，作为中国石窟艺术发展、变化的一个转折点，大足石刻出现的许多有异于前期的新元素又极大地影响了后世。

生活化的典范

大足石刻以其浓厚的世俗信仰、纯朴的生活气息，在石窟艺术中独树一帜，把石窟艺术生活化推到了空前的境地。在内容取舍和表现手法方面，都力求与世俗生活及审美情趣紧密结合。其人物形象文静温和，衣饰华丽；形体上力求美而不妖，丽而不娇。造像中，无论是佛、菩萨，还是罗汉、金刚，以及各种侍者像，都颇似现实中各类人物的真实写照。

体现中国民间宗教信仰发展

大足石刻作为中国民间宗教信仰的产物，是其重要实物例证。一方面，作为中国传统文化中三大主体的儒家、道教及佛教，在其长期的发展进程中，总趋势是由"相互对抗"走向"相互融合"。另一方面，大足石刻丰富多样的造像题材，又有力地反映出这一时期源于印度的佛教神祇和道教早期的神仙系统已与中国民俗信仰的神灵融合，呈现出信仰多元化的趋势。大足石刻所展示出的这种民间宗教信仰的重大发展、变化，成为后世民间信仰的基础，影响深远。

延伸阅读

大足石刻九龙浴太子

相传净饭王的妻子摩耶夫人身怀有孕，在兰毗尼园中游玩，手攀树枝，太子悉达多从其右腋下降生。太子降生即能行走七步，步步生莲，并一手指天、一手指地说："天上地下，唯我独尊。"时有九条神龙飞至太子头顶，口吐香水，为太子洗浴，诸天俱来守护。

此故事见于宝顶大佛湾第12号龛。刻太子裸坐于浴盆中，顶上石雕九龙，正中巨龙口吐泉水淋浴太子。匠师巧妙地利用自然形势，疏导岩上堰塘之水，结合佛经故事而创造此组石雕，龙口潺潺流水，终年不息，给人以耳目一新的感觉。

世界第一大佛——乐山大佛

乐山大佛是当今世界上最大的古代摩崖造像。大佛为弥勒坐像，体态端庄，比例匀称，设计巧妙，排水设施隐而不见，它历经千年风霜，至今仍然安坐在滔滔江水之畔，静观人间的沧海桑田。1996年12月，峨眉山——乐山大佛被联合国教科文组织遗产委员会列入"世界遗产名录"。

乐山大佛始建于唐开元初年，完工于唐德宗贞元十九年，历时90年。佛像通高71米，头高14.7米，头宽10米，发髻1021个，耳长7米，鼻长5.6米，眉长5.6米，嘴

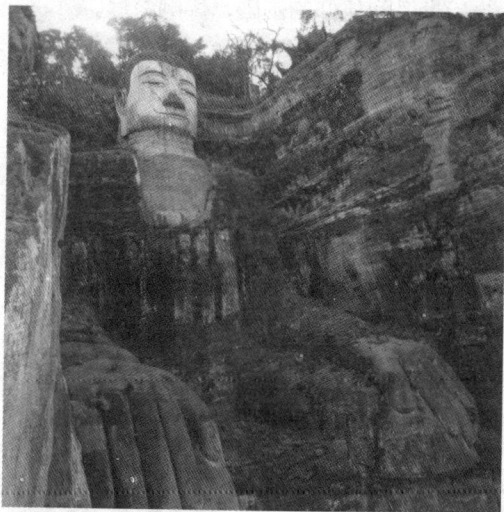

◆ 乐山大佛

巴和眼长3.3米，颈高3米，肩宽24米，手指长8.3米，从膝盖到脚背28米，脚背宽8.5米，脚面可围坐百人以上。它比山西云冈石窟中最高的大佛要高3倍，比阿富汗巴米扬大立佛高18米，也是世界上最大的石刻弥勒佛坐像。

乐山大佛的修建过程

海通大师结茅于凌云山中，见乐山三江汇流之处水势凶猛，舟楫往往颠覆，因此发愿修造大佛，减杀水势。他遍行大江南北、江淮两湖一带为开凿大佛募集资金。佛像动工后，地方官居然前来索贿，遭到大师严词拒绝。他说："自目可剜，佛财难得。"地方官专横地说："那你试试。"海通大师从容地剜下一只眼睛，放在盘子里送给他。地方官惊骇得面如土色，奔逃而去。唐玄宗开元初年(713年)，修造佛像的工程终于开始了，当大佛修到肩部的时候，海通大师去世了，工程也因此而中断。

修造乐山大佛的工程中断十年后，工程受到剑南西川节度使章仇兼琼的重视，他捐献自己的俸金，工程在海通大师的弟子领导下再次开始。由于工程浩大，在章仇兼琼的努力下，唐政府特别拨发麻盐税作为工程资金，工程进展迅速。乐山大佛修到膝盖的时候，章仇兼琼被调任户部尚书，离开了四

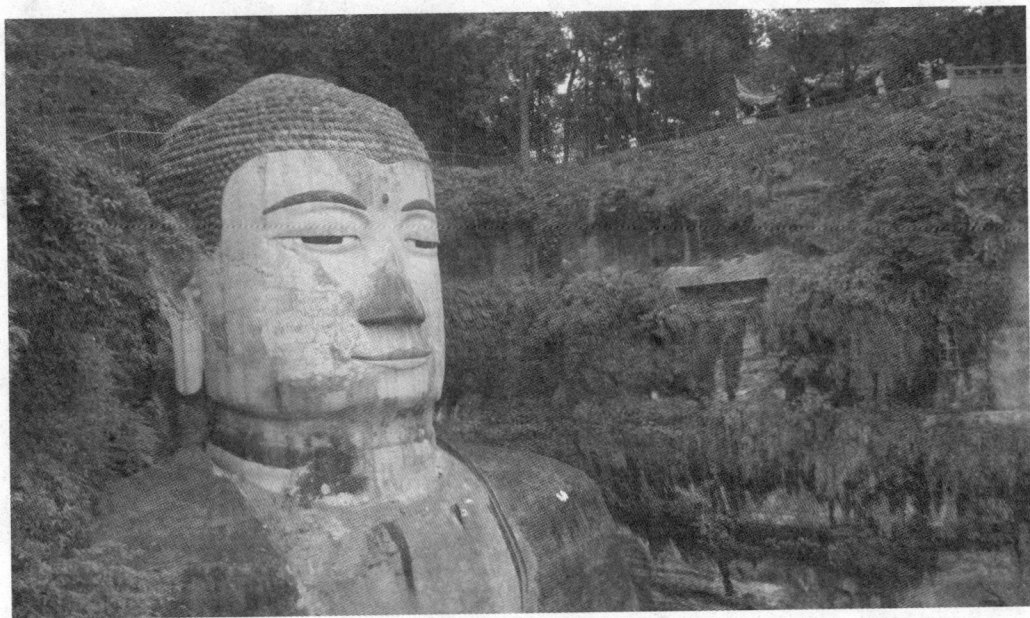

◆ 乐山大佛特写

川，工程再次停工。

四十年后，剑南西川节度使韦皋拿起了修建乐山大佛的接力棒，他捐出自己的俸金，全力支持工程的开展。在三代工匠的努力下，于唐德宗贞元十九年(803年)，大佛终于完成，前后历经90年时间。

排水系统布全身

乐山大佛具有一套设计巧妙、隐而不见的排水系统，对保护大佛起到了重要的作用。在大佛头部共18层螺髻中，第4层、第9层和第18层各有一条横向排水沟，分别用锤灰垒砌修饰而成，远望看不出。衣领和衣纹皱折处也有排水沟，正胸向左侧也有水沟与右臂后侧水沟相连。两耳背后靠山崖处，有洞穴左右相通；胸部背侧两端各有一洞，但互未凿通，孔壁湿润，底部积水，洞口不断有水渗出，因而大佛胸部约有2米宽的浸水带。这些水沟和洞穴，组成了科学的排水、

隔湿和通风系统，防止了大佛的侵蚀性风化，从而为后世有效地保留了这一珍贵的文化遗产。

延伸阅读

乐山大佛的发髻用石块嵌就

大佛顶上的头发，共有螺髻1021个，这是1962年维修时，以粉笔编号数清的。远看发髻与头部浑然一体，实则以石块逐个嵌就。单块螺髻根部裸露处，有明显的拼嵌裂隙，无砂浆粘接。螺髻表面抹灰两层，内层为石灰，厚度各为5～15毫米。1991年维修时，在佛像右腿凹部中拾得遗存螺髻石3块，其中两块较完整，长78厘米，顶部31.5×31.5厘米，根部24×24厘米。

第五讲 石窟 石刻 石雕

141

第六讲

传说 民谣 文学

断桥邂逅悲情恋——许仙白娘子传说

白蛇传传说是我国民间文学中的一颗璀璨明珠，是一部寓意深刻的民间神话故事。传说中塑造的白娘子、许仙、法海和小青等人物形象，表达了广大人民对人性解放的渴望，是中华民族宝贵的精神文化遗产。2006年，国务院确定白蛇传传说为第一批"国家级非物质文化遗产"。

◆ 西湖的荷叶

《白蛇传》又名《白娘子传奇》《雷峰塔传奇》等，是中国四大民间传说之一，它讲述了修行千年的白蛇化为白娘子，携青蛇小青来到杭州西湖，与药店伙计许仙（宣）相遇相恋结为夫妇，复遭和尚法海横加干涉而分散的悲欢离合的故事。

文学溯源

《白蛇传》传说肇始于唐五代时期，基本成型于南宋，至迟到元代已被文人编成杂剧和话本。明代冯梦龙编纂的拟话本《白娘子永镇雷峰塔》是该传说最早的较为完整的文本。从明清至现当代，民间的口头文学与各类民俗文艺的相互影响、改编、渗透、融合，使《白蛇传》最终成为故事、歌谣、宝卷、小说、演义、话本、戏曲、弹词、电影、电视、动漫、舞蹈、连环画等各种文艺形式的经典题材。其影响不断扩大，最终流布全国，家喻户晓，并远播日本、朝鲜、越南、印度等许多国家。

白蛇传说

宋朝时的镇江市，有一个小牧童救了一条蛇，后来蛇修炼千年成为人形。她为了

◆ 断桥残雪

报答书生许仙前世的救命之恩，下山来到城市，在路上又遇到青蛇精小青，两人结伴而行。结果在西湖边的断桥和许仙相遇，并嫁给他。婚后金山寺和尚法海对许仙讲他的妻子白素贞乃蛇妖，许仙将信将疑。后来许仙按法海传授的方法在端午节让白素贞喝下带有雄黄的酒，导致白素贞显出原形，将许仙吓死。白素贞为了救活丈夫，和小青一起上天庭盗取仙草灵芝，并将许仙救活。法海将许仙骗至金山寺并软禁，白素贞同小青一起与法海斗法，水漫金山寺，却因此伤害了其他生灵，触犯天条，在生下孩子后被法海收入钵内，镇压于雷峰塔下。白素贞的儿子是文曲星转世，长大后考中状元，亲自到塔前祭母，使得雷峰塔倒塌，将母亲救出，全家团聚。这段传说流传很广，最初在河南汤阴一代非常流行。

对文化的影响

千百年来，镇江已形成了一个以《白蛇传》传说为传承的文化空间，在民间不停地用各种艺术形式重复上演《白蛇传》的故事。每逢端午佳节，镇江有游览金山的习俗，参观白龙洞、法海洞，青年男女跪拜白娘娘，誓愿永远恩爱。镇江各个剧场、书场(在农村搭台演出)都轮番演出有关《白蛇传》的戏曲、曲艺。民间戏曲《上金山》、清曲《水漫金山》等作品是《白蛇传》传说演绎出来的代表；在老百姓家里，每到端午节，家家户户喝"雄黄酒"，演述与《白蛇传》有关的故事；每家中药店门口均发放中草药熬制的免费避暑汤药……所有这些都与《白蛇传》有着不可分割的关系，是镇江"白蛇传传说"文化的要素。

延伸阅读

历史上真正的法海和尚

法海是唐朝人，唐宣宗大中年间吏部尚书裴休的儿子。裴休，字公美，唐代济源县裴村人。裴休出身官宦之家，家世奉佛，笃信佛教，对佛教颇有研究。《金山寺志》等有关资料记载，法海就出自裴门，俗名裴头陀，少年时被他父亲裴休送入佛门，取号法海。法海出家后，领父命先去湖南沩山修行，接着又远赴江西庐山参佛，最后到镇江氏俘山的泽心寺修禅。但此时建于东晋时期的泽心寺寺庙倾毁，杂草丛生。46岁的法海跪在残佛前发誓修复金山寺。为表决心，他燃指一节。从此，法海身居山洞，开山种田，精研佛理。

千古绝唱蝶翩跹——梁祝传说

梁祝传说素有东方"罗密欧与朱丽叶"之称，是我国颇具辐射力的口头传承艺术，也是在世界上产生广泛影响的中国民间传说。2006年，国务院确定梁祝传说为第一批"国家级非物质文化遗产"。

梁山伯与祝英台传说是我国四大民间传说之一，是中华文化的瑰宝。千百年来，它以提倡求知、崇尚爱情、歌颂生命的鲜明主题感染着人们的心灵，以曲折动人的情节、鲜明的人物性格、充满浪漫色彩的故事而受到民众的广泛喜爱。以梁祝传说为题材的其他艺术形式也广为流传，使其成为中国民间文学艺术之林中的一朵奇葩。

梁祝传说

传说梁山伯与祝英台一起读书，祝英台女扮男装，自称"祝九舍人"。梁、祝二人性情相投，因而结为兄弟。一同吃饭睡

◆ 梁祝墓园仪门

觉，长达三年时间。但是祝英台却从不在他面前脱衣解带，梁山伯对此每有疑惑，祝英台就搪塞过去。学成之后，二人分开，并约定梁山伯两个月后来祝家拜访。英台回到家后，正是石榴花开的时候，兄嫂做主将她许配给大户之家马氏。六个月后，山伯来拜访祝九舍人，才发现英台是女儿身，非常惊异。两人谈及婚事，梁山伯对祝英台颇有爱慕之意，但是得知英台已许配马家，不由得痛悔自己来得太迟，回到家后就相思成疾，不久离开人世，死后埋于安乐村路口。次年英台出嫁时，路过梁山伯的坟墓，忽然狂风四起，结婚的花轿无法前进。祝英台举目观望，见梁山伯飘然而来，她赶紧出了花轿，梁山伯的坟忽然裂开，祝英台跳了进去。送亲的人赶紧拉她的衣服，却只是撕下一段衣带，被撕裂的衣带忽然变成两只美丽的蝴蝶，相互嬉戏着朝天际飞去。

中国爱神庙

梁山伯庙位于宁波城西5公里处的高桥乡邵家渡，是国内唯一一座纪念梁祝"爱情神"的庙宇。庙内供奉着官服的梁山伯和

◆ 梁祝陵墓

着凤冠霞帔的祝英台，庙前有一段雕着大荷花的石板路，路尽头有一座精巧的石拱桥，叫"夫妻桥"。庙右是梁山伯与祝英台的合葬墓。庙后为两人的寝殿，仿照卧室布置，宝帐绣榻，明镜香橱，榻前放有男女绣花拖鞋；橱中悬挂梁山伯的袍服冠带和祝英台的罗衣绣裙。庙前的楹联写着："精忠不二昭千古，大义无双冠五洲。"

相传农历八月二十一日是祝英台殉情的日子，从1600多年前的东晋末年开始，直到现在，每年从八月初开始直到月底，四面八方的水陆香客，都络绎不绝地前往忠义王庙进香，尤其是青年男女更是成群结队烧香许愿，并在墓地绕行一周。以符合长久以来古老相传的一句俗谚："若要夫妻同到老，梁祝坟上绕一绕。"

文化价值

梁祝传说自1600年前的晋代形成以来，主要流传于宁波、上虞、杭州、宜兴、济宁、汝南等地，并向中国的各个地区、各个民族流传辐射。在流传的过程中，各地人民又不断丰富发展传说的内容，甚至还兴建了众多以梁祝传说为主题的墓碑和庙宇。此外，梁祝传说还流传到朝鲜、越南、缅甸、日本、新加坡和印度尼西亚等国家，其影响之大在中国民间传说中实属罕见。

据梁祝传说改编的越剧《梁山伯与祝英台》、小提琴协奏曲《梁祝》、电影《梁山伯与祝英台》等各种文学艺术作品，以及由此而形成的求学、婚恋的独特风尚，构成了庞大的梁祝文化系统。

影响

梁祝传说取材于现实生活，又有传奇色彩，悲剧的结局与理想化的结尾达到和谐的统一。它揭露了封建包办婚姻的罪恶，歌颂了纯真自由的爱情，梁祝故事从女扮男装的传奇事件开始，到后来的反封建主题，是一个重要发展。明清以后，受资本主义因素的影响，市民的个性解放成为一种需求，传说中的反封建思想就越来越强烈，因而也就越来越受到人民的喜爱。

延伸阅读

梁祝文化公园

梁祝文化公园地处宁波市鄞州区高桥镇，为晋代梁祝墓、庙古遗址所在地。众多史料记载，梁山伯为东晋人，与祝英台三载同窗，曾为浙江宁波鄞县（即现今鄞州区）县令，后因治理姚江积劳病逝，遗命安葬于高桥九龙墟。1997年，梁山伯古墓遗址和出土文物在梁祝公园被发掘。梁祝文化公园以倡导梁祝爱情为文化内涵，以梁祝故事情节"草桥结拜""三载同窗""十八相送""楼台相会""化蝶永伴"为主导游线，占地面积300余亩，形成一个规模宏大的爱情主题公园。

一年一度鹊桥会——牛郎织女传说

牛郎织女的故事是一个流传广泛、深入人心的经典，是我国宝贵的非物质文化遗产。它是中国人最早关于星的故事，是中国四大民间爱情传说之一。中国是历史悠久的农耕大国，牛郎织女的传说积淀着中国人农耕文明的记忆，是中华农耕文明的缩影。

◆ 牛郎织女传说民俗展览品

中华民族五千年的文明不仅包括儒家学说、经史子集、唐诗宋词等值得我们骄傲的文化，而且也包括深藏在民间，完全由民间创造的精神文化，它们同样灿烂夺目，是中华民族优秀文化的重要组成部分。

牛郎织女传说

相传在很久以前，南阳城西的牛家庄有一个叫牛郎的孤儿，随哥哥嫂子生活，嫂子常常无故刁难和虐待他，给了他九头牛却让他带回十头，否则永远不准回家。牛郎沮丧之余，得到高人指点，在伏牛山发现了一头生病的老黄牛，他悉心照料，才得知老牛原来是天上的金牛星被打下凡间，牛郎成功将其领回家。后来在老牛的指点下，牛郎找到了下凡仙女们洗澡游玩的地方，拿起了其中一个的衣服，那个仙女名字叫织女，两人相识，坠入爱河，并结为夫妻，诞下龙凤胎。由于人神相恋，触犯天规，织女被带回天界。老牛告诉牛郎，它死之后把皮做成鞋穿上，就能够腾云驾雾。不久，老黄牛就因病死去，牛郎终于上了天界，眼看就要和织女团聚，王母娘娘

◆ 牛郎织女民俗展览馆

却用头上银簪划了一道银河，拦住了去路。天上的喜鹊被他们的爱情感动了，搭成"鹊桥"，牛郎织女终于团聚。王母娘娘为此而动容，允许他们每年农历七月初七通过鹊桥相会。之后，每年七夕，牛郎就把两个小孩放在扁担中，上天与织女团聚。

"乞巧"的由来

农历七月七日之夜，称"七夕"，中国民间有"乞巧"的习俗，故七夕又称"乞巧节"。

传说每年的农历七月七日是牛郎织女相会的日子，若是人们在葡萄架下的葡萄藤中静静地听，可以隐隐听到仙乐奏鸣，织女和牛郎在深情地交谈。民间认为织女聪明美丽、多才多艺，在七月七日晚间，向织女乞求智巧，可以除去笨拙，变得眼明手巧，故称为"乞巧节"；又因为参与乞巧活动的大多为闺阁妇女，因此又叫"女儿节"。

牛郎织女传说的起源

据考证，汉武帝元狩三年，即公元前120年，汉武帝为了征讨西南诸国，在长安城外（今西安市长安区斗门街附近）开凿用于训练水军的昆明池。汉武帝把它比作天上的银河。为了上应天象，就在河两岸特地雕塑了牛郎和织女像。有了人化的牛郎织女，也就逐渐演绎出了牛郎织女的民间爱情故事。东汉时就有"迢迢牵牛星，皎皎河汉女。纤纤擢素手，札札弄机杼。终日不成章，泣涕零如雨。河汉清且浅，相去复几许？盈盈一水间，脉脉不得语"的古诗描述他们的爱情。随着时间的累计，历代咏颂他们爱情的诗歌越来越多，七夕节也就逐渐变成了中国的"情人节"。

延伸阅读

织女星

织女星是一个椭球形的恒星，北极部分呈淡粉红色，赤道部分偏蓝，是一颗外观非常美丽的星球。织女星的直径是太阳直径的3.2倍，体积为太阳的33倍，质量为太阳的2.6倍，表面温度为8900℃，呈青白色。它是北半球天空中三颗最亮的恒星之一，距离地球大约26.5光年。

织女星是天琴座最亮的星，它和附近的几颗星连在一起，形成一架七弦琴的样子，西方人把它叫作天琴座。大约一万三千年以前，织女星曾经是北极星，由于地轴的变化，现在的北极星是小熊座的α星。然而，再过一万二千年以后，织女星又将回到北极星的位置上。

织女星的旁边，有四颗星星构成一个小菱形。传说这个小菱形是织女织布用的梭子，织女一边织布，一边抬头深情地望着银河东岸的牛郎星（河鼓二）和她的两个儿子（河鼓一和河鼓三）。织女星与位于天鹰座的河鼓二（牛郎星），及天鹅座的天津四，组成著名的"夏季大三角"。

人仙相恋配奇缘——董永七仙女传说

董永传说在两千多年的漫长流传过程中，不断与各地的民众生活相结合，蕴含的历史、文学资料，对研究我国各个历史时期社会文化都有一定的价值。2006年，董永传说被国务院确定为第一批"国家级非物质文化遗产"。

董永传说最早载于西汉刘向的《孝子传（图）》。此后三国曹植的《灵芝篇》和东晋干宝的《搜神记》也都有相关记载。干宝的记载因主题突出（行孝）、情节完整（"鹿车载父""卖身葬父"与"天女适嫁""助君偿债"）而在我国农村地区广泛流传，成为两千多年来故事嬗变和文学移植

◆ 董永与七仙女雕像

的母本，对后世影响深远。

董永传说

传说，董永年幼丧母，和父亲相依为命。父亲死后，董永因家贫无钱安葬父亲，便以卖身为奴的条件，向当地人"贷钱一万"。七仙女被董永的勤劳和孝心感动，便乘鹤来到人间，与董永在十八里河口相遇，并且在河口附近的老槐树下拜堂成亲。七仙女为了帮助董永赎身，拔出金钗插地"点"出一口缫丝井，一日织出300匹云锦，替董永还清了债务。数月后，王母娘娘得知七仙女下凡大为震怒，立即派天兵天将捉拿七仙女。董永见七仙女被天兵天将抓走，拼命追赶。天兵天将欲加害董永，七仙女见状连忙拔下发钗在地上划了一条河，挡住了董永的去路。

第二年，七仙女在天庭为董永生得一子，见玉帝难容，只得忍痛将儿子送回人间，并托梦给董永，让他到老槐树下带走孩子……董永按照梦境来到老槐树下抱孩子，在回家的路上，孩子将七仙女为其缝制的一双鞋子蹬落到地，一只鞋落在河西，另一只

◆ 二十四孝之"董永卖身葬父"

落在河东。当地人便将此地河东地段称"东鞋村"，而河西的则被称为"西鞋村"，两庄又合称"双鞋庄"。七仙女在丢下爱子后，仍不放心，便摸云下看，因为"摸"与"摹"谐音，在双鞋庄西南边的庄子就叫"摹云庄"。董永得到儿子，更加思念七仙女，天天来到老槐树旁远眺，遥望天空，殷切期盼妻子回归，全家团聚，董永伫立之处便得名"殷庄"。

历史发展

历史上董永传说曾广泛流传于全国各地，在两千多年的时间里，不断与各地的民众生活相结合。历代的典籍中，记载东台西溪"董永"与"七仙女"故事的内容数不胜数，并多有发展和演绎。董永行孝的动人故事被编入很多戏曲中，较早的为明代传奇剧《织锦记》，最有名的是黄梅戏《天仙配》，使得"董永遇仙"这个民间传说家喻户晓。

传承价值

董永与七仙女的故事是一则既有教化作用又有爱情色彩的民间传说，其教化内容同中国民众的心理需求相适应，爱情故事又契合了民众追求婚姻幸福的需求，所以它超越现实却又和现实相融合，深受民众喜爱。

董永传说是脍炙人口的民间故事，传承久远，是珍贵的民族文化遗产。该传说在长期口耳相传的过程中不断演变，在发展流变过程中具有了向爱情故事演变的趋势，但主题和"母体"并没有大的变化。由于民众情感的渗透和口头文学的附会，产生了不少富有地方特色的传说，并且由故事产生风俗，甚至与董永身世相关的文物、碑碣、村落、地名等遗迹。

延伸阅读

七仙女传说

传说七仙女用巧手金梭织出锦绢赎出了董永，准备整治家园，恩爱白头。不料玉皇大帝得知后十分震怒，急召七姐回天宫，七仙女不得不忍痛飞去。她的织布梭化成了飞梭石，织机留在了人间，人们在夜深人静时仍能听到"咔嚓、咔嚓"的织机声。每年正月十五的晚上，身着盛装的姑娘聚集在飞梭石旁，手捧针线盒向七仙女乞巧，唱乞巧歌。唱完乞巧歌后，还要询问年成好坏、吉凶如何、能否婚嫁等事宜。

绝世美女——西施传说

西施传说是一份古越文化瑰宝，是诸暨民间文学生成和发展的一个缩影，它内容丰富，篇目繁多。2006年，西施传说被列为"国家非物质文化遗产"。

西施原名"施夷光"，春秋末期出生于浙江诸暨苎萝村，天生丽质。为中国古代四大美女之首，是美的化身和代名词。"闭月羞花之貌，沉鱼落雁之容"中的"沉鱼"，讲的就是西施浣纱的故事。

西施传说的起源

西施传说产生于春秋末期，起源于民间口头文学，最早的文字记载见于《墨子》和《孟子》等，经历代口耳相传，流传范围扩大，内容不断丰富。西施传说以春秋时期的吴越战争为历史背景，以西施一生的传奇经历为主干，以人物传说（如"东施效颦"）、地名传说（如"白鱼潭"）、物产传说（如"香榧眼"）、风俗传说（如"三江口水灯"）等为枝叶，从不同角度歌颂了西施的美丽、善良和"为国献身"的伟大精神。

西施传说的传播

西施传说和一般口头文学一样，主要通过口头方式代代相传，地点和方式等都较随意，大致以农闲休息时讲故事的方式流传。另外，一些艺人的介入便产生了演唱传

◆ 诸暨西施铜像

播的形式。在20世纪60年代前，乡间尚有民间艺人传播西施故事，往往是一个人、一把二胡，二胡上还绑扎着小锣小钹，自拉自唱，他们演唱的西施传说一般经过自己的加工，比较完整。

西施传说

西施故事是和春秋末年的吴越争霸分

◆ 西施像

分得体。越王立即派人将她送给吴王，夫差大喜，在姑苏建造春宵宫，日夜歌舞吟唱，不理朝政，终于走向亡国丧生的道路。在这次复国雪耻的大事中，西施甘于为国献身，体现了古越国女子高尚的情操。

西施传说的影响

西施传说首先是历史的悠久性，它有2500多年的传承历史，从春秋时期一直流传到今天；其次是地域的广泛性，它发端于诸暨，辐射江浙乃至全国，甚至影响海外；再次是内容的丰富性，它几乎涉及民间文学范畴的所有类别，蕴含浓厚的地域文化特色；最后是形式上的多样性，它的传承方式从口耳相传延伸至说唱、戏曲等表演形式。这说明，西施传说是真正从民间产生，在民间流传，并且对各个领域产生影响的民间文学。

不开的。越王勾践三年（前494年），吴王夫差在夫椒（今江苏省苏州市吴中区）大败越国，越王勾践退守会稽山，遭到吴军的围攻，被迫向吴国求和，身为国王的勾践被迫进入吴国当人质。后来越王勾践被放了回来，他发誓复国，并报仇雪耻。勾践的谋士范蠡认为吴王夫差贪好美色，必须用一个女子为间谍，使吴王荒疏国家大事，这样造成吴国在主观上的失败。最终选准了诸暨美女西施。越国的一个宫女认为：真正的美人必须具备三个条件，一是美貌，二是善歌舞，三是体态。西施只具备第一个条件，还缺乏其他两个条件。于是，范蠡花了三年时间，教她歌舞、步履、礼仪等。

西施发愤苦练，在悠扬的乐曲中，翩跹起舞，婀娜迷人，进而训练礼节，一举手，一投足，均显出体态美，待人接物，十

第六讲 传说 民谣 文学

153

人间活佛——济公传说

济公是"真、善、美"的化身，济公文化是中国传统文化的精华之一。800多年来，济公传说已成为文学艺术取之不尽的素材，在小说、书画、雕塑、影视等领域都有生动体现。2006年，浙江省天台县将其申报为第一批"国家级非物质文化遗产"。

济公传说的发展经历了宋代以前的孕育准备期、南宋初的萌芽形成期和明清以来的成熟发展期，至今已有800多年的历史。济公传说是以南宋禅宗高僧道济的故事发展演变出的民间口头文学，主要流传于浙江省以天台为中心的区域，并由此辐射全国，影响世界。

真实的济公

济公传说并非凭空杜撰，济公其实是一个有史可查的人物，最早记录见于南宋高僧释居简的《湖隐方圆叟舍利铭》和释如净的《济颠赞》。《净慈寺志》记载：济公原名李修元（1130—1209年），天台永宁村人。他少年时在村北赤城山瑞霞洞读书，受到释教和道教的熏染。他先是进国清寺拜法空一本为师，接着又参访祇园寺道清、观音寺道净，最后在杭州灵隐寺受"具足戒"，法号道济。

历史发展

济公号称"湖隐""方圆叟"。从着装上看，他破帽破扇破鞋垢衲衣，似丐似氓，非僧非道，实际上却是禅宗杨岐派第六世的高僧。由于济公传说中人物身上闪现的侠义、热情、正直、善良、诙谐深受普通老百姓的喜爱，800多年来，济公传说成为戏曲、书画、雕塑等艺术中久盛不衰的素材。

演济公的戏剧很多，清代就有《醉菩提》，光绪三年（1877年）盈桂轩曾演出《济公传》，光绪六年天仙茶园曾演出《济颠拿旱魃》《济公僧戏耍知县》等，可见历史上济公传说的喜闻乐见。另外，京剧、评

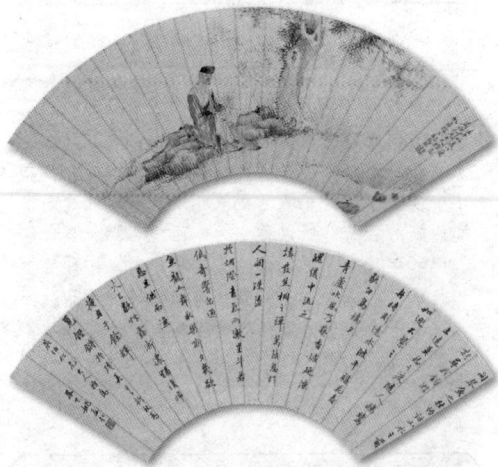

◆ 济公书法扇

◆ 济公故里雕像

剧、皮影戏、台湾歌仔戏等均有以济公为题材的剧目。而罗兰《济公传诗歌剧》，则是以当代诗歌剧本创作的形式，将传统故事与现代的形式完美融合，全新演绎了济公传说。

文化价值

济公传说是历代人民大众思想、生活的反映，也是历代人民大众精神智慧的结晶。研究、传承和保护济公传说，是对先民思想与生活状态的探索，也是在继续有效地保存古代劳动人民的精神遗产。

古代济公传说注重发展和创新，艺术家们用不同的艺术形式演绎了很多经典，对这些文化遗产的抢救、保护、传承，直接影响当代济公文化的发展，它为影视、文学、戏剧、美术等提供了创作素材。因此，济公文化的研究，必须重视传承与发展。

传承意义

济公传说中惩恶扬善、扶危济困的故事，虽然情节有的还比较简单，传说故事的风格平实朴素，具有浓厚的浪漫主义色彩，但却真实地表达了人民的感情和愿望，深受人民喜爱，一直在广大群众中流传。济公传说通过艺术的夸张，使济公的形象成为我们民族不可屈服的象征。

现存于天台民间的济公传说有数百种。这些传说以济公生平经历为主线，内容广泛，涉及济公身世、童年生活、扶危济困、戏侮降魔等方面。其中《飞来峰》《卖狗肉》《斗蟋蟀》等故事已被演绎成经典剧目。800多年来，济公传说不断为小说、戏曲、书画、雕塑、影视提供创作源泉。同时，济公传说深深印刻在民众的心里，对于中华民族精神的形成有着重大影响。

延伸阅读

济公与飞来峰

相传有一天，灵隐寺的济公和尚突然心血来潮，算知有一座山峰就要从远处飞来，那时，灵隐寺前是个村庄，济公怕飞来的山峰压死人，就奔进村里劝大家赶快离开。村里人因平时看惯济公疯疯癫癫，爱捉弄人，以为这次又是寻大家的开心，因此谁也没有听他的话。眼看山峰就要飞来，济公急了，就冲进一户娶新娘的人家，背起正在拜堂的新娘子就跑。村人见和尚抢新娘，就都呼喊着追了出来。人们正追着，忽听风声呼呼，天昏地暗，"轰隆隆"一声，一座山峰飞降灵隐寺前，压没了整个村庄。这时，人们才明白济公抢新娘是为了拯救大家，于是就把这座山峰称为"飞来峰"。

第六讲 传说 民谣 文学

155

西南歌神——刘三姐歌谣

刘三姐歌谣在全国乃至全世界产生了较大影响，显示了中华民族民间传统艺术的魅力。它在民族学、人类学、社会学、美学等方面均意义重大。2006年，刘三姐歌谣经国务院批准列入第一批"国家级非物质文化遗产名录"。

◆ 刘三姐水上公园

刘三姐歌谣源出宜州，但在广西、全国乃至全世界产生了深远的影响，展示了壮族歌谣文化的艺术魅力。刘三姐歌谣大体分为生活歌、生产歌、爱情歌、仪式歌、谜语歌、故事歌及创世古歌七大类，具有以歌代言的特色，其传承比较完整，歌谣种类丰富，民族特色鲜明。

历史传说

传说刘三姐生于唐中宗神龙元年（705年），从小聪慧过人，能歌善唱，被视为"神女"。她与同村的卖柴歌手李小牛相爱。财主莫怀仁以触犯礼教之名，把他俩捆绑丢下河里，李被淹死，三姐漂到柳州，被老渔人救起，并收为义女。后来，刘三姐在柳州唱歌又唱出了名，莫又请来三个歌手与刘三姐赛歌，大败而归。莫恼羞成怒，叫打手把三姐捆绑装进猪笼，沉入河底。三姐死后，人们在她坟前供祭两条大鲤

◆ 刘三姐对歌台

鱼，祭间坟墓裂开，三姐跳出来骑着一条鲤鱼上了天，另一条鲤鱼变成了"鱼峰山"。目前，山上有刘三姐汉白玉雕像，洞内塑有男女对歌群雕。

歌谣的特点

刘三姐歌谣包含了千百年来无比丰富的情感以及杰出的诗性智慧，由于歌谣轻快灵活，形式简单，因此较容易被广大人民群众所掌握，借以表达他们对现实生活的真切感受，吐露激荡在心胸间的喜怒哀乐，因而情意真切、感人至深。

刘三姐歌谣浸润在壮民族的婚丧嫁娶及各种节庆礼仪中，与人们的日常生活息息相关。歌谣中对比兴手法的娴熟运用以及口传心授的歌咏习俗，格调优美，形式多样，展示了壮族歌谣鲜明的艺术特色。歌谣传统脉络清晰，代代相传，不绝如缕，构成一种群体性的思维方式，是人们在长期生产生活的实践基础上形成的集体意识，积淀着许多古老的观念、原始的意象，内涵丰富深邃。刘三姐歌谣的精神内核是壮族文化，外在形式借助汉族文化来展现，使之成为多元文化交相汇融的象征。

发展现状

"三月三"，是壮族地区最大的歌圩日，又称"歌仙节"，相传是为纪念刘三姐而形成的民间纪念性节日。1984年，广西壮族自治区人民政府正式将这一天定为壮族的全民性节日——"三月三"歌节。每年的这一天，自治区首府南宁市及其他各地都要举行盛大的歌节。歌节期间，除传统的歌圩活动外，还要举办抢花炮、抛绣球、碰彩蛋及演壮戏、舞彩龙、擂台赛诗、放映电影、表演武术和杂技等丰富多彩的文体娱乐活动。另外，各种商业贸易、投资洽谈等活动亦逐渐增加，形成"文化搭台，经济唱戏"的新风尚。届时，岭南壮乡宾朋云集，歌如海，人如潮。不绝于耳的嘹亮歌声，寄托着人们对生产、生活和爱情的美好憧憬和向往。

延伸阅读

刘三姐另一传说

广西宜山壮族传说，刘三姐生于唐中宗神龙元年（705年），从小聪慧过人，能歌善唱。12岁即出口成章，妙语连珠，以歌代言，名扬壮乡。后曾到附近各地传歌。慕名前来与她对歌的人络绎不绝，短则一日，长则三五天，个个罄腹结舌，无歌相对，无言以答，羞赧而退。然而她的才华却遭到流氓恶霸的嫉恨，后被害死于柳州。传说她死后骑鲤鱼上天成了仙，也有的说她在贵县的西山与白鹤少年对歌七日化而为石，还有的说财主莫怀仁欲娶她为妾，三姐坚决反抗，莫买通官府迫害三姐，三姐乘船飘然而去。

远古渔猎活动的遗存——"古渔雁"故事

渔雁文化,是一部中华民族的渔猎史,也是一部沟通中西文化、传播中华文明的远程航海史。盘锦的"渔雁文化"是中国海洋文明中独具特色的组成部分。2006年,古渔雁民间故事经国务院批准列入第一批"国家级非物质文化遗产名录"。

流传于辽河口海域二界沟的"古渔雁"民间文学,主要包括"古渔雁"始祖崇拜、"古渔雁"海神崇拜、"古渔雁"龙王崇拜、"古渔雁"祭祀和庆典、"古渔雁"渔具的起源和演变等。历史上,生活在二界沟一带的渔民,世世代代像候鸟一样南北迁徙,被人称为"渔雁群落"。正是这古老而富有浪漫气息的群落,演绎了盘锦海域及沿岸的"古渔雁"文化,其中最具代表性的为"古渔雁"民间文学。

◆ 二界沟

"古渔雁"传说

传说在很久以前,有位三仙姑娘和她的两个姊妹住在黄河边,姊妹三人,大姐爱吃山果野菜,王母让她上山去了(农耕民族的诞生),二姐爱吃牛羊肉,王母让她上草原了(游牧民族的诞生),只有三仙姑娘爱吃蛤螺鱼虾,王母把她留在海边(渔猎民族的诞生)。留在海边的三仙姑娘继续靠着大雁引路,春天北上,秋天南下,追逐着鱼虾。随着季节的变化,春来秋往,有时收成不佳,常常饥困交迫,在饥饿中三仙姑娘

向仙家讨饭,幸得仙家怜悯,她吃了一顿神仙的美餐之后行走如飞,一个时辰能走三千六百里。

形成及特点

二界沟的"古渔雁"文化主要是从华北的冀中、冀东地区通过陆路和水路迁徙过去的打渔人演绎出来的,他们是"古渔雁"民间文学的创作者与传承者。由于生计的特殊性,"古渔雁"民间文学和一般海岛渔村的民间文学有很大的区别。鲜明的"渔雁"生活方式反映了原始文化的遗韵,尤其是该群体的历史、传统、生活、信仰、习俗都是

◆ 二界沟渔船码头

对原始部落文化的全方位反映。在形式方面，"古渔雁"民间文学篇幅短小，情节简单，内容原始，较少发展和变化。但是，"古渔雁"文学内容庞杂，文化工作者通过多年的挖掘、采录，才得到近千则解释古船网由来和反映原始渔捞生活的神话，并搜录渔歌一千余首。

发展现状

盘锦大洼二界沟"古渔雁"口头文学记载了人类祖先在大自然的恩赐、制约下的迁徙渔猎生活，到了半定居的渔猎时期和定居的农耕时期，也没有停止。类似于"古渔雁"人民的生活方式，我国及世界沿海江河入海口早已绝迹，唯独在辽河入海口还保留着，堪称人类远古渔猎活动的活化石。

由于生活方式的特殊性，"古渔雁"群体在我国历代社会都处于边缘状态，文献对其极少记载。尤其是近年来，随着现代文明的影响，这种生活方式几乎已经中断，大多"古渔雁"老人相继离世，"古渔雁"民间文学濒临消亡状态。基于此，辽河入海口二界沟的"古渔雁"民间文学更显珍贵，急

需挖掘和保护。目前，"古渔雁"文学已列入国家文化遗产，正处在抢救性的保护当中。

传承意义

"古渔雁"口头文学是中华民族东北地区的海洋捕捞史，它以口述史的方式，比较完整地记述和反映了这一地域的古老文明，其神话、传说中的原始性，具有重大的历史价值；"古渔雁"文学中关于古代渔具、造船、航海、加工的经验和技术的传说，具有很高的科学价值；而"古渔雁"文学中体现的敢于冒险、敢于开辟新航线、敢于发现新渔场的开拓精神，更具有独特的文化价值，对强化海洋意识、发展海洋经济、净化海洋环境都有着重大的现实意义。

延伸阅读

渔家传说——三仙巡海

传说，一个冬天的夜晚，辽东湾海仙、渤海湾海仙、蓬莱湾海仙，奉龙王之命，巡视沿海，经过辽河入海口处的二界沟时，听到了一阵音乐，他们顿时被一家网铺窗根底下传来的二胡声音给迷住了。三仙很喜欢二胡奏出的音乐，因此和拉二胡的渔家青年结拜为兄弟。三仙知道渔家青年古道热肠，把自己一年挣的工钱都给了一位生病的老人，因此无法回到关中老家，只能继续给东家看铺子。于是，三仙决定帮助这个渔家青年，施展法力帮助他卖光了所有打捞来的鱼儿，渔家青年由此回到了山东老家。这就是二界沟普遍流传的"三仙巡海"故事。

文学百花园中的奇葩——满族说部

满族说部产生于游牧文明的纵深地带，饱含着我国北方民族文化威武雄壮、健勇无比的珍贵元素，代表着满族及其先民口头文学的最高成就，堪称中国文学百花园中又一朵灿烂夺目的奇葩。2006年，满族说部经国务院批准列入第一批"国家级非物质文化遗产名录"。

◆ 满族崛起的地方——赫图阿拉城

满族说部，是北方民族文化升华的结晶。说部这一艺术形式虽然称作"满族说部"，但并非满族所独有，乃是满族和包括女真人在内的满族先民彪炳史册的历史记忆，是这个伟大民族的民族精神、民族智慧的结晶，它无比生动地记录了女真—满族的心路历程。

满族说部的历史

满族作为我国北方阿尔泰—通古斯语系的重要民族，其历史可谓十分悠久。三千多年以前的肃慎，是满族的原始先民，他们生活在长白山以北和松花江中上游、牡丹江流域的广阔地区，从夏朝初期的大禹时代时即与中原产生了联系。战国以后，肃慎改称挹娄，以后又陆续改称勿吉、靺鞨、女真。其中粟末靺鞨于唐朝时曾经在松花江上游、长白山北麓（今吉林敦化、黑龙江宁安）一带建立渤海地方政权。而女真人则建立"金"政权，在辽、宋激烈的冲突中崛起塞北，雄视天下，灭辽驱宋，入主中原，对中华民族的发展壮大厥功甚伟。满族是女真人的支系，现代所说的满族是以建州女真、海西女真为主，在明代形成的新的民族共同体。他们发扬先祖遗风，屡次挫败明政权的军队，最终挥师入关，进而一统天下，开创了我国有史以来多民族国家空前巩固稳定的历史局面。

口碑文化

满族说部主要包括两大部分内容：其一是广泛在满族民众中口头流传的传说故事、民谣、谚语；其二是具有独立情节、自成体系、内容完整的长篇说部文学。长篇说部故事是满族口头文学遗产，它的传世对研究满族社会、历史、文化，乃至中国北方民族关系史、疆域史和社会学、民俗学、文艺学、宗教学都有重大意义。

说部是对本部族中一定时期所发生过的重大历史事件或宗教信仰中的神灵功绩与美德进行的生动叙述、总结和评说，具有极严格的史实的约束性，甚至人物、地点、年代、时间、矛盾焦点、冲突、纠葛与结局，都有翔实的记录。说部多数是在氏族定期祭祀或选择节庆的日子里聚集本氏族成员，由本氏族中几位德高望重、出类拔萃的老人当众进行演说。氏族内说部的演说者由前辈老人们在本氏族内选拔产生，他们义务承担整理和讲说工作，没有酬报，完全发自对氏族祖先英雄人物与宗教神灵的崇敬心理。

满族说部的传承意义

满族说部的传承和发现，是人类文化史上具有重大意义的事件，它的发现不仅作为学术研究有较高价值，在文学领域也具有重大的意义。说部的崛起，推动了书面文学与口头文学的互补、汉族文学与少数民族文学的交融与碰撞，构建了中国文学史的新框架，实现中国文学史由场域狭小、内涵单一的传统模式向视野开阔、多维多元的科学体系转型和跨越。由于满族传统说部具有文艺

◆ 早期满族人生活（剪纸）

学、文化学、历史学、民族学、民俗学、宗教学等方面的价值，因而极大地补充与丰富了非物质文化遗产的宝库。

延伸阅读

金世宗完颜雍

完颜雍（1123—1189年），女真本名乌禄，汉名原叫完颜褎，是金太祖完颜阿骨打的孙子。完颜雍从小善于骑射，才识过人。即位之前，曾先后在会宁、中京、燕京、济南、西京、辽阳等地做过地方官，对民间的疾苦有所了解。因此治国非常勤勉，是金代比较贤明的君主，号称"北方小尧舜"。他异常珍视女真族的固有文化，对于保护满族先民的非物质文化遗产做出了重要贡献。相传，有次完颜雍东巡时，率领亲王、妃嫔、皇族子孙等两千余人由中都（今北京）浩浩荡荡向女真发祥地进发，是一次行程两个月而颇具象征意义的空前壮举。他身体力行求本寻根活动，为民间以颂扬先人辉煌业绩为主要内容的口述史诗性长篇叙事文学带来了强劲的助推力。这种颂唱宣扬祖宗辉煌业绩的古老传统，由一代英主完颜雍以身作则、亲自实践，为子孙后世垂范，为满族说部艺术的传承、发展和保护树立了楷模。

古老婚姻制度的"活化石"——苗族刻道

"刻道"是苗族古诗歌中历史最长、规模最大、流传最广的酒歌，有一万多行歌词。它是苗族先民们在长期的生产、生活实践中创造、积累而成的。2006年，刻道经国务院批准列入第一批"国家级非物质文化遗产名录"。

◆ 苗族蝴蝶纹刺绣

"刻道"是一部具有浓郁民族气息的苗族婚姻叙事长诗，更是一部规模宏大、历史悠久的苗族古籍，它不仅拥有很高的文学价值，而且在研究苗族的起源和迁徙、图腾崇拜、数学知识、语言学等方面也具有重要价值。

持棒而歌

苗族"刻道"即"刻木"，汉语译为《苗族开亲歌》，是施秉苗族酒歌的一种，因它的主要内容刻于圆形竹木之上，苗民们持棒而歌，故有此称谓。主要流传于贵州省施秉县杨柳塘镇飞云大峡谷的一个山坡洼地里。"刻道"是居住在中国境内的苗族群体中，至今唯一保留的一种古老的刻木记事符号。它是迄今为止苗族最早的记事方式和该支系最古老的文字工具。

流传久远

清乾隆《镇远府志》记载，苗族俗无文字，交质用竹木刻数寸，名为"刻木"。婚嫁则"姑之女定为舅媳。倘无子，必重献于舅，谓之外甥钱，否则终身不得嫁或招少年往来"。《贵州志略》亦有苗族"刻木示信，犹存古风"的记载。

《苗族开亲歌》产生于苗族母系氏族过渡到父系氏族之后的一段历史时期，虽然有关于民族迁徙、图腾崇拜等方面的内容，但与那些反映创世、开天辟地、人类起源等古老神话不同。它所反映的主要是舅权制下的婚姻状况，用酒歌这种形式记载苗族婚姻的起源、演绎及其发展和进步。被民族学家和民俗学家称为"苗族最古老的婚姻活化石"，在苗族发展史的研究上具有非常重要的价值。

民风淳厚

苗族"刻道"诗歌语言通俗，口语

◆ 苗族服饰：腰带

化、生活气息浓厚，同时它又用丰富、瑰丽的想象，塑造了一个敢于追求幸福、追求自由的苗族少女形象，表现了苗族对婚姻的执着追求与向往。酒歌旋律低回，多重复。它在苗族中流传广泛，久唱不衰，是苗族酒歌的珍品。

"刻道"多采用枫木、梨木或竹制作，一共有27格，每格以简单的符号记录，歌中有反复、对唱等形式，是中国境内苗族群体唯一幸存的最古老的刻木记事符号。

苗族"刻道"由五言体组诗的形式构成，它叙述了苗族古老的婚姻习俗、男女的恋爱等内容。《苗族开亲歌》有一万多行歌词，苗族先人就用奇妙的符号把开亲歌的目录刻在一尺长的小木棍上，随身携带方便，称为"歌棒"。

刻棒传奇

"歌棒"上的文字，也就是那时舅爷向姑妈索取聘礼时在枫木棒上的象形符号。文字符号和刻棒流传下来以后，刻棒即成为苗家历代传唱这段故事和苗族婚俗由来的"书籍"和"歌本"。

"刻道"歌棒，三面刻有各种象形符号，其长短、粗细、方圆无严格限定，以能刻录和方便携带为准，长的像竹笛，短的可以放进衣袋。

苗族是一个能歌善舞的民族，以前结亲嫁女都要对唱开亲歌，如果答不出就要被罚酒。一个开亲歌数万行，牵涉面广，被祖先们以目录的形式刻在一根笛子大小的"歌棒"上。那些横七竖八的线条，一条就包含了上百行内容，一根"歌棒"数十个符号就记载了一万多行的歌词。于是，有人把"歌棒"插在衣襟里，在唱歌过程中如果有忘词的时候偷偷摸一下就会记起来。

一根"歌棒"，歌师可以按图形符号从上往下唱，也可以从下往上唱。而外人却难明其详，所以施秉民间有"官家识字九千九，没有哪个能把刻道认得透"一说。

延伸阅读

鼓社祭和苗族蝴蝶崇拜

在苗族传统社会中，鼓、鼓社和鼓社祭是三位一体的有机组合。鼓是祖先的象征，鼓社是一种社会组织，而鼓社祭是连接鼓与鼓社的纽带。鼓社祭是苗族最重大的祭祀祖先的社会活动。蝴蝶崇拜起源于蝴蝶妈妈即妹榜妹留。她的蛋孵化出人类之祖姜央，以及龙、蛇、雷、蜈蚣等。她是人类之母，也是苗族之母。鼓社祭所祭的第一个祖先就是妹榜妹留。在《凿鼓词》中就有"咱妈是蝴蝶，住在树心心"之说。

神秘的女性文字——女书

江永女书是现在世界上唯一存在的性别文字——妇女专用文字，它的发展、传承及以其为符号承载的文化信息构成了女书习俗。2006年，经国务院批准，女书被列入第一批"国家级非物质文化遗产名录"。

女书作品主要内容有贺三朝书（新婚第三天的馈赠贺诗）与婚嫁歌、结交老同（同年龄的女友）姊妹情书、自传诉苦歌、纪事叙事歌、祭祀祈神歌、往来书信、翻译改写传统汉文故事、耍歌民谣等。女书作品以诉苦为主，是一种自娱自乐的苦情文学。

起源

关于女书的起源，目前所知的内容非常有限。有关女书形成的文献也很罕见，迄今所能见到的确切文字，最早仅见于民国二十年（1931年）七月，和济印刷公司刊印的《湖南各县调查笔记》上册"花山条"一则："（永明县）花山，在层山岭之麓。石玲珑若花然。相传唐时，谭姓姊妹，学佛修真，入山采药，相与坐化于此，土人于山巅立庙祀之（原注：今称'花山庙'）。石既罗列有致，加崇林美荫，磴道缘石罅以出，升降忘劳。每岁五月，各乡妇女焚香膜拜，持歌扇同声高唱，以追悼之。其歌扇所书蝇头细字，似蒙古文。全县男子能识此种字者，余未之见。"这本书是民国期间湖南为

自治，进行全省普查，各县调查员收集本地风俗撰写而成的。到目前为止，其他史志文献、出土考古都没有记载。

神台买书传说

相传在很早以前，有一家父女三人采药路过"花山"，两个女儿再也无法前行，坐在地上石化了，老人也因劳累而凝固成

◆ 女书的载体之一——扇面

石。后来人们发现在这里祈福能够消灾祛病，因此，便为他们父女建庙进行祭祀。乡邻们生病，或者小媳妇不能孕育，都到庙里祭拜，非常灵验。一传十，十传百，附近乡村的人都来祭祀求福，而且大多为女性。神台上有绣花小红鞋，没有小孩的拿一只回去

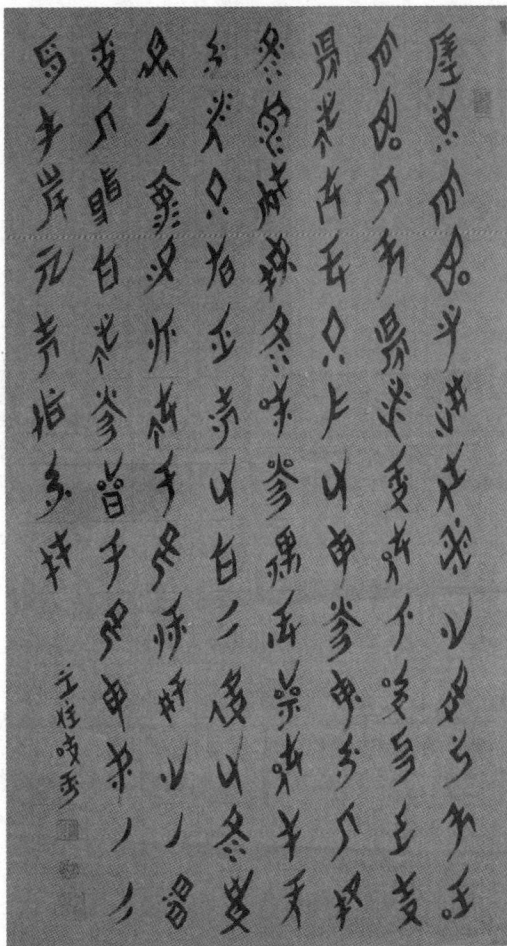
◆ 女书书法

照样做一双，拿一双回去就做两双。做了鞋就会有小孩，生了小孩再把鞋送回庙里。神台上还有女书。烧过香、化过纸就可以拿一本回去看读（叫"花钱买书"），读过后可以拿来换。最早的神台女书不是用笔写的，而是用丝线绣在绸子上，一卷一卷的。特别是十五六岁的女孩子，拿了女书回去要照抄一份，跟年纪大的妇女学习读写。以后可以用女书把自己的心里话表达出来，悄悄送到神台上，让别人去读、去写。就这样一代代地传了下来。

女书的特点

女书作为一种特殊的女性文学，在表现技巧上也具有鲜明的女性特点。女书作品中大量运用了对女性自身的比喻和顶针手法。另外，女书的主人还大量地将自己以及有关的事物比作"花"。女书中常用的顶针技巧：景物起兴，上下句尾顶头、头承尾。

传承方式

女书在当地传习有几种情况：一是家传式，家庭内长辈女性教晚辈女孩；二是私塾式，花钱向水平较高的专职妇女学习女书；三是歌堂式，妇女在读纸、读扇中互教互学；四是自学式，利用赠送得来的或买来、借来的女书，照样抄写自学。因为当地妇女几乎人人会唱女书歌，因此自学起来比较容易。

女书载体形式主要有纸质布面手抄本、纸片、扇面、布帕、花带等。

延伸阅读

九斤姑娘女红造字说

相传在很久以前，上江圩有位才华出众的姑娘，因为她生下来有九斤重，故人们就叫她"九斤姑娘"。九斤姑娘聪明能干，有一双巧手，纺纱织布、绩麻绣花样样出色。附近的姑娘们都喜欢和她拜姊妹，还有很多远道而来的姑娘和她交朋友、学女红。以前女人不识字，托人带口信儿常常出错。九斤姑娘便创造女字，用这种字把信写在纸本上、扇子上、帕子上，捎给远近的姐妹。她们接到信后，大家聚在一起，一边做女红，一边读纸、读扇、读帕，也一边传习女书。后来姑娘们都学会了这种字，一代一代传下来。

第六讲 传说 民谣 文学

乡村"活态化石"——青林寺谜语

青林寺谜语是青林寺人民在长期生活实践中保存和流传下来的宝贵文化财富，是祖国民间文学园地中一枝绚丽多姿的艺术奇葩。2001年7月，湖北省文联将青林寺村命名为"湖北省青林寺谜语村"，2003年，被中国民协命名为"中国谜语村"。

青林寺村位于历史悠久、地理环境独特的湖北省宜昌市宜都高坝洲境内。青林寺村民对谜语十分钟爱，随时随地都能制作谜语，进行猜谜活动。2001年7月，湖北省文联在组织专家、学者反复论证后，将青

◆ 谜语村风光

林寺村命名为"湖北省青林寺谜语村"，2002年被湖北省文化厅授予"民间艺术之乡"称号；2003年被中国民协命名为"中国谜语村"。

历史传说

青林寺村因青林寺而得名。此寺庙初

建于盛唐时期，扩建于明朝中叶，后毁于"文革"期间。相传在唐代，一天，一名香客走进该寺。该寺住持梦圆和尚请求对方为大雄宝殿题字。来人称，你又不知道我是谁，凭什么给你题字呢？梦圆和尚要与来人猜谜语，如果对了，就请留下墨宝。随后，梦圆和尚又说："开天冬夏连春秋，一年四季季无头。人活百岁不足奇，而今均已九十九。"话音刚落，来人朗声大笑，当即题写"大雄宝殿"四字，并落款"季无头、九十九书"。原来，来人就是唐代大诗人李白。而梦圆和尚的谜语，谜底就是"李白"。从此之后，这里的村民就爱上了猜谜语。

历史溯源

人类早期活动遗迹"长阳人"遗址，距青林寺村仅40余公里；紧邻红花套城背溪新石器时代遗址，已有7500多年历史，均是中华民族早期文化的发祥地之一。悠久的文化背景和特殊的地理条件，造就了独特的风土人情和特有的文化氛围，积淀了数量可观的民间文学资料。伴随着人们的生活与劳

作，一批诙谐、幽默、睿智的民间谜语、谜歌、谚语、故事、笑话、歇后语等，在青林寺一带广泛流传，经过一代又一代的青林寺人的加工创造，变得更加丰满。在诸多民间艺术形式中，尤以谜语文化最活跃，也最受群众喜爱。可以说，在青林寺，几乎每一个人都是一位出色的民间艺术家，白发苍苍的老者喜之，略带野性的村姑爱之，憨态可掬的儿童诵之，全村上下，无论男女老幼，均是射覆（猜谜语）好手，或喻物，或抒情，或写意，或田边，或地头，或闲聊，一射一猜，有板有眼，射者尽施手段，猜者各领风骚。

文化特点

乡土气息浓郁，当地的自然资源、气候物产、风尚习俗、村民生活劳作方式及器具等，都透过谜面与谜底表现得鲜活生动；青林寺谜语数量多，约有5000则，品类繁多，物谜、事谜、字谜都有；青林寺谜歌全国少有；谜语朴实无华，集娱乐性、趣味性、知识性于一体，犹如田野里的一股清风。

传承价值

青林寺谜语乡土气息浓郁，地方特色鲜明，对研究我国民间文学、民俗学、方志学等有重要的参考价值。其中有许多反映旧时代的事谜和物谜，不但从深度上揭示了这个峡江村落的历史演进和历史渊源，更从广度上折射出青林寺农民文化知识的提升及科学意识的闪光。乡民们在制谜实践中，把自己的道德要求和做人标准融入谜语，体现了人们的精神风貌。在青林寺，人

◆ 古代射覆用的小铜壶

们通过猜谜活动学习知识，认识世界。谜语已经成为激发孩子们识字兴趣的重要手段，村小学也开设了专门的制谜课程。蔚然成风的猜谜活动对开启心智、加强文化熏陶产生了积极的作用。

延伸阅读

谜语的由来

远古时代，人们在进行语言交流时，偶尔会由于某种特别的原因，不便直截了当地表达意思，而要通过拐弯抹角、迂回曲折的语言来暗示另一层内容，这就有了"谜语"的萌芽。有文字记载的所谓"曲折隐喻"的语言现象，最早出现在黄帝时代《弹歌》诗里的"断竹，续竹，飞土，逐肉"，即隐示人们制作弹弓、猎杀野兽的情形。到了春秋战国时期，这种谜语雏形已十分流行，并有了名称，叫"廋辞"和"隐语"。

第七讲
民俗 民情 民风

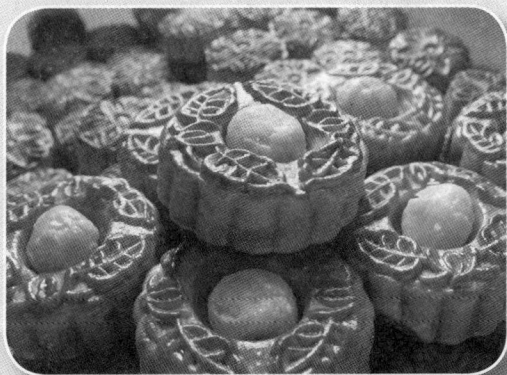

中国民间最盛大的节日——春节

春节是中国民间最隆重最富有特色的传统节日，一般指正月初一。一年的第一天为阴历年，俗称"过年"。2006年，"春节"民俗经国务院批准列入第一批"国家级非物质文化遗产名录"。

春节是中华民族第一大节日，中国56个民族中历史上有39个民族将春节确定为传统节日，它是中国各种民俗活动的集合，也是中国多个民族的共同节日。

春节的定义

当时针指向农历十二月二十九或三十日二十四时(子时)的时候，春节就来到了。在古代，这是一年的第一个早晨，所以又称作"元旦""正日""元日""岁首""新年""朔日"等。春节有这么多别称，是因为朝代更迭和历法的计算方式不同。它是指一年的第一天，一年的开端。所以"春节"是"一元复始，万象更新的日子"，意味着春天的开始、万物的复苏和希望的萌生。

历史沿革

汉武帝时期，开始将春节固定在每年的正月初一，燃爆竹、换桃符、守岁等具有宗教色彩的民俗由此兴起。唐朝以后，春节逐渐从驱邪祈愿的神秘气氛中解放出来，过新年的重点由祭神转向了娱人，并演变成普天同庆的"佳节良辰"。明清时，春节习俗的礼仪性、应酬性增加，游艺色彩也渐渐浓郁。在春节期间，舞狮舞龙、说书唱戏、扭秧歌、踩高跷、跑旱船等各种娱乐活动层出不穷，各地举办的庙会丰富多彩，给人民群众带

◆ 清代风俗画

来了极大的欢乐。大年三十（除夕夜）吃年夜饭，大年初一包饺子、吃年糕，正月十五吃元宵，成为大江南北春节民俗中共同的内容。贴窗花、贴年画、贴春联、挂灯笼、燃放鞭炮、拜年和送压岁钱成为年节活动的重要节俗和礼俗。

春节的命名

现在称正月初一为"春节"，而古时候这一天却叫"元旦"。元旦一词最早出自南朝梁人《雅乐歌》："四气新元旦，万寿出今朝。"宋代吴自牧在《梦粱录》卷一"元旦"中解释："正月朔日，谓之元旦，欲呼为新年。一岁节序，此为之首。""元"是第一和开始的意思，"旦"是早晨的意思，"元旦"即为一年中的第一个早晨。

1911年，孙中山领导的辛亥革命推翻了中国历史上最后一个封建王朝，把公元1912年1月1日定为民国元年1月1日，把原来的"元旦"改名为"春节"。后来到中华人民共和国成立前夕，在1949年9月举行的中国人民政治协商会议第一届全体会议上决定，从新中国成立之日起，我国历法改为世界上通用的公元纪年。从此，阳历的1月1日称为"元旦"，阴历的正月初一正式定为"春节"。

春节的禁忌

在春节期间，过去民间有许多禁忌，例如，初一不能扫地，怕把财气扫出门；出嫁的女儿不能回娘家吃饭，怕吃穷了；不能

◆ 春节舞狮子

动刀剪，怕有口舌之争；饭桌上的鱼是必有的，但是只看不吃，象征"年年有余"等。这些虽然带有明显的迷信色彩，但是反映了人们祈求一年平安无事的良好心愿。

延伸阅读

春节喝"屠苏酒"的习俗

唐朝人韩鄂所著《岁华纪丽》记载，屠苏是一间草庵（茅舍）的名称。据说古时住在此草庵的一个名医，每到大年夜便分送给附近每家一包草药，嘱咐他们放在布袋里缝好，投在井里，到元旦那天汲取井水，每人各饮一杯，这样一年中就不会得瘟疫。人们得了这个药方，却不知道这位神医的姓名，就只好用屠苏草庵来命名这种药酒。南北朝时期的文献记载，梁朝人元旦就有喝屠苏酒的习惯，里面放的是花椒焙成的药末。喝酒的时候，一家人中年纪最小的先喝，依次挨下来，年纪越大的越后喝。原因是小孩过年增加了一岁，所以大家要祝贺他；而老年人过年则是生命又少了一岁，拖一点时间后喝，含有祝他们长寿的意思。这种春节喝屠苏酒的风俗一直传到后代。

灯火辉煌映明月——元宵节

元宵节是我国传统节日，是春节之后的第一个重要节日，它体现了中国民众特有的狂欢精神。经文化部申报，2006年，被列入"国家级非物质文化遗产名录"。

过元宵节的习俗形成，有一个较长的过程，据一般的资料与民俗传说，正月十五在西汉已经受到重视，汉武帝正月上元夜在甘泉宫祭祀"太一"（主宰世界一切的神）的活动，被后人视作正月十五祭祀天神的先声。不过，正月十五真正作为民俗节日是在汉魏之后。东汉佛教文化的传入，对于元宵节的形成有重要推动意义。

元宵节的由来

农历正月十五日元宵节，又称为"上元节"，含有新的一年第一次月圆之夜的意思，《岁时杂记》记载，这是因循道教的陈规。道教曾把一年中的正月十五称为"上元节"，七月十五为"中元节"，十月十五为"下元节"，合称"三元"。汉末道教的重要派别五斗米道崇奉的神为天官、地官、水官，说天官赐福，地官赦罪，水官解厄，并以三元配三官，说上元天官正月十五日生，中元地官七月十五日生，下元水官十月十五日生。这样，正月十五日就被称为"上元节"。南宋吴自牧在《梦粱录》中说："正月十五日元夕节，乃上元天官赐福之辰。"

从以上文献可以看出，元宵节的产生和道教有极大的关系，但它真正的动力是处在新的时间点上，人们充分利用这一特殊的时间来表达自己的生活愿望。

元宵节的传说

传说在很久以前，凶禽猛兽很多，四处伤害人畜，人们就组织起来去除害，有一

◆ 元宵节花灯壁纸

只神鸟因为迷路而降落人间，却意外地被不知情的猎人给射死了。

天帝知道后十分震怒，立即传旨，下令天兵于正月十五日到人间放火，把人间的人畜财产通通烧光。天帝的女儿心地善良，不忍心看百姓无辜受难，就冒着生命的危

◆ 元宵节灯展

险，偷偷驾着祥云来到人间，把这个消息告诉了人们。众人听说了这个消息，有如头上响了一个焦雷，吓得不知如何是好。

过了好久，才有个老人家想出个法子，他说："在正月十四、十五、十六日这三天，每户人家都在家里张灯结彩、点响爆竹、燃放烟火。这样一来，天帝就会以为人们都被烧死了。"

大家听了都点头称是，便分头准备去了。到了正月十五这天晚上，天帝往下一看，发觉人间一片红光，响声震天，连续三个夜晚都是如此，以为是大火燃烧的火焰，心中大快。人们通过自己的智慧保住了生命财产。为了纪念这件事，从此，每到正月十五，家家户户都悬挂灯笼，放烟火来纪念这个日子。

元宵节习俗

元宵放灯的习俗，在唐代发展成为盛况空前的灯市，中唐以后，已发展成为全民性的狂欢节。唐玄宗（685—762年）时的开元盛世，长安的灯市规模很大，燃灯五万盏，灯笼花样百出，皇帝命人做巨型的灯楼，广达20间，高150尺，金光璀璨，极为壮观。

以后历代的元宵灯会不断发展，灯节的时间也越来越长。唐代的灯会是"上元前后各一日"，宋代又在十六之后加了两日，明代则延长到由初八到十八整整十天。到了清代，满族入主中原，宫廷不再办灯会，民间的灯会却仍然壮观。日期缩短为五天，一直延续到今天。

"猜灯谜"又叫"打灯谜"，是元宵节后增加的一项活动，出现在宋朝。南宋时，首都临安每逢元宵节时制谜、猜谜的人众多。开始时是好事者把谜语写在纸条上，贴在五光十色的彩灯上供人猜。因为谜语能启迪智慧又饶有兴趣，所以流传过程中深受社会各阶层的欢迎。

唐宋时灯市上开始出现各式杂要技艺。明、清两代的灯市上除有灯谜与百戏歌舞之外，又增设了戏曲表演的内容。

历代人们除游灯市外，又有迎紫姑祭厕神、过桥摸钉走百病等习俗，有击太平鼓、秧歌、高跷、舞龙、舞狮等游戏。

踏青扫墓的日子——清明节

清明节是中国传统民俗活动中最重要的节日之一，时间在农历的四月五日左右，清明节是中华民族天人合一的思维方式在节日文化上的典型体现，它集中体现了自然生命与人类生存在生机勃发、生命涌动的春天相感应、相融通的特征。"万物生长"乃是清明作为自然节气与作为人文节日相联结的枢纽，由此而形成的自然与人的生命感通意识，是清明节文化价值内涵的基础。

"清明"一词，最早见于汉《淮南子·天文训》篇："春分后十五日，斗指乙，则清明风至。"早在春秋时期，中国人就运用测量日影的办法，定出春分、夏至、秋分和冬至四个节气，到了公元前200年的秦汉时代，又确立为二十四节气，其中便有了清明。

清明节的命名

《月令七十二候集解》载："三月节……物至此时，皆以洁齐而清明矣。"每当这节气，大自然拉开了春天的序幕，和风送暖，嫩草茂盛，燕啭莺啼，春意盎然，这

◆ 《十美放风筝图》（天津杨柳青工艺）

大概就是"清明"二字的含义。

清明节的习俗

在中国传统的二十四节气中，由节气演变为节日的只有清明，主要节俗活动有禁火寒食、扫墓、踏青、荡秋千、蹴鞠（踢球）、放风筝、拔河、打马球等。自西周起就有清明到墓前祭祀祖先的扫墓习俗。到了唐代，扫墓日益盛行。在清明节前后，许多中国人前往墓地、陵园，祭拜祖宗先辈，缅怀他们的业绩，激励后人奋发向上。老北京人扫墓时，除了坟前陈列酒食叩头祭扫外，还要树纸幡、培新土、烧纸钱。江苏无锡民间流行种植蔬菜果树，蚕农在清明夜孵化蚕种。广东潮汕一带有在墓碑或墓堆上"挂春纸"的祭礼习俗。福州人在扫墓时，还会在坟边种植一棵松柏或其他树木，并在墓头上压一些冥纸钱。这些习俗虽在各地有不同程度的变化，但其祭祀的内涵并未改变。

清明节的价值

从节气来讲，清明是二十四节气的第五个小节气，它在季节变化中的地位非常特殊，因此百姓利用它来安排农事活动。如中国北方有"清明前后，点瓜种豆""植树造林，莫过清明"的农谚，所以，中国现代的"植树节"定在了3月12日。由于清明节当天要祭祖上坟，因此它的地位非常重要，并由一个单纯的农业节气上升为全国性的节日。

传承意义

人们对清明节所包含的"宗孝敬祖，尊重生命"的核心价值观的认同，是节日活动逐年高涨的重要原因。清明节祭拜中华民

◆ 《清明》（根据杜牧诗歌所作的画）

族的人文始祖轩辕黄帝已成惯例，炎帝神农氏也在祭拜之列。人们祭祀祖先不再是祭祀鬼神，而是追思先民们创造文明、造福子孙，既是人文精神的陶冶，又是传统文化的普及，"心祭重于形祭"。

延伸阅读

"踏青挑荠"的习俗

古时候有"踏青挑荠"的习俗，这种习俗直到现在还可看到。每到清明前后，就有姑娘、妇女踏青，摘上一些鲜嫩的野荠菜，回来包饺子、馄饨，做圆子，清香可口，别有风味。民间有种说法："三月三，荠菜花赛牡丹，女人不插无钱用，女人一插米满仓。"有些妇女不仅喜爱插白色的小荠菜花于发髻上，还将采集的荠菜花供奉在家里的堂屋中，或者把野荠菜花放在灶台上。据说这个小白花还能驱除虫蚁呢。

艾叶飘香划龙舟——端午节

端午节由原始龙图腾崇拜升华到倡导和弘扬爱国主义思想的民族节日，不仅走过一个漫长的历史岁月，也使文化内涵深化为培育和熏陶民族品性和精神的熔炉。2006年，该民俗经国务院批准列入第一批"国家级非物质文化遗产名录"。

◆ 端午节风俗画

端午节的起源

"端"是"初"的意思，初五也称为"端午"。又因为午时是"阳辰"，所以"端午"也叫"端阳"。五月五日，有两个"五"，所以又称"重五"或"重午"。早在唐代就已经有了"端午节"和"重五节"的说法了。相传，唐太宗的生日是八月初五，为了避忌"五"字，就改"端五"为"端午"。另一种说法在民间最具有影响力，认为端午节是为了纪念投江而死的楚国诗人屈原。

端午节习俗

吃粽子

端午节最重要的民间习俗就是吃粽子。相传屈原死后，楚国百姓哀痛异常，纷纷涌到汨罗江边去凭吊屈原。渔夫们划起船只，在江上来回寻找、打捞屈原。有位渔夫拿出为屈原准备的饭团、鸡蛋等食物丢进江里，说是让鱼、龙、虾蟹吃饱了，就不会去咬屈原的身体了，人们见后纷纷仿效。

插艾蒿

端午期间，民间还有悬挂艾草和菖蒲的习俗。相传，唐朝末年，黄巢领导的农民起义军所向披靡，官军闻风丧胆。有一次黄巢的义军打到河南邓州城下，黄巢到城边察看地形，遇到一个村妇手拉着一个三岁的小男孩，怀里抱着一个五六岁的男孩，步履艰难，神色慌张。黄巢觉得很奇怪，就上前询问。村妇告诉她，黄巢军要打来了，大家都在逃命，大的孩子的父母已经被杀死，就剩下这个独苗。小的孩子是自己的亲儿子，

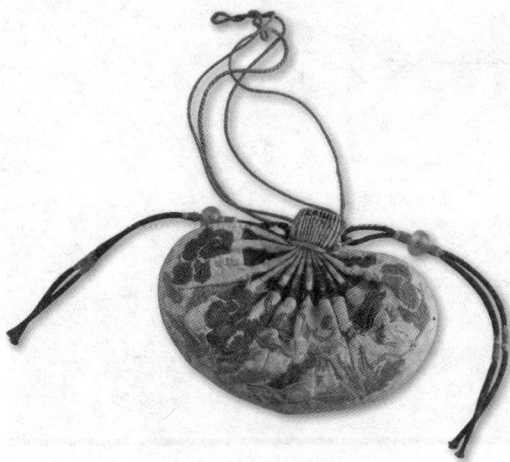

◆ 端午节佩戴的香囊

万一黄巢军追来，她宁愿丢掉自己的孩子也要保住怀里孩子的性命。黄巢听后十分感动，就告诉村妇，说黄巢军专和官府作对，不伤无辜百姓。说罢，他拔出佩剑，砍倒路边的艾蒿，让村妇插到家门上做记号，就不会受到伤害。这个消息一传开，穷人纷纷都插上艾蒿。第二天正好是五月端午，义军攻下邓州，杀了县官，开仓分粮。穷人奔走相告，欢呼雀跃。从此，端午节插艾蒿可避兵灾瘟疫的风俗就流传下来了。

系五彩线

五彩线的传说与一条恶龙有关。据传当年人们祭祀屈原时，水面上浮起了一条蛟龙，龙须上沾着一片屈原的衣襟，人们把恶龙拉上岸抽了筋，然后把龙筋缠在孩子们的手、脖子上，又用雄黄酒抹七窍，使那些毒蛇害虫都不敢来伤害小孩子。

驱邪祛虫

端午节还设置种种可驱邪的花草，最早的如挂艾草于门，《荆楚岁时记》说："采艾以为人，悬门户上，以禳毒气。"这是因为艾为重要的药用植物，又可制艾绒治病，灸穴，又可驱虫。人们把艾草扎作人形、虎形。《帝京岁时纪胜》记载："(端午)插蒲龙艾虎。"《清嘉录》卷五："戴蒲为剑，割蓬作鞭，副以桃梗蒜头，悬于床户，皆以却鬼。"桃梗是辟邪之吉物，蒜头被认为象征武器铜锤，与蒲剑、蓬鞭相配，以赶却鬼祟。另外还焚烧艾蒿等以驱赶蚊蝇。在湖南、浙江等地则采葛藤挂于门相上，传说葛藤是锁鬼的铁链子，可驱鬼辟邪。

民间还认为五月是五毒(蝎、蛇、蜈蚣、蜘蛛、蟾蜍)出没之时，民间在端午节这一天要用各种方法预防五毒之害。一般在屋中贴五毒图，以红纸印画五种毒物，再用五根针刺于五毒之上，即认为毒物被刺死，再不能横行了。

延伸阅读

端午节的另一传说
——纪念伍子胥

伍子胥是春秋时期楚国人，父兄均为楚王所杀，后来他投奔吴国。吴王夫差继位后，吴军大败越国，越王勾践请和，夫差答应。子胥建议，应彻底消灭越国，夫差不听，信谗言陷害子胥，赐子胥宝剑，子胥死前对人说"我死后，将我眼睛挖出悬挂在吴国之东门上，我要看越国军队入城灭吴"，便自刎而死。夫差闻之大怒，令取子胥尸体装在皮革里于五月五日投入大江，因此相传端午节亦为纪念伍子胥之日。

第七讲 民俗 民情 民风

177

东方情人节——七夕节

七夕节是我国传统节日中最具浪漫色彩的一个节日，也是旧时姑娘们最为重视的日子。在这一天晚上，妇女们穿针乞巧，祈祷福禄寿，礼拜织女，仪式虔诚而隆重，陈列花果、女红，各式家具、用具都精美小巧、惹人喜爱。2006年，七夕节被国务院列入第一批"国家级非物质文化遗产名录"。

七夕节起源和由来

自然崇拜

据史料称，早在三四千年前，随着人们对天文认识的加深和纺织技术的产生，有关牵牛星织女星的记载就有了。人们对星星的崇拜远不只是牵牛星和织女星，他们认为东、西、南、北各有七颗代表方位的星星，合称"二十八宿"，其中以北斗七星最亮，可供夜间辨别方向。北斗七星的第一颗星叫"魁星"，又称"魁首"。后来，有了科举制度，中状元叫"大魁天下士"，读书人把七夕叫"魁星节"，又称"晒书节"，保持了最早七夕来源于星宿崇拜的痕迹。

时间崇拜

"七"与"期"同音，月和日均是"七"，给人以时间感。古代中国人把日、月与水、火、木、金、土五大行星合在一起叫"七曜"。"七"在民间表现在时间的阶段性上，在计算时间时往往以"七七"为终局。旧时北京的人们在给亡人做道场时往往以做满"七七"为完满。以"七曜"计算现

在的"星期"在日语中尚有保留。"七"又与"吉"谐音，"七七"又有双吉之意，是个吉利的日子。

数字崇拜

在古代民间把正月正、三月三、五月五、七月七、九月九预示为吉庆日。"七"还是算盘每列的珠数，浪漫而严谨，给人以神秘的美感。

牛女传说

相传很早以前，南阳西牛家庄有一个叫牛郎的小伙子，父母早亡，和哥哥嫂子一起度日，嫂子马氏为人狠毒，经常虐待

◆ 鹊桥相会（铜镜）

◆ 七夕的果品"乞巧果"

他，给他九头牛，却让他等有了十头牛才能回家，牛郎无奈只好赶着牛出了村。

牛郎进山之后，坐在树下伤心，有位须发皆白的老人对他说："别难过，在伏牛山里有一头病倒的老牛，你去好好喂养它，病好就可以赶着它回家了。"牛郎立刻去看，果然有一头老牛，他细心地照料了老牛一个月，老牛的病终于好了，他赶着十头牛回了家。

回家后，嫂子曾几次准备加害他，都被老牛相救，原来老牛是天上被贬谪下来的牛仙。老牛告诉他，天上的织女和诸仙女一起下凡游戏，在河里洗澡，让他去偷织女的衣服，由此，牛郎和织女相识相恋。婚后生了一男一女，夫唱妇随，一家人非常幸福。但是好景不长，王母就知道了这件事，强行把织女带回了天上。

老牛告诉牛郎，自己死后要剥下皮，做成衣服穿着就可以上天。不久老牛去世，牛郎按照老牛的话做了，带着自己的儿女，一起腾云驾雾上天去追织女，眼见就要追到了，岂知王母娘娘拔下头上的金簪一挥，一道波涛汹涌的天河就出现了，牛郎和织女被隔在两岸，只能相对流泪。他们的爱情感动了喜鹊，千万只喜鹊飞来，搭成鹊桥，让牛郎织女通过鹊桥相会，王母无奈，只好允许两人在每年七月七日欢会。

七夕习俗

由于传说中的织女手艺奇巧，能织天衣，女子为了使自己变得心灵手巧，演绎出一种"乞巧"习俗。这种习俗在汉代就已形成。七夕之夜，女子们手拿丝线，对月穿针，看谁先穿过就是"得巧"；还有一种水盆丢针卜巧的方法，以针丢进水中呈现出云彩、花朵、鸟兽之形为得巧。此外还有剪窗花比巧手，供献瓜果，栽种豆苗、青葱之俗。浙江农村流行用脸盆接露水，传说七夕的露水是牛郎织女相会时的眼泪，抹在眼上和手上，可使人眼明手快。有些地区的年轻姑娘，七夕时用树叶汁液洗头发，既可使自己年轻美丽，还可望找到如意郎君。用花草染指甲也是女孩与儿童的七夕节娱乐活动。广西有些地区有七夕蓄水之俗，认为用双七水沐浴能消灾除病。体弱的孩子在节日期间头戴七个结的红头绳，祈求健康吉祥。

延伸阅读

魁星的生日

传说七月七日是魁星的生日。据说魁星爷生前长相奇丑，脸上长满斑点，又是个跛脚，因此常被人讥笑，然而魁星爷志气奇高，发愤用功，竟然高中了。皇帝殿试时，问他脸上为何全是斑点，他答"麻面满天星"，问他的脚为何跛了，他答"独脚跳龙门"。皇帝很满意，就录取了他。

第七讲 民俗 民情 民风

人月两团圆——中秋节

每年农历八月十五日，是传统的中秋佳节。这时是一年秋季的中期，所以被称为"中秋"。2006年，该节日经国务院批准列入第一批"国家级非物质文化遗产名录"。

中秋节由来

中秋源于帝王祭拜活动，有两千多年的历史了。《礼记》中记载："天子春朝日，秋朝月。朝日以朝，夕月以夕。"这里

◆ 中秋拜月图

的"夕月"即"拜月"之意。祭月原是帝王的礼制，后来达官文士也效仿，此风逐渐传到民间，形成一个传统的活动。到了后来赏月重于祭月，严肃的祭祀变成了轻松的娱乐。

中秋节的传说

相传，远古时代有一年天上突然出现十个太阳，庄稼颗粒无收，民不聊生，这时有一个叫后羿的英雄，用自己的神箭射下九

个太阳，解救了百姓，受到百姓的尊敬和爱戴。不少志士慕名前来投师学艺，心术不正的逄蒙也混了进来。不久，后羿娶了个美丽善良的妻子，名叫嫦娥。后羿除传艺狩猎外，终日和妻子在一起，人们都羡慕这对恩爱夫妻。事情传到了王母娘娘的耳朵里，王母因为他救民的功劳便赐他一颗长生药。但是后羿不忍撇下妻子独自成仙，只好暂时把长生药交给嫦娥珍藏，不料被逄蒙看到了。

这天后羿又出门狩猎，逄蒙看有机可乘，便威逼嫦娥交出长生药。嫦娥知道不是逄蒙的对手，她当机立断，转身拿出长生药一口吞了下去。嫦娥吞下药后，身子立时飘离地面，冲出窗口向天上飞去。由于嫦娥牵挂着丈夫，便飞落到离人间最近的月亮上成了仙。

后羿回到家，侍女们哭诉了白天发生的事。后羿既惊又怒，抽剑去杀逄蒙，这个恶徒却早已逃走。悲痛欲绝的后羿，仰望着夜空呼唤爱妻的名字，发现月亮格外皎洁，而且有个晃动的身影酷似嫦娥。后羿急忙派

人到嫦娥喜爱的后花园里，摆上香案，放上她平时最爱吃的蜜食鲜果，遥祭在月宫里眷恋着自己的嫦娥。

百姓们闻知嫦娥奔月成仙的消息后，纷纷在月下摆设香案，向善良的嫦娥祈求吉祥平安。从此，中秋节拜月的风俗在民间传开了。

中秋节习俗

赏月

中秋赏月的风俗在唐代极盛，许多诗人的名篇中都有咏月的诗句；宋代、明代、清代宫廷和民间的拜月赏月活动更是兴盛；中国各地至今遗存着许多"拜月坛""拜月亭""望月楼"的古迹，北京的月坛就是明嘉靖年间为皇家祭月修造的。每当中秋月亮升起，于露天设案，将月饼、石榴、枣子等瓜果供于桌案上，拜月后，全家人围桌而坐，边吃边谈，共赏明月。

吃月饼

中秋节吃月饼相传始于元代。当时，中原广大人民不堪忍受元朝统治阶级的残酷统治，纷纷起义抗元。朱元璋联合各路反抗力量准备起义。但朝廷官兵搜查得十分严密，传递消息十分困难。军师刘伯温便想出一条计策，命令属下把藏有"八月十五夜起义"的纸条藏入饼子里面，再派人分头传送到各地起义军中，通知他们在八月十五日晚上起义响应。到了起义的那天，各路义军一齐响应，起义军如星火燎原。

很快，徐达就攻下元大都，起义成功了。消息传来，朱元璋高兴得连忙传下口谕，在即将来临的中秋节，让全体将士与民

◆ 月饼

同乐，并将当年起兵时用以秘密传递信息的圆饼作为节令糕点赏赐群臣。此后，月饼制作越发精细，品种更多，成为馈赠的佳品。此后中秋节吃月饼的习俗便在民间流传开来。

延伸阅读

吴刚折桂

汉朝时有个叫吴刚的人，醉心于仙道，后来成仙，被任命为玉皇大帝南天门的官员。但是他爱上了天宫的仙女嫦娥，因此疏于职守。玉皇大帝知道后，一怒之下把他发配到月亮里去砍一棵月桂树，如果他不砍倒这棵月亮树，便不能重返天庭，亦不能与嫦娥相会。

吴刚每天连续不断地砍树，从早砍到晚，眼看快要将树砍倒，玉帝却派了一只乌鸦来到树旁，"唰"的一声，把吴刚挂在树上的上衣叼走了。吴刚马上放下斧头，去追乌鸦。衣服追回后，吴刚发现大树又复原了。从此，每当吴刚快要砍倒大树的时候，乌鸦就站在树上"哇哇"大叫，吴刚只要停下斧头，向上看一眼，大树便会复原。至此，吴刚只能经年累月地不断砍树。这和希腊神话中不断推石头上山的西绪福斯颇有相似之处。

第七讲 民俗 民情 民风

181

登高戴萸祈健康——重阳节

重阳之说来自《易经》，古人把九作为阳数，九月九日两阳相重，故名"重阳"，又称"重九"。重阳节从岁时节日演变成民俗节日，尽管各地有不同的过节习俗，但重阳节的核心文化价值是相同的。

◆ 清末卖重阳糕图

时期。屈原的《远游》中有"集重阳入帝宫兮"的句子。到了汉代，重阳节逐渐盛行。据说汉高祖刘邦的爱妃戚夫人被吕后残害致死后，其侍女贾某也被逐出宫，嫁予平民为妻。有一次，贾某谈起每年九月九日在皇宫中都要佩茱萸、食蓬饵、饮菊酒以求长寿的事情，这种活动遂传入民间。三国时文献记载："岁往月来，忽复九月九日。"东晋大诗人陶渊明也说过，在重阳节"行吟载酒，须尽一生之兴"。

重阳节传说

南朝梁人吴均之《续齐谐记》载：传说东汉时，汝南县突然发生大瘟疫，有个叫桓景的人，父母也因此病死，所以他到终南山拜师学艺，仙人费长房给桓景一把降妖青龙剑。桓景早起晚睡，披星戴月，勤学苦练。一日，费长房说："九月九日，瘟魔又要来，你可以回去除害。"并且给了他茱萸叶子一包、菊花酒一瓶，让他家乡父老登高避祸。于是他便回到家乡，教乡亲们避灾的方法。重阳节那天他和妻子儿女、父老乡亲登上了附近的一座山，把茱萸叶分给大家随

重阳节的起源，最早可以追溯到战国

◆ 茱萸峰铭石

身佩戴，瘟魔则不敢近身。又把菊花酒倒出来，每人喝了一口，避免传染瘟疫。他和瘟魔搏斗，最后杀死了瘟魔。自此，汝河两岸的百姓，有了重九登高、佩戴茱萸、喝菊花酒的风俗。

重阳节习俗

民间重阳节登高的风俗，相传始于东汉。刘歆《西京杂记》云："三月上巳，九月重阳，士女游戏，就此祓禊登高。"可见汉代就已经有了登高的习俗。

重阳节的另一个习俗是吃重阳糕。糕与"高"谐音，含步步高升、兴旺发达之意。人们用江米、黄米、小枣等原料做成蒸糕，上面还插上五色小旗，称之为"花糕"，可用以馈赠亲朋好友，登高游览时也可带上作为食物。

古时重阳节还被赋予"长寿"的内容。魏文帝曹丕在《九月与钟繇书》里说到这个节日"以为宜于长久"，文中提到了传说中活了八百多岁的长寿之人彭祖，说明吃重阳糕还有祈愿健康长寿的意义。

重阳节正是一年的金秋时节，菊花盛开，据传赏菊及饮菊花酒起源于晋朝大诗人陶渊明。陶渊明以隐居出名，以诗出名，以酒出名，也以爱菊出名；后人效之，遂有重阳赏菊之俗。

重阳节插茱萸的风俗，在唐代就已经很普遍。古人认为在重阳节这一天插茱萸可以避难消灾；或佩戴于臂，或做香袋把茱萸放在里面佩戴，还有插在头上的。大多是妇女、儿童佩戴，有些地方，男子也佩戴。

延伸阅读

重阳节的别称

干宝《搜神记》记载：淮南全椒县有一丁氏，嫁给同县谢家，由于谢家是大富户，她婆婆凶恶残暴，虐待丁氏，强迫她干繁重的家务，经常痛骂和毒打。丁氏最终忍受不住，在重阳节悬梁自尽。死后冤魂不散，依附在巫祝身上说："做人家媳妇每天辛苦劳动不得休息，重阳节请婆家不要让她们再操劳。"所以，江南人每逢重阳日，都让妇女休息，叫作"休息日"。后来，人们为这位姓丁的妇人立祠祭祀，称为"丁姑祠"。以后，每逢重阳节，父母们要把嫁出去的女儿接回家吃花糕，到明代，甚至将重阳节称为"女儿节"。

傣族的新年——泼水节

泼水节源于印度，是古婆罗门教的一种仪式，后为佛教所吸收，约在公元12世纪末至13世纪初经缅甸随佛教传入中国云南傣族地区。目前，已被国务院认定为第一批"国家级非物质文化遗产"。

傣族历史悠久，傣语属汉藏语系壮傣语支。全民信仰佛教，但原始宗教活动亦较普遍，如祭祀寨神、寨鬼、农业祭祀、狩猎祭祀、灵物崇拜等。

傣族泼水节又名"浴佛节"，傣语称为"比迈"（意为新年），西双版纳德宏地区的傣族又称此节为"尚罕"和"尚键"，两名称均源于梵语，意为周转、变更和转移，指太阳已经在黄道十二宫运转一周开始向新的一年过渡。阿昌族、德昂族、布朗族、佤族等民族也过这一节日。柬埔寨、泰国、缅甸、老挝等国也过泼水节。

泼水节的传说

传说人间的气候本来由一位名叫捧玛乍的天神掌管。他把一年分为旱季、雨季、冷季，为人间规定了农时，让一位名叫捧玛点达拉乍的天神掌管施行。捧玛点达拉乍自以为神通广大，无视天规，为所欲为，乱行风雨，错放冷热，弄得人间雨旱失调，冷热不均，禾苗枯死，人畜遭灾……

有位叫帕雅晚的青年，以四块木板做翅膀，飞上天庭找到天王英达提拉，诉说人间的灾难。可惜，当帕雅晚飞到最高一层天时，不慎撞在天门之上，一扇天门倒塌，将他压死在天庭门口。

帕雅晚死后，天王英达提拉惩处了捧玛点达拉乍。他变成一位英俊小伙子，佯装去找捧玛点达拉乍的七个女儿谈情。七位美丽的妙龄女郎同时爱上了他。姑娘们从小伙

◆ 泼水节狂欢

子的嘴里了解到自己的父亲降灾人间之事以后，既惋惜又痛恨。七位善良的姑娘为使人间免除灾难，决心大义灭亲。她们想尽办法

◆ 泼水节

们习惯将这一天称为"日子之王来临"。按照古俗，这天要"赶摆"，放高升（类似于古代火箭的燃放），划龙船庆祝新年的来临。

传承意义

泼水节是全面展现傣族水文化、音乐舞蹈文化、饮食文化、服饰文化等传统文化的综合舞台，是研究傣族历史的重要窗口，具有较高的学术价值。泼水节展示的章哈、白象舞等艺术表演给人以艺术享受，有助于了解傣族感悟自然、爱水敬佛、温婉沉静的民族特性。

探明了父亲的生死秘诀。在捧玛点达拉乍酩酊大醉之时，剪下他的一束头发，制作一张"弓赛宰"（心弦弓），用它割下了捧玛点达拉乍的头颅。由于头颅落地老百姓就会遭殃，由此她们不时轮换，互用清水泼洒冲洗污秽，洗去遗臭。据说这就是人们在傣历新年期间，相互泼水祝福的来历。

泼水节习俗

傣历新年佳节，多数在傣历的六月下旬，少数年份在七月初，传统的过节时间， 一般是3天（有时为4天）。第一天称为"麦"，相当于阴历的除夕，各户要打扫卫生，准备过年的食物用品，吃年饭。第二天称为"脑"，是个多余的日子，不计算在旧年内，也不计算在新年内，称为"空日"，传说这天就是捧玛点达拉乍头颅腐烂之日。这天通常要举行泼水活动，纪念为民除害的天女，以圣洁之水消灾免难，互祝平安幸福。第三天叫"麦帕雅晚玛"，据说就是帕雅晚的英灵带着新历返回人间之日，人

延伸阅读

泼水节舞蹈"象脚舞"和"孔雀舞"

傣族人民能歌善舞，泼水节自然少不了舞蹈。大规模的舞蹈主要安排在泼水节的第三天，如象脚舞和孔雀舞等。从七八岁的娃娃到七八十岁的老人，都穿上节日盛装，聚集到村中广场，参加集体舞蹈。象脚舞热情、稳健、潇洒。舞者围成圆圈，合着锰锣、象脚鼓翩翩起舞，一边跳舞一边喝彩"吾、吾"或"水、水"。

孔雀舞优美、雅致、抒情，是傣族舞蹈的灵魂，舞蹈以孔雀的各种姿态为基础，在趣与美中凝聚着傣族儿女们的审美旨趣。

第七讲 民俗 民情 民风

185

彝族的盛典——火把节

彝族地区素有"火之故乡"的美誉，彝族人民能歌善舞，秉持着先人千百年传承下来的音乐舞蹈传统和口头艺术。火把节是彝族地区的传统节日，流行于云南、贵州、四川等彝族地区。2006年，被国务院公布为第一批"国家级非物质文化遗产"。

火把节的原生形态，简而言之就是古老的火崇拜。火是彝族追求光明的象征。火把节的形成与发展，一方面与各民族的原始崇拜有关，另一方面与彝语支民族的历史源流、文化传承和社会交往紧密相关。

火把节起源传说

火把节有着悠久的历史。关于它的来源，不同的民族有着不同的传说，一般认为起源于慈善夫人。直到现在，有些妇女在火把节的日子里还用捣碎的凤仙花包在指甲上染红指甲，这是对慈善夫人的纪念。

相传在唐代，大理地区六诏中最强大的要数蒙舍诏。其王皮罗阁有并吞其他五诏之心。因此，在开元二十六年(738年)农历六月二十四日，蒙舍诏皮罗阁用松木造了一幢楼，叫"松明楼"，他邀请其他五诏首领前来观赏。趁五诏首领在松明楼开怀畅饮时，皮罗阁一把火将楼烧了，五诏首领全部被烧死。

五诏中邓赕诏首领的妻子慈善夫人，早就识破了皮罗阁的险恶用心，但她又无法

◆ 火把节

劝阻丈夫不去赴宴。她把自己的金镯戴在丈夫手臂上，期望丈夫平安归来。她得知丈夫被害的消息后，赶来寻找丈夫的尸体。她用手刨开焦炭和灰烬，十指磨破，鲜血淋漓，染红了手指。她凭借那只烧不化的金镯子，终于找到了自己的丈夫。为纪念慈善夫人对

◆ 火把节表演

丈夫的忠贞，后来在火把节这天，妇女们就有了染红手指甲的习惯。

慈善夫人的丈夫被害后，皮罗阁又要霸占慈善夫人。慈善夫人坚决不从，并率领士兵进行抗争，据守邓赕城。她命人把火把捆在羊角上，然后驱赶羊群，满山是流动的火光，吓得敌兵到处乱窜。然而终因寡不敌众，邓赕诏都城被敌人攻破，慈善夫人投井自尽。后来每逢慈善夫人的忌日，人们总要燃起千万支火把，以悼念这位坚贞不屈的夫人。

火把节习俗

火把节里，还有泼火的举动。人们用掺着松香的面粉猛地撒向火把，随着"嘭"的一声响，手持火把的人脚前身后顿时闪现金星，犹如燃放烟火。而撒松香面的人早已"逃"走，只丢下一串串笑声。被撒的人追逐上去，也掏出一把松香面向对方火把上抛撒，互相泼火。一团团的烟火四溅，真像是天上的星星落到了山寨、村野。

火把节期间，还举行各种活动，如摔跤、斗牛、射箭、赛马等。这些欢乐的节日，也是姑娘小伙挑选意中人的时机。姑娘们撑着小金伞，在热闹的人群里寻找意中人，如果觉得满意则互递眼色，悄悄地约定晚上相会的地点和时间。等到夜晚，相约的男女便躲在大树下、巨石后，倾诉悄悄话。

传承意义

火把节以完整、丰富的节日形式，保留着人类群体文化演进的历史轨迹，热烈讴歌人类生命的繁衍，包含着族群生活的希冀，是研究彝族文化史和思想史的一个重要佐证。节日文化，不仅能体现一个民族的文化特质与艺术风貌，更能展现一个民族的精神，激活一代代族群后人的民族记忆，启发广大的民俗传承爱好者对古老文化的神往，以及对民间艺术的珍视。

延伸阅读

斗恶魔，烧害虫

相传在远古的时候，有一个名叫十大力的恶魔，破坏人们的幸福生活。人们发现后，纷纷上前质问。十大力蛮横地要与质问的人进行较量，还示威地把一头壮牛翻倒（从此，火把节时首先要斗牛）。他的挑衅行为惹怒了一位叫包聪的彝族英雄。他走出人群，与十大力扭扯着摔了三天三夜仍不分胜负。于是人们弹着三弦，吹着短笛，拍手跺脚为包聪助威，终于击败了十大力。恶魔发怒，放出蝗虫糟蹋庄稼。于是，人们又集合起来，点燃一支支火把去烧害虫，从而成为一种盛大的节日。

中国海神崇拜——妈祖祭

古代在海上航行经常受到风浪的袭击而船沉人亡，船员的安全成为航海者的主要问题，他们把希望寄托于神灵的保佑，在船舶启航前要先祭天妃，逐渐形成妈祖崇拜。2006年，妈祖祭典被国务院确定为第一批"国家级非物质文化遗产"。

历史渊源

许多与海洋为邻的国家都有海神崇拜，中国也有自己的海神娘娘，这就是妈祖。妈祖的真名为林默，小名默娘，故又称林默娘。林氏于宋建隆元年（960年）农历三月二十三日诞生在莆田湄洲岛，宋太宗雍熙四年（987年）九月初九逝世，在人世二十八个春秋。因为生前多次拯救遇灾船员，因此受到供奉。中国沿海地区和东南亚许多地方均建有妈祖庙，仅台湾一岛，就有妈祖庙500多座，信仰妈祖的徒众达到1亿人，可见其影响之大。

妈祖传说

林默是个渔家姑娘，因为生在海边，水性极好，她常常去救助海上遇难的客商、渔民；默娘又懂得天象，她对天气的预测常常被证明是正确的；默娘懂得医学，常给人看病疗伤，扶危救难。因此，乡亲们十分爱戴她，称他为"神女"。有一次林默救人时遇难，乡亲们不愿承认"神女"死去，便说她"升仙"了，并诞生了许多林女升仙的故事。莆田百姓修了祠堂来纪念她，成为最早的海神庙。

此后，民间流传很多船只在海上遇险，因默娘"显灵"保佑而得平安的故事。明代伟大的航海壮举——郑和下西洋，也被

◆ 妈祖石像

◆ 澳门妈祖庙

认为多次得到"妈祖"的庇护而化险为夷。以上种种"神迹",得到政府方面的重视,自宋至清,帝王们对妈祖多次进行加封,在近八百年间册封多达四十余次,封号累计竟达五六十字。如"辅国护圣""护国庇民"等。林默的地位,也由当初的林姑娘而为夫人、妃、天妃、圣妃,最终升至天后。不仅民间祭祀,朝廷也派大臣礼祭,并载入国家祀典。

妈祖崇拜的传承

经过一千多年的传播演绎,妈祖不再是单纯的民间信仰主体,而成长为一种影响广泛的民俗文化——妈祖文化。妈祖文化涉及面广,包括政治、经济、外交、军事、侨务、贸易、文化等诸多领域,是中华民族特殊的文化形态,是华夏文明的重要组成部分。概括地说,妈祖文化包括妈祖的献身精神、真善美的道德文化、乐于助人的品格以

及有关妈祖的建筑艺术、雕塑、绘画、书法、诗文、楹联、文物、民俗文化、神话故事、民间传说、宗教信仰等,内涵丰富,外延深广。

延伸阅读

妈祖救父寻兄

相传妈祖十六岁那年秋天的一天,其父兄驾船渡海北上之际,海上掀起狂风恶浪,船只遭损,情况危急。这时妈祖在家织布,忽然闭上眼睛,使尽全力扶住织机,母亲见状,忙叫醒她,妈祖醒来时失手将梭掉在了地上,哭道:"父亲得救,哥哥死了!"不久有人来报,情况属实。其兄掉到海里后,妈祖陪着母亲驾船前去大海里寻找,突然发现有一群水族聚集在波涛汹涌的海面,众人十分担心,而妈祖知道是水族受水神之命前来迎接她,这时海水变清,其兄尸体浮了上来,于是将尸体运回去。此后每当妈祖诞辰之日,夜里鱼群环列湄屿之前,黎明才散去,而这一天也成为当地渔民的休船之日。

蒙古族文化缩影——祭敖包

祭敖包是蒙古族古老文化的缩影，与此有关的一系列活动和礼仪体现了蒙古族的创造力。2006年，祭敖包被国务院确定为第一批"国家级非物质文化遗产"。

◆ 敖包

祭敖包的起源

敖包是蒙古语，意为堆子或鼓包。祭敖包是蒙古民族盛大的祭祀活动之一。它起源于氏族社会，具有祭祀祖先留下的这片天地和山水的意义，因而是祖籍的一种表征。蒙古语中"姓氏"一词，就是由"敖包"一词演绎来的。内蒙古乌审旗的哈德亨、艾古尔斤、赫赖德、察哈尔等以氏族为单位供奉的敖包，就是以乌审旗的十三个氏族的名义供奉的，因此敖包是氏族的标志，是旗徽的变形。

敖包的传说

据说古时候，茫茫草原，辽阔无边，天地相连，方向不好辨别，道路难以确认，边界容易模糊，于是人们就想了个办法，垒石成堆，当作标志。最初的敖包是在游牧交界之处及道路上用石块或泥土堆积起来以作标记的石堆或土堆。正如《清会典》所记：

蒙古"游牧交界之所，无山无河为志者，垒石为志，谓之敖包"。后来逐渐被视为神灵的居所，被作为崇拜物加以祭祀和供奉。于是，原来的界标、路标就变成了祭祀山神、路神、村落保护神等神灵的场所，而且可以根据需要选址建造。

祭敖包习俗

蒙古民族祭敖包的习俗渊源已久，所祭祀的内容十分丰富。盛行于蒙古族的萨满教崇拜蓝天。在蒙古人的心目中，祭敖包就是祭祀这一至高无上的神灵，它就是"长生天"，蒙古人赋予它以极大的神力。《元史》卷七十二有关于祭天习俗的记载："元兴朔漠，代有拜天之礼。衣冠尚质，祭器尚纯，帝后亲之，宗戚助祭，其意幽深古远，报本反始，出于自然，而非强为之也。"在古代蒙古人的观念里，天和地是浑然一体的，认为天赋予人以生命，地赋予人以形体，因此，他们尊称天为"慈悲仁爱的父亲"，尊称大地为"乐善的母亲"。祭敖包不是单一的祭天或祭地。祭敖包是祭各种神灵，是个综合概念。

祭敖包主要形式

祭敖包是蒙古民族萨满教隆重的祭祀活动之一，也是蒙古族最为隆重而又普遍的祭祀活动，每年的农历五月十二、十三日是牧民的祭敖包日。

敖包一般建于地势较高的山丘之上。多用石块堆积而成，也有的用柳条围筑，中填沙土。一般呈圆包状或圆顶方形基座。上插若干幡杆或树枝，上挂各色经幡或布条。包内有的放置五谷，有的放置弓箭，有的埋

◆ 敖包上的经幡

入佛像。敖包的大小、数量不一。一般多为单个体，也有7个或13个并列构成敖包群的，中间的主体敖包比两侧（或周围）的要大些。敖包修建以后附近的居民每年都要到这里祭拜，祈祷人畜兴旺。

延伸阅读

关于祭敖包的传说

相传在很久以前，蒙古族的牧人们过着游牧狩猎的生活。丧葬为天葬，尸体放在全是木制的"勒勒车"上漫无目的地在草原上行驶，什么时候尸体掉下来，就在什么地方自然露天安葬。牧人们因为思念亲人，每年都想到安葬亲人的地方悼念。可茫茫草原，到哪里去找安葬地点呢？于是，随着对自然和动物的进一步了解，他们想出来一个办法，那就是安葬亲人时，随车带着一峰驼羔，在安葬的地点将驼羔的血液放掉一部分。第二年将驼羔的母亲或已二岁的驼羔带上，沿着大致的方向和路线去寻找。如果发现母驼或驼羔在某一处不肯前行或悲鸣，那就是安葬亲人的地点。这时，牧人要垒几块石头或撒几把土，来祭礼亲人，求得亲人的祝福。如此沿袭，祖祖辈辈，世世代代，形成了敖包。同时，祭敖包的内容也随着时代的发展不断演变，形成了今天的"祭敖包会"。

中国镇宅文化——泰山石敢当

泰山石敢当习俗历经千年而不绝，主要是因为它与"中国人魂归泰山"的信仰结合在一起，同时也与各地的住宅文化和习惯相结合，植根民间，并世代相传。2006年，石敢当习俗被国务院确定为第一批"国家级非物质文化遗产"。

泰山石敢当，也称"石敢当"，是中国民间一种镇邪物，也是灵石崇拜的一种特殊形式。石敢当在中国建筑民俗中占有重要地位。清代俞樾《茶香室丛钞》卷十引王渔洋的话说："齐鲁之俗，多于村落巷口立石，刻'泰山石敢当'五字，云能暮夜至人家医病。北人谓医士为大夫，因又名之曰石大夫。"石敢当不仅山东有，华北、东北、华东、华南等地也甚为流行，其影响甚至波及东南亚各国。

石敢当的传说

传说明清之际，凡在广东徐闻县衙坐大堂的知县，都不出三个月便死在任上。到了清康熙初年，有个新知县上任前恐重蹈覆辙，就请风水先生前往勘查，原来县城内有一座宝塔的阴影正好落在县太爷的公案上，历任县令都因承受不住它的压力而死。风水先生认为宝塔再高也高不过五岳，五岳中泰山独尊，只有泰山的石头才敢抵挡那阴影。于是知县派人请来一块泰山石，镌上"泰山石敢当"五个大字，立于县衙的大堂前，方才上任。从此再也没有发生过知县暴死任上的事情。

石敢当的历史

从战国至汉代，泰山始终是君王告晟于天的封禅圣地，向来被古人视为与天相通的登仙之途。魏晋以后，泰山又被视为冥司之主、治鬼之府。唐宋间，泰山又被封为"东岳大帝"，其庙祀几乎遍及全国各地。明清以来，民间以东岳大帝为阎罗王的顶头

◆ 石敢当石碑

◆ 民居墙壁上的"泰山石敢当"

上司，主司阴府起诉、收押、判刑、牢狱等职。泰山既然是威名赫赫的东岳大帝的道场，"石敢当"前面加上"泰山"二字，自然更增添其神力，镇鬼辟邪更加所向披靡了。

清光绪三十二年刊刻的《集说诠真》说："今城厢第宅，或适当巷陌桥道之冲，必植一小石，上镌'石敢当'三字，或又绘虎头其上，或加'泰山'二字，名曰'石将军'。"由此可见，石敢当前加"泰山"二字之俗至少在清代就已开始流行。

巨石镇宅的原型

将石头视为辟邪灵物特别是用巨石作为镇宅之物，既与古老的巨石崇拜有关，也是以巫术中的投石击鬼法为原型，这种巫术在秦简《日书·诘篇》里就有记载。将石头埋在地下或插在地上以镇妖邪则是该法术的另一种形式，自秦汉以来一直流行。到唐朝，不知何人读了《急就章》中的"师猛虎，石敢当，所不侵，龙未央"，就突发灵感，把书中的"石敢当"之"石"同镇石之石联系起来，借用这个响亮的名字来称呼镇邪用的石人石碑，并得到大众的认可，于是

愈传愈广，承用不衰。至于称为"泰山石敢当"，意在强调这块镇石是来自五岳之尊泰山上的神石，进一步增加它对鬼魅邪祟的威慑力量。

泰山石敢当习俗

泰山石敢当除植于巷陌桥道之要冲外，在民间盖房时也有妙用。凡民间建宅盖房，禁忌"门对门""门对弄""屋脊对门"，俗以此为不吉祥，相冲相克。所以凡遇到这种情况，民间便在面对"恶向"处的墙上嵌一小块"泰山石敢当"镇宅石，或将此石碑立在对冲处，或在门框上书写"泰山石敢当"字样，认为这样可以驱逐鬼魅。

独特价值

泰山"石敢当"文化底蕴深厚，源远流长，体现了中华民族的人文精神，是中华民族文化创造力和生命力的体现。千百年来，"石敢当"习俗文化在由泰山地区向国内外传播的过程中，出现了大量精美的石刻和造像，不但具有美学价值、艺术价值，同时也具有重要的史料价值。

延伸阅读

石敢当的演绎

古代认为泰山石具有独特的灵性和神力，因此泰山石敢当是一种灵石崇拜。传说汉朝时汉武帝登泰山，带回四块泰山石，放置在未央官的四角，以辟邪。泰山被认为有保佑国家的神功，因此泰山的石头就被认为有保佑家庭的神灵。后来泰山石被人格化，姓石名敢当，又称"石将军"，后来还发展出了雕刻有人像的石敢当。

第七讲 民俗 民情 民风

193

中国服饰管窥——惠安女服饰

惠安女服饰融民族、地方文化为一体，既有强烈的地域特征，又独具民族风情，是研究闽越文化传承变迁的珍贵资料。经福建省惠安县申报，2006年，惠安女服饰被国务院确定为第一批"国家级非物质文化遗产"。

◆ 惠安女勤劳的象征——螺女雕像

惠安女服饰起源于古百越诸族，拥有自身的服饰特色。惠女服饰的基本特点是：头披鲜艳的小朵花巾，捂住双颊下颌，上身穿斜襟衫，又短又狭，露出肚皮，下穿黑裤，又宽又大。这种服饰在全国独具一格，尤引人注目。具有很强的视觉感染力，被视为"中国服饰精华的重要部分"。

惠安女服饰特征

惠安女服饰有"封建头，节约衫，民主肚，浪费裤"的戏称。惠安女的头部被头笠和头巾包裹得仅露出一张脸——"封建"；而腰、腹部却暴露无遗——"民主"；大筒裤的裤脚宽一般有40~50厘米——"浪费"；而上衣却短得连肚脐也遮不住——"节约"。于是，所谓思想的"封建"与"民主"，衣料的"节约"与"浪费"，在惠安女的身上有机地结合在一起，表达了一种内涵丰富、既矛盾又统一和谐的审美观。

服饰与民俗

封建头

历史上惠安一带地瘠民贫，男人多外出谋生，再加上当地习俗的原因，家乡的生产劳动都由女人承担。由于地理因素，惠安一带常见山风海风。风沙最能损人容颜，因此惠安女的头部常年使用方巾和斗笠。脸部只露出眼、鼻、口，有时风沙太大，方巾的结还可以扎在鼻子底下，这样只露出眼睛和鼻子了，然后戴上斗笠，把头部防护得严严实实的，冬天防风沙，夏日挡骄阳。这就是所谓的"封建头"。

民主肚

惠安沿海一带的妇女，上身的衣服短得出奇，连肚脐都没遮盖住，且整件上衣既窄又紧，连袖管都紧绑着手臂。"民主肚"是由于这些惠安女常年在海边劳动，况且捞海菜、收渔网等操作都要俯身在水面上进行，如果衣服长了、松了，自然妨碍劳作。多少年来，惠安女露肚脐的上衣代代相传，穿这样的上衣在海边劳动其实是最自然的。

关于惠安女为何偏偏要露出肚皮来还有一则传说。

传说有一次皇帝南巡要路过此地，地方官吏为显其所辖庶民十分富足，下令打制银腰带系于女人裤腰上，同时弄短上衣以便让银腰带显露出来。此后，佩戴银腰带作为一种财富的象征流传下来。

浪费裤

穿宽裤管的惠安女在海滩作业，不怕海水浸湿，不怕海浪打湿；在山上扛石头，在田里劳动，不怕汗水浸渍。由于裤管宽，湿了也不影响正常活动。且野外、海边风大，几趟走动，很快就被吹干。所以，惠安女的宽裤管并非浪费。

传承价值

惠安女服饰各部分之间在色彩、款式、线条、图案等方面的配合是相当协调且恰如其分的，它既具备传统特征，又有一定的现代气息。惠安女服饰的发展变化，以适应生活和劳动为前提，并严格遵循自身的审美观

◆ 惠安女雕像

念，以"称体、入时、从俗"为追求目标。

惠安女服饰的传承、变异历程充分展现了惠安女的勤劳智慧和杰出的创造力，展示了优秀传统文化的强大生命力。惠安女服饰所蕴含的艺术与服饰民俗的深刻内涵，是一份不可多得的珍贵文化遗产。

延伸阅读

惠安女服饰的传说

相传宋代惠安有一位容貌出众的康小姐，因不愿意与宰相李文会的儿子成亲，遭到抢亲，拼命挣扎蹬踢时，上衣扯起，衣不蔽体。婚后生了几个儿女。在大女儿出嫁时为了纪念她当年的旧事，她把大女儿看成二十年前的自己，在女儿要出嫁之前，日夜为她赶制了一套特别的嫁衣。衣的领口、袖边、襟头、衣摆，都用不同颜色的布料和五色丝线绳成花边，还把衣服和裤子衬上不同颜色的布块。出嫁那天，先给女儿头上梳扎发髻，插上一百支笋，表示她对自己的婚姻是一百个不愿意。这件衣服上身短小，露出肚脐，裤子宽大，宛若垂地，她用这些装饰表达对当年抢亲事件的不满，吐出了积郁在内心的怨气。从此成为民俗。

第八讲

戏曲 木偶 评书

气韵悠长的国粹——京剧

京剧是在北京形成的戏曲剧种之一，是中国的"国粹"，至今已有将近二百年的历史。它是在徽调和汉戏的基础上，吸收了昆曲、秦腔等一些戏曲剧种的优点和特长逐渐演变而形成的。2006年，京剧被国务院认定为第一批"国家级非物质文化遗产"。

京剧，又称"皮黄"，由"西皮"和"二黄"两种基本腔调组成它的音乐素材，也兼唱一些地方小曲调（如柳子腔、吹腔等）和昆曲曲牌，时有"国剧"之称。

京剧的起源

京剧是地道的中国国粹，它的源头还

◆ 京剧人偶

要追溯到几种古老的地方戏剧。据说京剧于清光绪年间形成于北京，其前身为徽剧，通称"皮黄戏"，同治、光绪两朝，最为盛行。徽戏进京是在1790年（清乾隆五十五年），最早进京的徽戏班是安徽享有盛名的"三庆班"。随后来京的又有"四喜""和春""春台"诸班，合称"四大徽班"。道光年间，汉调进京，被二黄调吸收，形成徽汉二腔合流。

徽班常与来自湖北的汉调艺人合作演出，于是，一种以徽调"二黄"和汉调"西皮"为主的戏剧产生，至清末民初，通称"皮黄戏"。光绪、宣统年间，北京皮黄班接踵去上海演出，因京班所唱皮黄与同出一源来自安徽的皮黄声腔不同，而且更为悦耳动听，遂称为"京调"，以示区别。民国以后，上海梨园全部为京班所掌握，于是正式称京皮黄为"京戏"。"京戏"一名，实创自上海，而后流传至北京。

京剧又被称为"东方歌剧"，是因为它和歌剧都是集歌唱、舞蹈、音乐、美术、

◆ 京剧脸谱

文学等于一体的特殊戏剧形式，在形式上极为类似；同时，在各自不同的文化背景中，它们都获得了经典性地位。

艺术特色

京剧兼具文学、表演、音乐、唱腔、锣鼓、化妆、脸谱等各个方面的内容，通过无数艺人的长期舞台实践，构成了一套互相制约、相得益彰的舞台艺术。它作为舞台艺术，内容十分丰富，有着严格的程式和规范化的表演方式。

京剧在形成之初，便进入了宫廷，要求所要表现的生活领域更宽，所要塑造的人物类型更多，对技艺的全面性、完整性也要求更严，对创造舞台形象的美学要求也更高。

京剧的表演艺术更趋于虚实结合的表现手法，最大限度地超脱了舞台空间和对时间的限制，以达到"以形传神，形神兼备"的艺术境界。表演上要求精致细腻，处处入戏；唱腔上要求悠扬委婉，声情并茂；武戏则不以火爆勇猛取胜，而以"武戏文唱"见佳。

京剧的价值

京剧耐人寻味，韵味醇厚，流播全国，影响甚广，有"国剧"之称。它走遍世界各地，成为介绍、传播中国传统文化的重要手段。以梅兰芳命名的京剧表演体系已经被视为东方戏剧表演体系的代表，与斯坦尼斯拉夫斯基及布莱希特表演体系并称为"世界三大表演体系"。京剧是中国民族传统文化的重要表现形式，其中的多种艺术元素被用作中国传统文化的象征符号。

延伸阅读

京剧的四大派别

梅兰芳（1894—1961年），幼年学戏，擅长青衣，兼演刀马旦。对旦角的唱腔、念白、舞蹈、音乐、服装、化妆等各个方面都有创造发展，形成了独特的艺术风格，世称"梅派"。

程砚秋（1904—1958年），自幼学戏，演青衣，受师于梅兰芳。他在艺术上勇于革新创造，创造出一种幽咽婉转、起伏跌宕、若断若续、节奏多变的唱腔，世称"程派"。

尚小云（1900—1976年），幼入科班学艺，14岁时被评为"第一童伶"。初习武生，后改正旦，兼演刀马旦。他功底深厚，嗓音宽亮，唱腔以刚劲著称，世称"尚派"。

荀慧生（1900—1968年），幼年在河北梆子班学艺，19岁改演京剧，扮演花旦、刀马旦。他功底深厚，能汲取梆子戏旦角艺术之长，熔京剧花旦的表演于一炉，世称"荀派"。

激情澎湃的戏剧——豫剧

豫剧是我国梆子声腔剧种中极为重要的一支，深受广大人民群众的喜爱，主要流行于河南省，在全国各地都有流传。2006年，豫剧经国务院批准列入第一批"国家级非物质文化遗产名录"。

豫剧也叫"河南梆子、河南高调、河南讴"，豫西山区则称之为"靠山吼"。豫剧具有光辉灿烂的发展历程，诞生之后，不断向外拓展，不仅生根开花于河南全省的城镇乡村、平原山区，而且流布了全国16个省区，专业剧团数量最多时达到39个，居全国360多个剧种之首。

豫剧的起源

豫剧传承至今已有上百年的历史，已成为河南很有影响的戏曲剧种。豫剧在生成和发展时期，汲取了昆腔、吹腔、皮黄及其他梆子声腔剧种的艺术元素，同时广泛吸收河南民间流行的音乐、曲艺说唱和俗曲

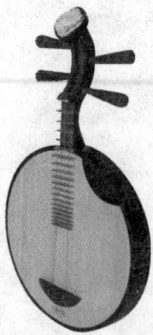

◆ 豫剧伴奏乐器月琴

小令，形成了朴直淳厚、丰富细腻、富于乡土气息的剧种特色。据说清朝乾隆年间（1736-1795年），河南省已流行梆子戏。当时的碑文资料记载，明皇宫是"当年演剧各班祈祷宴会之所，代远年湮，亦不知创自何时"。

艺术特点

豫剧一向以唱见长，在剧情的节骨眼上都安排有大板唱腔，唱腔流畅、节奏鲜明、极具口语化，一般吐字清晰、行腔酣畅、易为听众听清，显示出特有的艺术魅力。

豫剧的风格首先是充满阳刚之气的唱腔，善于表演大气磅礴的大场面戏，具有强大的情感力度；其次是地方特色浓郁，质朴通俗、本色自然，紧贴老百姓的生活；再次是节奏鲜明，矛盾冲突尖锐。

早期豫剧表演的舞台极为简单，往往只用芦席、箔子一挡，台上一桌二椅，即可开演。进入城市后，有较固定的剧场，舞台装置也有所改进；豫剧剧院也开始采用一些布幕、布景，旦角服饰讲究"老旦清，正旦俊，花旦风流"。此后又受京剧服饰的影

◆ "香玉剧社"号飞机

响，已基本与京剧服饰相同。

豫剧的价值

豫剧艺术长期受中原文化特别是黄河流域地方文化的影响，它在演出剧目、舞台表演、人物塑造、表述方式、音乐唱腔等方面都形成了独特的河南地方风格，带有浓郁的地域文化色彩，成为我国民族戏曲宝库中的珍贵财富。

豫剧的内容充满了劳动的美和斗争的美，风格刚健清新，形式喜闻乐见，集中体现了人民语言艺术的智慧，因而得到广大人民的热爱。

豫剧的发展，虽然仍然有很多剧目是处于萌芽状态的作品，艺术上还不成熟，但是最有代表性的作品却是经过长期流传、集中了群众智慧的优秀之作，这些作品中深刻的思想性和高度的艺术性具有永久的艺术魅力，是我国曲艺中的不朽遗产。

延伸阅读

豫剧大师——常香玉

常香玉（1923—2004年）原名张妙玲。9岁随父张福仙学戏，后拜翟彦身、周海水为师并随义父姓改名为常香玉。10岁登台，总汇于旦角。得王镇南先生帮助，13岁主演六部《西厢》，名满开封。她原习豫西调，后在演出中逐渐融豫东、祥符各调于一体，并广征博采，吸取各家各派之长，大胆创新，开豫剧唱腔改革之先河。后因病不能再演武戏，乃更加潜心钻研青衣、花旦之表演艺术。日寇侵华，她首演抗日时装戏《打土地》，显示了她作为一位爱国艺人的民族气节。抗美援朝战争爆发后，她积极支持援朝，并决定为志愿军捐献一架飞机。1951年8月7日开始在全国巡回演出，最终购买了一架战斗机，即"香玉剧社"号飞机。

吼声如雷的三秦声腔——秦腔

秦腔是西北黄土高原人民共同的精神财富，也是三秦文化的典型代表，有着广泛的群众基础。2006年，秦腔经国务院批准列入第一批"国家级非物质文化遗产名录"。

秦腔又称"乱弹"，源于西秦腔，流行于我国西北的陕西、甘肃、青海、宁夏、新疆等地，又因其以枣木梆子为击节乐器，所以又叫"梆子腔"，俗称"桄桄子"（因以梆击节时发出"桄桄"声）。秦腔艺术是中国现存最古老的剧种之一，由陕西丰厚的历史文化积淀而成。

秦腔的历史

秦腔是元明之际流传于关中一带的劝善调及当地民间音乐与关中方言结合形成的一个声腔剧种，主要流行于陕西、甘肃、宁夏、青海、新疆等西北部地区。明末无名氏《钵中莲》传奇中使用了"西秦腔二犯"的曲牌，由此可知它的起源在甘肃。甘肃古称

◆ 秦腔伴奏乐器扬琴

"西秦"，所以得名"秦腔"。清康熙时，陕西泾阳人张鼎望写《秦腔论》，可知秦腔此时已发展到成熟期。待到乾隆年间，魏长生进京演出秦腔，轰动京师。对各地梆子声腔的形成有着直接影响。

现已发现的秦腔传统剧目有三千多种，多取材于历史故事及各种神话和民间传说，其中包括《春秋笔》《和氏璧》《玉虎坠》《紫霞宫》《麟骨床》《长坂坡》《卖华山》《临潼山》《斩单通》《取洛阳》《三娘教子》《柜中缘》《反延安》《破洪州》《三上殿》《献西川》等代表性剧目。

艺术特点

秦腔的表演自成一家，角色有生、旦、净、丑四大行，各行又分多种，统称为"十三头网子"。一般戏班，都要按行当建置以"四梁四柱"为骨干的三路角色制。头路角色包括头道须生、正旦、花脸和小旦，二路角色包括小生、二道须生、二花脸和丑角，其他老旦、老生等角均为三路角色。各路角色的佼佼者，均可挂头牌演

◆ 秦腔脸谱

出，其他即为配角。条件优越的戏班，常不惜重金邀请名角。

秦腔表演技艺十分丰富，身段和特技应有尽有，常用的有趟马、拉架子、吐火、扑跌、扫灯花、耍火棍、枪背、顶灯、咬牙、转椅等。神话戏的表演技艺，更加奇异多姿。

秦腔音乐分欢音和苦音两种，前者主要表现欢快喜悦的情绪，后者主要表现悲愤凄凉的情绪。秦腔演唱时有慢板、二六板、代板、起板、尖板、滚板等板式，伴奏乐队分为文场和武场，文场以板胡为主，辅以笛、三弦、扬琴、唢呐等；武场基本使用打击乐器，包括指板、干鼓、暴鼓、战鼓、钩锣、手锣、水水等。

秦腔的角色行当传统上分为四生、六旦、二净、一丑，各有自己完整的唱腔和表演程序。秦腔的生、净行唱腔高亢激越、慷慨悲凉、雄迈豪放；旦角唱腔委婉细腻、婉转流变、细腻典雅。

传承价值

秦腔是中国戏曲艺术中的瑰宝，也是中国西北地区文化的标志性符号。秦腔艺术是中国农耕文明的社会缩影，对于研究我国西北地区早期的社会形态、道德价值系统、生活方式及民俗形态具有重要的参考价值。是现存梆子戏声腔家族中影响最大、流传区域最广的剧种之一。秦腔艺术的剧本和表演程式，是对中国传统文化写意、抒情、传神审美观的直接表现，在多元文化发展并存的今天，保持着文化的独立个性，对于保存中华民族赖以生存和发展的传统文化之根，具有重要的现实意义和深远的历史意义。

第八讲 戏曲 木偶 评书

203

百戏之祖——昆曲

昆曲是中国传统戏曲中最古老的剧种之一，也是我国传统文化艺术，特别是戏曲艺术中的珍品，被称为百花园中的一朵"兰花"。2001年，昆曲被联合国教科文组织遗产委员会认定为"世界非物质文化遗产"。

昆曲的发展历程

昆曲起源于元朝末年的昆山地区，至今已有六百多年的历史。宋、元以来，中国戏曲有南、北之分，南曲在不同地方唱法也不同。元末，顾坚等人把流行于昆山一带的南曲原有腔调加以整理和改进，称之为"昆山腔"，这是昆曲的雏形。明朝嘉靖年间，杰出的戏曲音乐家魏良辅对昆山腔的声律和唱法进行了改革，吸取了海盐腔、弋阳腔等南曲的长处，保留昆山腔自身流丽悠远的特色，又吸收了北曲结构严谨的特点，运用北曲的演唱方法，以笛、箫、笙、琵琶为伴奏乐器，造就了一种细腻优雅、集南北曲优点于一体的"水磨调"，通称"昆曲"。

明代隆庆年间，昆山人梁辰鱼，继承魏良辅的成就，对昆腔做进一步的研究和改革，编写了第一部昆腔传奇《浣纱记》。这部传奇的上演，扩大了昆腔的影响力。明末清初，昆曲又流传到四川、贵州和广东等地，发展成为全国性剧种。至清朝乾隆年间，昆曲的发展进入了全盛时期，从此昆曲开始独霸梨园，绵延至今六七百年。

◆ 唐代戏曲俑

艺术特点

"水磨调"奠定了昆曲演唱的特色，充分体现在南曲的慢曲子（即细曲）中，具体表现为放慢拍子，延缓节奏，以便在旋律

◆ 宋代戏曲砖雕

中运用较多的装饰性花腔，除了通常的一板三眼、一板一眼外，又出现了"赠板曲"，即将4/4拍的曲调放慢成8/4拍，声调清柔委婉，并对字音有严格要求，平、上、去、入逐一考究，每唱一个字，都注意咬字的头、腹、尾，即吐字、过腔和收音，使音乐布局的空间增大，变化增多，其缠绵婉转、柔曼悠远的特点也愈加突出。

昆曲的音乐属于联曲体结构，简称"曲牌体"。它所使用的曲牌大约有一千种，其中不仅有古代的歌舞音乐，唐宋时代的大曲、词调，宋代的唱赚、诸宫调，还有民歌和少数民族歌曲等。它以南曲为基础，兼用北曲套数，并以"犯调""借宫""集曲"等手法。此外还有不少宗教歌曲。

表现形式

昆曲的舞蹈吸收和继承了古代民间舞蹈、宫廷舞蹈的传统，通过长期舞台演出实践，积累了丰富的说唱与舞蹈结合的经验，适应叙事写景的演出和场地的需要，创造出许多偏重于描写的舞蹈表演，与"戏"配合，成为故事性较强的折子戏。适应了抒情性和动作性都很强的演出需要，成为许多单折抒情歌舞剧的主要表演手段。

延伸阅读

昆曲的发源地——千灯古镇

千灯旧称"千墩"，《淞南志》载：昆山县东南有水曰千墩浦，盖淞江自吴门东下至此，江之南北凡有墩及千，故名"千墩"。清宣统二年（1910年），易名"茜墩"。古镇是江苏省历史文化名镇，距今已有2500年的历史，古镇物华天宝，人文荟萃，素有"金千灯"之美称。古镇历史上的名人很多，具有代表性的有顾炎武、顾坚等，其中顾炎武名言"天下兴亡，匹夫有责"影响了一代又一代的仁人志士。千灯还是昆曲的发源地，昆曲的创始人顾坚的故居就在这里。另外这里还有昆曲表演，不断地演绎着华美的曲目。

委婉动人的地方剧——黄梅戏

黄梅戏是安徽省主要地方戏曲，已有两百多年的历史。流行于皖、鄂、赣三省。其中一支逐渐东移到安徽省安庆市为中心的安庆地区，与当地民间艺术相结合，用当地语言演唱、说白，形成了自己的特点，被称为"怀腔"或"黄梅调"。

清末，湖北省黄梅县一带的采茶调和安庆的曲调相结合，逐渐发展为一个新的戏曲剧种，当时称为"怀腔"或"怀调"，这就是早期的黄梅戏。其后黄梅戏又吸收了青

◆ 戏曲壁画（明代）

阳腔和徽调的音乐、表演方式和剧目，开始演出"本戏"。后以安庆为中心，经过一百多年的发展，黄梅戏成为安徽主要的地方戏曲和全国知名的大剧种。

黄梅戏的起源和发展

黄梅戏的起源最早可追溯到唐代。史料记载，早于唐代时期，黄梅采茶歌就很盛行，经宋代民歌的发展、元代杂剧的影响，逐渐形成民间戏曲雏形。至明清，黄梅县戏风更盛。明代崇祯年间，黄梅知县曾维伦在《黄梅风教论》中就有"十月为乡戏"的记述。清道光九年，在别霁林的《问花水榭诗集》中，一首竹枝词的描述就更为生动："多云山上稻荪多，太白湖中渔出波。相约今年酬社主，村村齐唱采茶歌。"

黄梅戏的发展，从清乾隆末期到辛亥革命前后，可以算作是初期；从辛亥革命到1949年这段时间，可以算作是黄梅戏逐渐职业化的时期，从农村草台班子走上了城市舞台。这段时间黄梅戏受到其他剧种的影响，吸收了其他剧种的元素，完善了自己；第三个阶段是从1949年到现在，是黄梅戏的成熟期，大幅度培养名角，并进而成为全国五大剧种之一。

艺术特点

黄梅戏以抒情见长，韵味丰富、优美、动听，其唱腔如行云流水，委婉清新、细腻动人，具有浓郁的乡土气息，且通俗易懂，易于普及，深受各地人民群众的喜爱。黄梅戏唱腔属板式变化体，有花腔、彩腔、主调三大腔系。花腔以演小戏为主，其曲调健康、朴实、明快、优美，表演形式活泼欢快，具有浓厚的生活气息和民歌小调色彩；"彩腔"，也称"打彩调"，是黄梅戏班社职业化后，因常被演员用来向观众"讨彩"而得名，其曲调欢快、流畅，在花腔小戏中曾广泛使用；"主调"，又称"正腔"，是黄梅戏中传统正本大戏里常用的唱腔，有平词、火攻、二行、三行等。其中平词是正本戏中最主要的唱腔，曲调严肃庄重、优美大方，常用于大段叙述、抒情，听起来委婉悠扬。

角色行当

正旦：多扮演庄重、正派的成年妇女，重唱工，表演要求稳重大方。如《荞麦记》中的王三女、《罗帕记》中的陈赛金、《鱼网会母》的陈氏等；

正生：又称"挂须"，有黑白须之分，一般黑须称"正生"，白须称"老生"。重唱念，讲究喷口、吐字铿锵有力。如《荞麦记》中的徐文进、《告经承》的张朝宗、《桐城奇案》的张柏龄等。

小旦：又称"花旦"，多扮演活泼、多情的少女或少妇，要求唱做并重，念白多用小白（安庆官话），声调脆嫩甜美，表演时常执手帕、扇子之类，舞动简单的巾帕花、扇子花。

小生：多扮演青少年男子，用大嗓演唱，表演时常执折扇。如《罗帕记》的王科举、《春香闹学》的王金荣、《女驸马》的李兆廷、《天仙配》的董永等。

小丑：分小丑、老丑、女丑（彩旦）三小行。在黄梅戏中，丑行比较受欢迎。为帮助演出，小丑常拿着一根七八寸长的旱烟袋，老丑则拿着一根二三尺长的长烟袋，插科打诨，调节演出气氛。如《打豆腐》中的王小六、《钓蛤蟆》中的杨三笑等。

老旦：扮演老年妇女，在戏中多为配角。如《荞麦记》中的王夫人。

花脸：黄梅戏中花脸专工戏极少，除在大本戏中扮演包拯之类的角色外，多扮演恶霸、寨主之类的角色，如《卖花记》的草鼎、《二龙山》的于彪等。

牵在线上的舞台——木偶戏

木偶戏历史悠久，至今已有千年的历史。木偶戏是中国民间传统艺术百花园中的一朵奇葩。2006年，木偶戏经国务院批准列入第一批"国家级非物质文化遗产名录"。

木偶戏是一种世界性的艺术，一些文明古国，如埃及、印度都有木偶戏的遗迹。木偶戏，古称"道傀儡""傀儡子"或"窟儡子"。唐人韦绚著《刘宾客佳话录》、明代王

◆ 木偶戏

衡著《真傀儡》杂剧中，记载了唐代大司徒杜佑在扬州市静街坊看"盘铃傀儡"的故事。

木偶艺术的起源

中国早在汉代就出现了活动木偶人，野史记载，汉初名臣陈平曾经利用漂亮的木偶人为刘邦解围；而《列子·汤问》中，则记述偃师向周穆王献上能歌善舞的偶人。尽管这些文献说明中国出现活动木偶人的时间很早，但是关于木偶戏的记载却仍然较模糊。

木偶艺术的起源与人类的游戏本能和最早的偶像巫术大有关系。1981年，在辽宁东沟县三家子村后洼屯东发现一座新石器时代遗址(距今6000年前)，在最下层发现有石器、玉器及雕塑等；其中陶塑器型有底部中间有孔的人头像和动物头像，小孔可以插入木棍作舞弄之用，与后世杖头木偶近似。其余雕塑则大都于一侧有小孔，考古学家认为这些都是用来佩戴在身上的装饰物或灵物。这些雕塑不管是作为崇拜对象也好，或祭祀的对象也好，当年在原始先民的生活中显然是非常珍贵的，当他们擎执着、供奉着、摸弄着，或游戏、歌舞、祈祷时，或逗弄自己孩子时，也许会以这些人像或动物像讲述氏族或家族的历史。这可能就是木偶艺术的最早起源。

木偶戏的传说

相传在明代嘉靖年间，有位秀才屡考不中。一天，他和朋友一起到九鲤仙公庙去占

◆ 木偶戏道具

卜。恍惚之中，仙公拉着他的手，在他的掌心中写了五个字："功名在掌中。"他认为这是一考必中的意思，于是欣然赴考。可是等到放榜，仍是名落孙山。秀才怅然若失，感到无颜见家乡父老，便流落他乡，在街头干起了街头艺人的行当。但是他又觉得自己堂堂一个秀才在街上抛头露面说书，有失体面，于是就用帘子把自己挡上，让观众只听其音，不见其人。

一天，有一位操纵木偶的师傅在帘外听他说书，觉得他的语言很生动，就建议他手托木偶，边说边做表演，结果大为成功，获得人们的满堂喝彩。这时秀才才明白当年仙公所写"功名在掌中"的意思，原来是预言他将来是演布袋木偶的"戏状元"。

木偶戏的发展历史

木偶的产生可以追溯到商代（前16世纪—前11世纪）奴隶殉葬的习俗，从安阳殷墟中就发掘出3000件带枷的奴隶陶俑。到了战国时代（前475—前221年）开始出现供人娱乐的乐俑。而西汉时期（前206—公元25年）乐俑已作为一种表演艺术出现。三国时代（220—280年）则出现了技艺精湛、模仿人歌舞杂技的木偶表演"水转百戏"。

随着戏曲文化的发展成熟，木偶表演也开始吸收戏曲的元素，逐渐形成木偶戏。据考证，木偶戏的出现最迟在北齐时代（550—577年），到宋朝戏曲艺术成型时，木偶戏也进入空前兴盛时期，当时木偶表演形式多种多样，大多为后世所承袭，如悬丝傀儡(提线木偶)、杖头傀儡、水傀儡、药发傀儡、铁枝木偶、布袋木偶和肉傀儡。明清时期，木偶戏渗透到全国各地，并与当地的戏曲相结合，形成丰富多彩的地方木偶戏。比如陕西合阳线戏、福建漳州布袋木偶戏等，都是木偶表演和地方戏曲艺术结合的产物。电影出现后，木偶艺术再次得到发扬，从而出现了电影木偶剧，增加了木偶戏的影响力。

延伸阅读

中国木偶制作艺术家

江加走，又名家走，字长青，福建泉州人。其父江金榜，是制作粉彩木偶的老艺术家。江加走幼年家贫，受父亲影响，热衷于雕刻木偶。18岁时继承其父雕刻神像、粉彩木偶的事业。潜心钻研传统技法，技艺达到炉火纯青的地步。所创作的木偶头像，讲究面部结构和表情，人物性格鲜明，神态生动，有的双眼能左右转，顾盼生姿。1920年，所雕木偶《封神演义》中人物，深受广大观众赞赏。中华人民共和国成立后，他的作品曾走向海外。1972年，日本首相田中角荣收到江加走的木偶雕像礼物后，赞叹有加。国际木偶界更是把江加走称为"木偶之父"，他所独创的风格被冠以"家走头"之名。

从巫师手中诞生的艺术——皮影戏

中国皮影艺术是中华民俗文化中的一朵奇葩，是世界上最早的幕影文化娱乐形式。千余年来，它为繁衍在中华大地上的儿女增添了无数年节与丰收的慰藉，寄托了对福祉的祈盼和对未来幸福的向往，它是历代广大民众的精神食粮。2006年，皮影戏经国务院批准列入第一批"国家级非物质文化遗产名录"。

皮影戏，发源于我国西汉时期的陕西华县（古华州），距今已有两千多年的历史，皮影戏也叫"纸影戏""灯影戏"，是我国古老的传统民间戏曲，是世界上最早由人配音的活动影画艺术，有人认为皮影戏是现代"电影始祖"。

皮影戏的传播

皮影戏的摇篮在陕西，明代正德三年（1508年）北京曾举办百戏大会，据说皮影戏参加了演出。另一种说法是明中叶从兰州和华亭先传入河北涿州，后再传到京西、北郊农村，然后入城并形成东、西城两派。

据说中国皮影艺术从13世纪元代起，随着军事远征和海陆交往，相继传入了波斯（伊朗）、阿拉伯、土耳其、暹罗（泰国）、缅甸、马来群岛、日本以及英、法、德、意、俄等亚欧各国，可谓影响深远。

艺术特色

皮影戏是我国西北地区的一种民间艺术形式，甘肃陇东的平凉、庆阳各县，陕西的华亭周遭，以及邻近的宁夏一带，皮影戏都非常成熟。

陇东皮影戏大约在明清时就已经十分流行，皮影造型俊俏大方，外轮廓挺拔端庄；镌刻精细流畅，重视图案的装饰效果；着色对比强烈，活泼明快；影人肢体部分之间的组合、分解合理，因而表演十分灵活，充分体现了粗中有细、豪放有致的艺术风格。

陕西皮影保留着民间说书的种种痕迹，是近代陕西多种地方

◆ 皮影

◆ 皮影戏表演

戏曲的前身。陕西皮影造型质朴单纯，富于装饰性，同时又具有精致工巧的艺术特色。陕西皮影人物造型的轮廓简明写意，线条优美生动有力度，有势有韵，在轮廓内部以镂空为主，又适当留实，做到繁简得宜、虚实相生。

山西皮影严谨规范，艺术风格及工艺手段与陕西皮影相似。皮影的用线除了虚线、实线之外，虚实线、绘线及暗线的运用更为别致。虚实线常用于皇宫贵族的建筑、摆设、衣饰等，显得富丽堂皇；绘线以墨线代刀，在难以雕镂的微小装饰物上描绘，细致精彩。使用的颜料大多是艺人们自制的大红、大绿、杏黄等，色彩鲜艳明快、清雅大方，耐蚀而且长久不变形。

皮影戏的影响

皮影是采用皮革为材料制成的，出于坚固性和透明性的考虑，又以牛皮和驴皮为佳。上色时主要使用红、黄、青、绿、黑五种纯色的透明颜料。正是由于这些特殊的材质，使得皮影人物及道具在后背光照耀下投影到布幕上的影子显得瑰丽而晶莹剔透，具有独特的美感。沿袭传统戏曲的习惯，皮影

人物被划分为生、旦、净、末、丑五个类别，更加特别的是，每个人物都由头、上身、下身、两腿、两上臂、两下臂和两手十一件连缀组成，表演者通过控制人物脖领前的一根主杆和在两手端处的两根耍杆来使人物做出各式各样的动作。在中国，不少的地方戏曲剧种都是从皮影戏中派生出来的，而皮影戏所用的幕影演出道理，以及表演艺术手段，对近代电影的发明和现代电影美术片的发展也起到了重要的先导作用。

延伸阅读

汉武帝与皮影戏

李夫人是汉武帝的宠妃之一，她生得云鬓花颜，婀娜多姿，尤其精通音律、擅长歌舞。他的哥哥李延年，能作曲填词，也是一个著名的艺术家。因此，兄妹二人都很得汉武帝的宠信，李夫人生的儿子被封为昌邑王，甚至准备立为继承人。可惜李夫人身体羸弱，更因为产后失调，因此萎顿病榻，日渐憔悴。

不久，李夫人去世，汉武帝伤心欲绝，以皇后之礼营葬，并亲自督饬画工绘制他印象中的李夫人形象，悬挂在甘泉宫里，旦夕徘徊瞻顾，低回嗟叹。汉武帝思念李夫人，有一位名叫少翁的方士，自称能够召神唤魂，使皇帝和李夫人见面。汉武帝非常高兴，当即让他做法。少翁告诉汉武帝，帝王的阳气过重，只能远观，但不能靠近，武帝答应了。果然，不久纱帐中隐约出现一个美人，模样神态与魂牵梦萦的李夫人一模一样，汉武帝连忙趋前审视，却突然消失。

实际上少翁所用的正是皮影，他用皮影剪裁了李夫人的侧面像，然后投影在纱帐上，使得汉武帝误以为是李夫人。

口头文学的巅峰——评书

评书是以北方话为基础、以北京语音为标准音调讲述的口头文学。因使用口头语言，所以在语言运用上，以第三人称的叙述和介绍为主，并形成了一套自身独有的程式与规范。现在流传下来的评书，都具有民间口头文学的特征。

评书，又称"说书"，广东粤语地区俗称"讲古"，古代称为"说话"，是中国传统的口头文学，从宋代起开始流行。各地的说书人以自己的母语对人讲述不同的故事，因此也是方言文化的一部分。

评书的起源

评书历史悠久，早在春秋时代就有人说书。战国时，诸子百家游说诸侯，经常旁征博引，用故事做比喻，后来形成许多脍炙人口的成语，像"怒发冲冠""刻舟求剑""滥竽充数"等，实际上是评书渊薮。

据老艺人们传说，评书的南、北两支派，都由明末清初的说书人柳敬亭所传。柳敬亭在清康熙元年(1662年)随漕运总督蔡士英北上，曾在北京说评书，而且收王鸿兴为弟子，这是北京评书的源头。王鸿兴又把评书艺术传给了何良臣、安良臣、邓光臣三个徒弟，时人称为"三臣"，成为当时评书界的权威，这三个弟子自立门户后，北京的评书艺人大多诞生在这三个流派。清代时，政府曾对评书这种行业备案，清雍正十三年(1735年)掌仪司出现立案，说书艺人还有皇家颁发的执照。早年的评书大多说唱相兼，类似于现代的西河大鼓、乐亭大鼓，说与唱相辅相成。因光绪年间听书的多为太监，因此，受到慈禧太后的召见，传入宫中。由于评书中唱的部分难登大雅之堂，因此，省去了唱，只是"评讲"，从而诞生了桌凳各一，醒木一块，完全用口头语言来讲说的艺

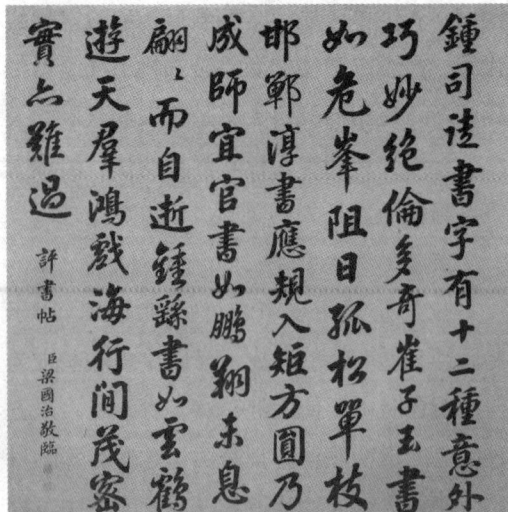

◆ 评书帖轴

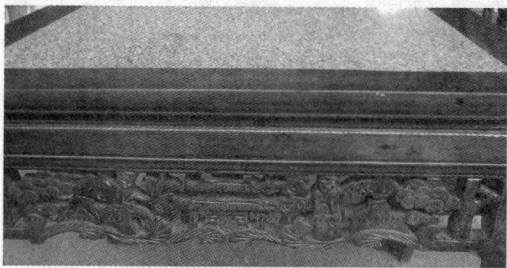

◆ 说评书的方桌

术，此后这种方式得到广泛认可。

语言特色

评书的脚本不但要求能够阅读，而且要求适合上场表演，语言必须口语化，既生动又形象。这样，说起来才能娓娓动听，引人入胜。语言上要避免讹音、错觉或含混不清。例如，小说中常称贪吃的人是"饕餮客"，评书中也照这样说，很多人听不懂。如果说这个人是"馋鬼"，又不够形象。其实传统评书里早已有了示范。像《野猪林》中描写两个公差贪吃的丑态是这样的："他俩举起了迎风的膀子，旋风的筷子，托住了大牙，垫住了底气，抽开了肚子头儿，甩开了腮帮子，吃得鸡犬伤心，猫狗落泪。"这段描写形象生动，使人发笑，用评书艺术家们的话说，这是"立起来的语言"。

艺术风格

刚劲派

这派艺人吐字轻巧俏丽，语调沉重而不呆滞，擅用"贯口"，喜欢用典。描绘战斗场面时感情充沛、讲究声势，给人以身临其境之感。模拟人物常常用大动作，火爆有力，反差鲜明。叙述过程中常常穿插妙趣横生的评点。

细腻派

细腻派又叫作"方口"。这派艺人口齿清晰、沉稳老练、外松内紧、说辞细腻、含蓄、洗练、突出静功，动作幅度较小。描摹人物形象准确、传神，铺排情节自然流畅。

洒脱派

洒脱派又叫"活口"。这派艺人以渊博的知识，洞察世态的经验，明快敏捷的机智，即兴发挥、剖情释理、针砭时弊，讽刺丑恶，冷隽、幽默、含蓄，灵活多变，以现挂（指演员根据演出的实际情况，在适宜的情境里，联系当时当地发生的事件，现场进行即兴发挥）取胜。

延伸阅读

评书创始人——柳敬亭

柳敬亭(1587—约1670年)，祖籍南通余西场，生于泰州。原名曹永昌，字葵宇。明末清初著名评书艺术家。15岁时因为强悍不驯，犯法遭到通缉。泰州府尹李三才为其开脱而流落在外。因为常听艺人说书，就在市面上按照小说野史开讲，居然吸引了大批听众。在上海时受到莫后光指点，使其说书水平实现质的飞跃。

柳敬亭曾主张改良政治，以挽救明王朝的危机。他与名将左良玉结为知己，曾深入军营劝其竭力抗清，并以说书鼓励士气，后左良玉病死九江舟中。柳怀念旧友，回到江南，酒酣之时，向人痛说左良玉遗事，闻者无不泪下。明亡后，清廷厉行"剃发令"。柳以说书艺人表演古人需要为名，一直留发不剃，不改明代衣冠，以寄伤怀故国之思。

213

竞技 杂技 体育

中华武术之宗——少林功夫

"天下功夫出少林，少林功夫甲天下"。少林武术是中华武术的重要组成部分，是我国极其宝贵的文化瑰宝。2006年，少林功夫被国务院认定为"国家级非物质文化遗产"。

少林功夫是中国武术中最具代表性，最具文化内涵，最具宗教文化底蕴，最具完整的体系，最具权威性，又最具神秘感的武术流派，它无疑是中国武术的主流学派。

少林武功的历史发展

北魏孝昌三年（527年），达摩祖师来到少林，面壁十年，并教习少林僧人强健身体的方法，这被认为是少林武术的发源。少林武术从一开始，就被注入了深厚的人文内涵，具有修身养性、清静无为的武德。经过历代少林武术名家的不断演练，形成博大精深、风格独特的少林武术。

少林拳的特征

少林拳是出自少林寺的拳术之一，影响广泛，练习人数较多。该拳术刚健有力、刚中有柔、朴实无华、利于实战，每一招每一式非打即防，没有花架子。在练习少林拳时，不受场地限制，有"拳打卧牛之地"之说，其风格主要体现一个"硬"字，攻防兼备，以攻击为主。拳势不强调外形的美观，只求技击的实用。步法进退灵活、敏捷，有冲拳一条线之说。在身段与出拳上，要求手

法曲而不曲，直而不直，进退出入，一切自如。步法要求稳固而灵活，眼法讲究以目视目，运气要气沉丹田。其动作迅如闪电，转似轮旋，站如钉立，跳似轻飞。少林拳分南、北两派，南派重拳，北派重腿，每派还分许多小派。

少林武术的器械

少林武术中的器械有棍、枪、刀、剑、叉、铲、环、刺、鞭、钩、镰、拐、铜、圈、禅杖、大鋷等。其中以棍术、枪术、刀术、剑术的练习者较多。以下将详细予以阐述：

◆ 少林寺塔林

◆ 少林寺山门前的武僧雕塑

棍术

少林派棍术有猿猴棍、风火棍、齐眉棍、大杆子、旗门棍等几十种。棍打一大片，一扫一劈全身着力。棍练起来呼呼生风，节奏生动，棍法密集，快速勇猛。它既能强身健体，又能克敌制胜，在历代抗敌御侮中，少林棍发挥过重要作用。历史上的十三棍僧就是使用棍术的一批武术名家。

枪术

枪为古代兵器之王，在古代的战争中拥有极大的杀伤力。现代人练习枪术，不仅强身健体，而且对于发展体育运动也有极大的现实意义。少林枪术有一条歌诀是："身法秀如猫、扎枪如斗虎，枪扎一条线、枪出如射箭，收枪如捺虎、跳步如登山，压枪如按虎、挑枪如挑龙，两眼要高看……各种用法奥妙全。"

刀术

刀是历代重要兵器之一，其中大刀被誉为"百兵之帅"，刀术的演练一招一式都要有威武、凛冽的气概。少林的刀有春秋大刀、梅花刀、少林单刀、少林双刀、奋勇刀、纵朴刀、雪片刀、提炉大刀、抱月刀、劈山刀、五虎少林追风刀等。

对练刀术有刀对刀、二合双刀、对劈单刀、对劈大刀、单刀进双刀等。刀的使用特点是缠头裹脑、翻转劈扫、撩挂云刺、托架抹挑等。在练习上有"单刀看手、双刀看走、大刀看顶手，劈、撩、斩、刺似猛虎"之说。

剑术

剑术矫健、优美、豪放，自古至今流传深远。少林派剑术有达摩剑、乾坤剑、连环剑、太乙剑、二堂剑、五堂剑、龙形剑、飞龙剑、白猿剑、绨袍剑、刘玄德双剑、青锋剑、行龙剑、武林双剑等。

对练剑术有二堂剑、五堂剑、少林剑等。剑诀："剑是青龙剑，走剑要平善，气要随身行，两眼顾剑尖，气沉两足稳，身法须自然，剑行如飞燕，剑落如停风，剑收如花絮，剑刺如钢钉。"

延伸阅读

禅拳合一

少林寺是禅和武的世界，僧人习武是一种修行，所以又叫"禅武"。因此在少林寺有"禅武同源，禅拳归一"之说。禅为武之主，武为禅之用。也就是说武是禅的表现，禅是武的灵魂。武是生命的有形化，禅是生命的空灵化，以禅入武，便可达到武术最高境界，武学大道也就是禅道。

养生技击并重——武当武术

武当武术产生于武当道教，以老庄哲学为理论基础，注重内家修为，具有以武演道、以柔克刚等特点。武当武术集养生、技击为一体，是中国武术源流中最著名的一个宗派。2006年，被国务院认定为"国家级非物质文化遗产"。

◆ 武当山

武当武术的起源

武当武术的发源地在湖北武当山，相传创始人是元末明初的道人张三丰。传说张三丰见蛇雀相斗，夜梦玄帝受神拳，并参悟道教的哲学元素，创制了武当武术。张三丰有七个弟子，其中张松溪对武当拳术有较大发展，创立了"松溪内家拳"，并在宁波鄞县、温州一代传播。张氏再传弟子黄百家对武当武术做了较多记录，尤其在学术上做出了较大贡献。

武当武术的特色

以"道"为指导原则

武当武术是中国武术的一个组成部分，是对中国武术的一大创新和光大，而不是在自然武术上的一种改良，是先有理论后有拳法。武当武术的理论基础为道家哲学。道家哲学的本体是"道"，认为"天、地、人"之间有一个永恒的"道"，它孕育演化为万物，而又制约万物。它的存在是无形无象、无始无终；它的行为是处柔守雌、无为不争；它的表现是柔、静、虚、空、圆、中、正、和等。这些为武当武术的创制提供了理论依据。

以养生为宗旨

武当武术在实践中极其重视人体精、气、神的修炼，讲求炼精化气、炼气化神、炼神化虚。融入"三调"（调心、调息、调身），贯彻始终，处处和中国传统医学相结合。无论在何种功法上，对外强调手、眼、身、法、步的训练；对内则强调精、神、气、力、功的训练；内与外两个方面都坚持中、正、平、圆、松、静、柔、活，注重阴阳变换，圆弧扭丝、动静结合、柔中含刚，建立起"以丹田运化修炼为核心，以经络气血津液畅通为先导，以提高性腺系统功能为重点"的有序化程序。

以技击为末学

"以技击为末学"是武当武术的核心内容，其根本原理还是源自"道"。道家的武功拳法一贯是在被动的情况下才使用。所以，它便产生了"后发制人"的要求和"贵化不贵抗"的斗争原则。又因为它始终不忘养生之本，所以在战术上多讲求"虚心实腹""守柔处雌""崇下尚退""静以制动"。所以，以技击为末学是由武当武术的养生宗旨和道德观念决定的。

以道德为门风

这里所说的门风，是指武当武术的传人一代一代要遵循的开派祖师的训诫。当年张三丰究竟制定了哪些训诫尚不得而知，但从道教的戒律和民间武当内家拳派传承的戒律来看，条款、内容虽各有不同，但基本原则是统一的，即作为一个武当武术的继承人，必须"克己复礼"，遵守公共道德。

以自然为神韵

武当派拳法以柔绵见长，处处体现出圆、圈、旋的有机交合运化之势。如八卦掌沿圆走转、纵横交织、随走随变、左右旋转、式式连绵；形意拳之"如水流之曲曲弯弯，无孔不入""其形似闪"，内旋回带，势如连环；太极拳以腰为轴，带动周身四肢

◆ 武当山紫霄殿

百骸处处划圆运动，大弧带小弧，大圆套小圆，体现出一种力的含蓄柔韧美，也体现出一种无穷的生机和活力。

传承意义

武当武术以松沉自然、外柔内刚、连绵不绝的独特风格而在武林中独树一帜，成为中华武术的主要流派之一。武当武术原本以武当山为文化空间，历史上武当山有无数高人和隐士，是专业修道者的栖息地，经过他们的演练和传播，武当武术声誉日隆，最终遍及中华大地。

延伸阅读

武当武术的创始人——张三丰

张三丰，南宋淳祐七年（1247年）生于蒙古帝国统治的辽东懿州。因为不修边幅，人称张邋遢。善书画，工诗词，中统元年，曾任中山博陵令。自称张天师后裔，为武当派开山祖师。永乐帝曾经召见他，但没有应召。传说张三丰能飞身入官、遁身而归，但并无依据。有一点是可信的，那就是张三丰曾命弟子孙碧云给永乐帝带了一封信，告之以具体的长生之道。明英宗、明宪宗、明世宗都曾赐予封号。后来不知所终，传说羽化升仙。按照传统的说法，他生于南宋末年，如一直活到明代则将近二百岁。

219

刚柔相济的运动——太极拳

太极拳是中华民族辩证的理论思维与武术、艺术、引导术的完美结合，是高层次的人体文化。2006年，国务院将其认定为"国家级非物质文化遗产"。

太极拳是集技击、强体、健身、益智和修性为一体的独特运动方式，其中蕴藏着东方哲学的深刻内涵。它将阴阳、动静、正反、有无、形神等对立统一的内容融入武术之中，以符合人体运动规律的演练形式健身养生，体现了中华民族生生不息的活力。

太极拳的发展史

太极拳经过数百年来的流传，演变出了许多流派，有陈式太极拳、杨式太极拳、孙式太极拳、吴式太极拳、武式太极拳五大派系，誉称为"五式太极拳"。

陈式太极拳

陈式太极拳由温县陈家沟（今河南温县）著名拳师陈王廷始创于明末清初，所创老架路五套，陈式世代传习、演化，又增新架路二套。陈式太极拳的原则要求：意、气、身三者密切配合，以意行气，源动腰脊，旋腰转脊，节节贯穿。

杨式太极拳

杨氏太极拳为河北永年人杨露禅所创，师承陈王廷的后裔陈长兴。杨露禅在练拳过程中和其子杨健侯、其孙杨澄甫等人在陈式老架太极拳的基础上，创造了"杨式太极拳"。杨式太极拳拳架舒展简洁，结构严谨，身法中正，动作和顺，刚柔内含，轻松自然，轻灵沉着兼而有之。姿势开展，平正朴实，练法简易，由松入柔，积柔成刚，刚柔相济。

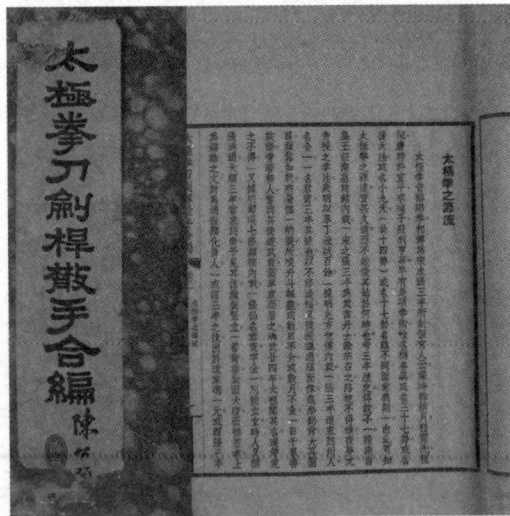

◆《太极拳刀剑杆散手合编》影印版

武式太极拳

武式太极拳为清末河北永年人武禹襄所创，武禹襄师承杨露禅学习陈式老架太极

◆ 太极图

拳，后来又跟随陈清平学赵堡太极拳，经过融会贯通，创造了"武式太极拳"。拳势讲究起、承、开、合，动作连贯顺遂，用内功的虚实转换和"内气潜转"来支配外形，以"神宜内敛"，"先在心，后在身"，"以心行气，以气运身，意动身随，意动气随，意到气到，意到力到，意力不分"，达到意、气、形三者合一。

吴式太极拳

吴式太极拳为满族人全佑所创。全佑师承杨露禅和杨露禅的儿子，后来他的儿子吴鉴全（改姓吴）将拳法发扬光大，被称为吴式太极拳。吴氏太极拳以柔化著称，动作轻松自然，连续不断，独具静态之妙。拳架虽然小巧，但具有大架功底，虽开展而紧凑，在紧凑中自具舒展，不显拘束。推手时，端正严密，细腻熨帖，守静而不妄动，以善化见长。

孙式太极拳

孙氏太极拳为河北完县人孙禄堂所创，师承太极拳名家郝为真。他自幼酷爱武术，擅长多种拳法，曾师从李魁垣、郭云深（李的师傅）学形意拳，师从程廷华学八卦掌。他融合八卦、形意、太极三家拳术的精义，创制了"孙式太极拳"。孙式太极拳的特点是：进退相随，迈步必跟，退步必撤。动作舒展圆活，敏捷自然，练时双足虚实分明，全趟练起如行云流水，绵绵不断。每转身时以"开""合"相接，所以又称"开合活步太极拳"。

传承意义

太极拳是一种极富中国传统文化特色的民族运动形式，是中国功夫文化的重要符号和载体，是促进人民身体健康和沟通交流的最佳方式。太极拳作为集文化、武术、哲学、养生为一体的特殊运动方式日益受到人们的追捧，为促进社会和谐起到了重要的作用。

延伸阅读

太极名家——陈王廷

陈王廷（1600—1680年）字奏庭，河南温县陈家沟人，出身地主家庭。明崇祯十四年(1641年)，曾经担任温县"乡兵守备"，曾在山东扫荡群匪，明朝灭亡后隐居家乡，造拳自娱，教授弟子儿孙。他依据祖传之拳术，博采众家之精华，结合太极阴阳之理，参考中医经络学说及导引、吐纳之术，创造了一套具有阴阳相合、刚柔相济的太极拳。

陈王廷去世后，蒋发、陈汝信、陈所乐继承了其拳术，并将拳术传给了下一代。之后，杨露禅、武禹襄、孙禄堂等人在他拳术的基础上各创新招，将太极拳发扬光大，传播到了全国各地。

第九讲 竞技 杂技 体育

文武双修——邢台梅花拳

梅花拳是中国传统的武术流派之一，它历经一代代武术名家的锤炼，日臻完美。梅花拳简单易学，强身效果显著，长期以来在民间广泛流传。河北省邢台市对此拳种予以申报，于2006年被国务院认定为"国家级非物质文化遗产"。

梅花拳流行于冀南邢台广宗、平乡和威县一带，以广宗、平乡两县为主。《广宗县志》和《平乡县志》记载，梅花拳在明末清初传入当地，吸取了周易八卦的原理，化阴阳五行于招数中，文武双修，阴柔与阳刚

◆ 邢台——梅花拳发源的地方

相融合。先后出现邹宏义、景廷宾等著名拳师。

梅花拳的渊源

梅花拳古称"梅拳""梅花桩"，是干支五势梅花桩的简称，为我国较为古老的拳种之一。《梅拳秘谱》上说："梅拳之始因年代久远而不可知，传云汉时已有，至今

已有百余世矣。"一说出现于西周，一说出现于春秋时期。现代可靠的记载，主要在明末、清乾隆年间流传较广。梅花拳一直缺乏史料记载，个别文献中提到也较为隐晦，基本处于迷雾中，无法考证。梅花拳从第三代邹宏义才开始拥有明确的记载。

梅花拳的内容

梅花拳的内容分为两个方面：

文理

"未学艺，先知理"，梅花拳的文理吸收了佛、道、儒三教的思想理论，融合了周易八卦、阴阳五行等精义妙法，讲究修心养性，炼神炼气，要求练功者身心双修，文武兼备，方可知"进退之中有妙招，趋避之内有利害"，"如天之无不覆，地之无不载"。

武功

梅花拳的练习，首先要从基本功练起，其内容主要有拳法、腿法、腰法、步法等练习。武功锻炼的层次和形式分为架子、成拳、拧拳、器械四部分。梅花拳还以文养武、以武济文，其指导思想和套路均遵循中

◆ 梅花桩

国传统文化"五行八卦九宫太极无极"的原理，因此梅花拳又被誉为"文化拳"。

梅花拳的特点

梅花拳十分重视基本功的练习，入门必须从"五势"（大势变化、顺势变化、拗势变化、小势变化、败势变化）开始。五势为梅花拳基本套路中五个最基本的桩步姿势。并且要求规矩严谨，短小精悍，招式灵活。在练法上排除杂念，思想集中，配合呼吸，静则气沉丹田，动则勇猛威严，做到内外合一。配合灵活的步法，结合其他攻防技法进行练习。在路线上，左右往返，纵横交错。其风格特点为：拳法密集，脚步多变，身体灵活，动作敏捷；并要求虚实分明，刚柔相间，动作有节，变化无穷；做到出手快速有力，干净利落，整套拳法一气呵成，无论是徒手还是器械，练起来犹如盛开的梅花。

传承意义

梅花拳是我国武术中著名的优秀拳种之一，内容丰富，形式多样，具有健体、舒筋、祛病的实际效用。不论是技击擒拿，还是防身健体都有其独到之处，特别是武德高尚、尊大爱小、谦虚忍让，是中华武术宝库中的绚丽瑰宝。

梅花拳不单有一套完整拳术、套路和习练功法，还有一套系统的武术理论，这在中国武术史上是开创性的，对弘扬中华武术精神和加强社会主义精神文明建设大有意义。1988年汉城奥运会上，受奥林匹克仲裁委员会之邀，中国梅花拳之梅花桩功作为中国民间竞技项目的唯一代表在开幕式上进行表演，受到世界观众的喜爱。

自1991年以来，平乡县共举办"中国梅花拳联谊会"29届，每逢正月十六日，全国各地及国外众多国家的弟子到后马庄邹氏墓寻根祭祖、切磋技艺。

延伸阅读

梅花拳武术名家

邹宏义，字光大，祖籍北直隶顺德府。被奉为梅花拳的第三代祖师。邹氏在元代曾经是官廷内臣，明朝时因功被授予"世袭一等指挥"职，长期镇守江南徐州府。邹宏义自幼天资聪颖，不但喜欢读书，而且擅长武术。当时明朝统治黑暗，世道混乱，邹宏义出于保护家小的目的，刻苦练武，传说得到了仙人张三省的传授。

邹宏义极具悟性，在武学上渐入佳境。很可能，梅花拳就是他融合了各家武术，并根据自己对太极拳的领悟创制的。总之，从邹宏义始，梅花拳拥有了正式的名称，并在民间广泛传播。康熙四十四年（1705年）邹宏义到河北马庄定居下来，门徒达到百人。梅花拳传播到了冀、鲁、豫三省，使它成为一个广泛传播的拳种。

千年沧桑奇葩——聊城杂技

聊城杂技以风格朴实、英武、粗犷、富有地方特色饮誉杂坛，赢得了广大群众的喜爱，并为繁荣新中国的杂技艺术，培养输送了大批杂技人才。2006年，经国务院批准列入第一批"国家级非物质文化遗产名录"。

聊城杂技历史悠久，艺人辈出，逐渐形成了富有齐鲁特色的杂技行业体系。聊城杂技主要包括马戏、魔术、表演三大类别，重视腰腿顶功，突出新、难、奇、美、险等特色，引人入胜，素有齐鲁英豪之称，深受广大群众喜爱。

杂技的历史

《史记》载：杂技源于角抵，又名"蚩尤戏"。传说中最早的角抵英雄蚩尤就是一位杂技高手，生前主要活动区域之一就在聊城一带，死后，其头颅葬在聊城寿张。春秋战国时期，聊城杂技得到初步发展，到汉代已经基本成熟。三国时期，杂技马戏在聊城的东阿一带已很盛行。著名文学家、诗人曹植就是一位承前启后的重要人物。魏太和三年(229年)，曹植被封为东阿王后，昔日结交的俳优术士会集东阿参加百戏会。据传，他墓前的一块风水地就是他当年的娱乐场。1951年，在曹植墓发掘的132件出土文物中，有蒜头形五花石球1个，据考证即为曹植"跳丸"用的道具。

曹植是一位出色的杂技艺术家，史料记载他"跳丸击剑，诵俳优小说数千言"，"斗鸡东郊道，走马长楸间"，在《白马篇》中"控弦破左的，右发摧月支；仰首接

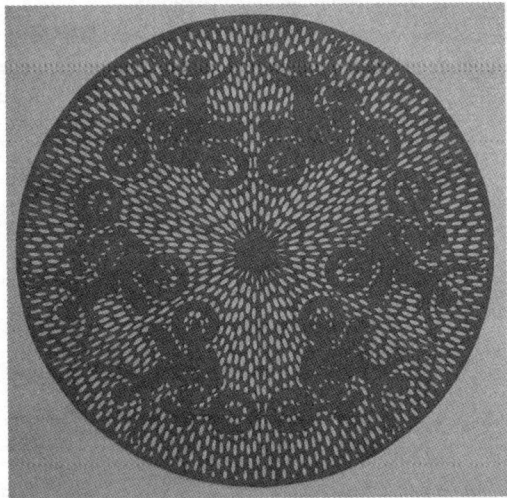

◆ 杂技"六车连环"（剪纸）

飞猱，俯身散马蹄"，就是他当时表演马术的生动写照。"踢丸击剑谁家子，鱼山杂技自此兴"则是汉魏时期对聊城杂技的褒奖。经过魏晋南北朝，杂技艺术已经非常成熟。

艺术特色

中国古代的杂技有严密的师承传统，其中不少是代代相传，这在聊城尤其明显。

◆ 连环擎碟（剪纸）

聊城的杂技拥有极大的适应性，表演形式、场所多样化。广场、剧场、街巷、客房均能适应，总体上来说有以下特点：

第一，重视腰腿顶功的训练。中国杂技自古重视顶功。汉代画像砖石和壁画、陶俑中，有许多拿顶和翻筋斗的形象。中国杂技艺人，即使是表演古代戏法的演员也要有扎实的功夫基础，所谓"文戏武活"，即是指此。

第二，险中求稳、动中求静，显示了冷静、巧妙、准确的技巧和千锤百炼的硬功夫。如"走钢丝"中种种惊险的表演，都要求"稳"；这必须有极冷静的头脑、高超的技艺，且要经过千百次刻苦训练才行，这显示了对势能和平衡的驾驭力量，表现了人类在战胜险阻中的超越精神。

第三，平中求奇。以出神入化的巧妙手法，从无到有，预示人类的创造力量。这种艺术特色在举世惊绝的"古彩戏法"中表现得最为突出。

第四，轻重并举，通灵入化，软硬功夫相辅相成。最能表现这一艺术特色的是"蹬技"节目，蹬技多数是女演员表演，演员躺在特制的方台上，以双足来蹬。蹬得飞旋如轮，只见影子不见物象。

第五，超人的力量和轻捷灵巧的跟斗技艺相结合。《叠罗汉》的底座负重量是惊人的。唐代《载竿》有一人顶十八人的记载。现藏日本，作为国宝级文物的唐代漆画弹弓，弓背上就有一个顶六人的形象。

第六，大量运用生活用具和劳动工具为道具，富于生活气息。碗、盘、坛、盅、绳、鞭、叉、帽等，在中国杂技艺人手里，变幻万状，显示了中国杂技与劳动生活的紧密关系，有些节目就是劳动技能和民间游戏结合的产物。

第七，古朴的工艺美术和形体技巧的结合。"耍坛子""转碟"等节目把中国的瓷绘艺术与杂技交融在一起。

延伸阅读

杂技名家——李禄友

李禄友(1858—1936年) 又名李禄来，艺名"李半仙"。平县杜郎口乡南李村人。戏法表演艺术家，鲁西杂技最早传人之一。自幼习武，尤喜戏法。曾随师进京为慈禧太后演出，受到赏识。1884年(光绪十年)，拜由日本归来的吴氏魔术师为师，学习外国魔术和传统戏法，得其真传。1894年(光绪二十年)，吴氏病故，李禄友葬师后返回故里，一面务农，一面收徒授艺，并以亲属和庄乡为班底，成立李家马戏班，是山东成立最早的马戏杂技班。此后，开始了近40年的领班巡回演出生涯，有"戏法把式李半仙，名震九省半个天"之美誉。

杂技与健身合一的运动——抖空竹

　　"抖空竹"是中国传统杂技中，以简单小巧、信手可得的物件，练出高超技艺的代表节目。它原是一项十分有趣的民间游戏，在中国北方，逢年过节，人们特别是孩子们，都喜欢抖空竹，并能耍出许多花样。2006年，经国务院批准列入第一批"国家级非物质文化遗产名录"。

　　抖空竹在我国有悠久的历史，是深得人民大众喜爱的一项活动。空竹为圆盘状，中有木轴，以竹棍系线绳缠绕木轴拽拉抖动。空竹原是庭院游戏，后经加工提高，有了竞技性质，并成为传统的杂技项目。

历史溯源

　　抖空竹早在三国时期就已出现，曹植写过一首诗《空竹赋》记述了抖空竹的技法；另外，宋代也流行抖空竹，有一首诗

◆ 传统空竹

说："一声低了一声高，嘹亮声音透碧霄，空有许多雄气力，无人提挈漫徒劳。"明代刘侗、于奕正在《帝京景物略》中记载："空钟者，刳木中空，旁口，荡以沥青。卓地如仰钟，而柄其上之平。另一线绕其柄，别一竹尺有孔，度其绳而抵格空钟。绳勒右却，竹勒左却。一勒，空钟轰而疾转。"清代对空竹的记载更多，坐观老人在《清代野记》中记载："京师儿童玩具，有所谓空钟者，即外省之地铃。两头以竹筒为之，中贯以柱，以绳拉之作声。唯京师之空钟，其形圆而扁，加一轴，贯两轮，其音较外省所制，清越而长。"清代《燕京岁时记》中记载："空竹者，形如车轮，中有短轴，儿童以双杖系棉线拨弄之。"另外清代李若虹在《朝市丛载》中也有记载："抖空竹，每逢庙集，以绳抖响，抛起数丈之高，仍以绳承接，演习各样身段。"生动地记述了当时民间抖空竹的情景。

　　清代抖空竹已发展成为受人欢迎的杂技节目。杂技艺人们在原有的花样基础上，

又创作出许多新的抛弄和高难技巧。表演时与优美的舞姿和动听的伴奏音乐融为一体，更进一步提高了艺术水平。

艺术特色

空竹抖动时姿势多变，使绳索翻花，做出"过桥""对扔""串绕""抢高"等动作，也有以壶盖等器具代替单轴空竹游戏的。抖空竹的技巧颇多，有"仙人跳""鸡上架""放捻转""满天飞"等诸般名目，令人眼花缭乱，目不暇接，其中"蚂蚁上树"系将长绳一端系于树梢，一端手持，另有一人抖动一只空竹，迅速将飞转的空竹抛向长绳，持绳者用力拉动长绳，将空竹抖向五六十米高的空中，待空竹落下时，抖空竹者将其稳稳接住，令观者惊叹不已。

抖空竹的动作，看上去似乎是很简单的上肢运动，其实不然，它是全身的运动，靠四肢的巧妙配合完成的。玩空竹的人要用上肢做提、拉、抖、盘、抛、接；下肢做走、跳、绕、落、蹬；眼做瞄、追；腰做扭、随；头做俯、仰、转等动作，要在最有利的一刹那间来控制它，在空中完成各种动作，过早过晚都要失败，这就需要做到反应快、时间准、动作灵敏协调。

传承意义

抖空竹是四肢巧妙配合的运动项目，有助于人们的身体健康。发展抖空竹运动，对其他体育项目是一种良好的辅助练习。

抖空竹深得人民大众喜爱，是集娱乐

◆ 现代空竹

性、健身性、技巧性、灵活性、表演性为一体的一项活动。空竹无论作为玩具，还是作为体育器具，都具有传承和发展的意义。

延伸阅读

"刘海峰葫芦"的创始人
——屈文台

屈文台（1857—1938年），又名定生，生于六道口村。他自幼喜好武术，爱玩空竹。13岁起，就会制作空竹，并且将空竹抖得娴熟。民国初年，屈文台举家来到天津，在天后宫山门外的"张仙阁"旁开设了"修竹斋"，专售空竹。他采用"刘海戏金蟾"的图案作为商标。故其制作的空竹被称为"刘海风葫芦"。刘海风葫芦选材考究，它以檀木为轴，风轮外围刻槽，用苎麻鱼鳔缠绕，做工精细，坚固耐摔，因此在同行业中独树一帜。"声眼"位置安排准确，内部竹哨深浅适度，声音响亮。分为"双轴"和"单轴"两种，双轴的有6响到38响，单轴的有3响到28响。一时非常畅销，还曾被运售国外。

足球运动始祖——蹴鞠

蹴鞠在我国拥有几千年的历史，到明清时逐渐衰微并最后消亡。由山东省淄博市提出保护并予以申报，2006年，被国务院认定为"国家级非物质文化遗产"。

《史记》和《战国策》最早记录了足球运动的情况。在汉代和汉代以前，齐国故都临淄的蹴鞠已发展成一种成熟的游乐方式，而且在民间广为盛行。其中，齐宣王就很热衷于蹴鞠，由此可见，在距今2300多年前或更早的一段历史时期，中国的足球运动就已广泛开展。

蹴鞠历史

蹴鞠曾经广泛盛行于战国时期，秦统一六国后，蹴鞠运动一度沉寂。西汉建立后，又复兴盛。汉朝人把蹴鞠视为"治国习武"之道，不仅在军队中广泛展开，而且在宫廷贵族中普遍流行。

到了汉武帝时期，《汉书》记载，汉武帝在宫中经常举行以斗鸡、蹴鞠比赛为内容的"鸡鞠之会"，汉哀帝的宠臣董贤还专门在家里养了一批会踢球的"鞠客"。可见，在西汉时期，足球活动的社会面更为扩大了。

唐代开始有了女子足球。女子足球的踢法是不用球门的，以踢高、踢出花样为能事，称为"白打"。唐代诗人王建有一首《宫词》说："殿前铺设两边楼，寒食宫人步打球。一半走来争跪拜，上棚先谢得头筹。"描述了宫女打球的场面。唐太宗、玄宗都爱看踢足球，当时球门是"树两修竹，络网于上，以门为度球。球又分左右朋，以角胜负"。

到了宋代，社会上产生了专门靠踢球技艺维持生活的足球艺人。为了维护自身利益和发扬互助，至少在南宋时期，踢球艺人建立了自己的团体"齐云社"，又称"圆社"。这是专门的蹴鞠组织，专事负责蹴鞠活动的比赛组织和宣传推广，这是我国最早的单项运动团体，类似于今天的足球俱乐部；也可以说，它就是世界上最早的足球俱乐部。

◆ 蹴鞠（铜镜）

◆ 蹴鞠雕像

《明史》上记载，拥兵三吴、称兵割据的吴王张士诚的弟弟张士信，"每出师，不问军事，辄携樗蒲（一种赌具）、蹴鞠，拥妇女酣宴"。可见踢球已和淫乐连在一起。所以，朱元璋称帝之后，传下圣旨，严厉禁止军人踢球。朱元璋的圣旨只能禁止军人踢球，但并不能改变足球的娱乐性质。

清代中叶以后，随着西方现代足球的传入，中国传统的蹴鞠活动被现代足球所取代。

竞技特色

蹴鞠是中国一项古老的体育运动，蹴鞠比赛有直接对抗、间接对抗和白打三种形式。

有球门的蹴鞠比赛又可分为双球门的直接竞赛和单球门的间接比赛。双球门的直接竞赛是汉代（前206—220年）蹴鞠的主要方式，且被用于军事练兵。进行直接对抗比赛时，设鞠城（即球场），周围有短墙。比赛双方都有像座小房子似的球门；场上队员各12名，双方进行身体直接接触的对抗，就像打仗一样，踢鞠入对方球门多者胜。

由双球门竞赛演变而来的单球门间接比赛是唐宋时期蹴鞠的主要方式，主要用于为朝廷宴乐和外交礼仪竞赛表演。进行间接对抗比赛时中间隔着球门，球门中间有两尺多的"风流眼"，双方各在一侧，在球不落地的情况下，能使之穿过风流眼多者胜。

无球门的散踢方式称作"白打"，历时最久，开展得最为广泛，有一人到十人等多种形式。白打主要是比花样和技巧，亦称比"解数"，每一套解数都有多种踢球动作，如拐、蹑、搭、蹬、捻等，古人还取了一些比较有诗意的名字，如转乾坤、燕归巢、斜插花、风摆荷、佛顶珠、旱地拾鱼、金佛推磨、双肩背月、拐子流星等。

延伸阅读

历史轶事两则

一、第一个因踢球名垂史册的人

西汉时期的项处是第一个因踢球而名垂史册的人。《史记·扁鹊仓公列传》记载，名医淳于意为项处看病，叮嘱他不要过度劳累，但项处不听，仍外出踢球，结果呕血身亡，这也使得项处成为世界上有史可查的第一个狂热"球迷"。

二、史上第一份首发名单

南宋《武林旧事》曾列出了"筑球三十二人"竞赛时两队的名单与位置："左军一十六人：球头张俊、跷球王怜、正挟朱选、头挟施泽、左竿网丁诠、右竿网张林、散立胡椿等；右军一十六人：球头李正、跷球朱珍、正挟朱选、副挟张宁、左竿网徐宾、右竿网王用、散立陈俊等"。这恐怕是历史上的第一份足球"首发名单"了。

第十讲
美食 美酒 宴席

冬日的"席上春风"——火锅

火锅，一般而言，是以锅为器具，以热源烧锅，以水或汤导热，涮煮食物的烹调方式，同时亦可指这种烹调方式所用的锅具。

火锅，古称"古董羹"，因投料入沸水时发出的"咕咚"声而得名。它是中国独创的美食，历史悠久。据考证，中华人民共和国成立后出土的东汉文物"镬斗"，即为火锅。

火锅的起源

《韩诗外传》中记载，古代祭祀或庆典，要"击钟列鼎"而食，即众人围在鼎的周围，将牛羊肉等食物放入鼎中煮熟分享，这可视为火锅的萌芽。汉代出现一种名为"染炉""染杯"的小铜器，是古代单人使用的小火锅。其构造分为三部分：主体为炭炉，上面有盛食物的杯，容积一般为250～300毫升，下面有承接炭火的盘。

关于火锅的起源有两种说法：一说始于三国时期，那时的"铜鼎"，就是火锅的前身；另一说始于东汉，出土文物中的"斗"就是指火锅。而重庆火锅则早在左思的《三都赋》中就有记录。其历史至少在1700年以上。

火锅的历史

《魏书》记载，三国时代，已有铜制的火锅出现，但当时并不流行。魏文帝所提到的"五熟釜"，就是分有几格的锅，可以同时煮各种不同的食物，和现今的"鸳鸯锅"有异曲同工之妙。到了南北朝，"铜鼎"是最普遍的器皿，也就是现今的火锅。演变至唐朝，火锅又称为"暖锅"。最初流行于我国寒冷的北方地区，人们用来涮猪、牛、羊、鸡、鱼等各种肉食，后来随着我国经济文化日益发达，烹调技术进一步发展，各式火锅也相继登上餐桌。

到北宋时代，汴京开封的酒馆冬天已有火锅应市。宋人林洪在《山家清供》一书中记载了吃火锅，即其所称的"拨霞供"。他谈到游武夷山，访师道，在雪地里捉到一

◆ 小火锅

◆ 宋代温酒女佣石刻

只兔子，无厨师烹制。"师云，山间只用薄批，酒、酱、椒料沃之。以风炉安桌上，用水半铫，候汤响一杯后，各分以箸，令自夹入汤摆熟，啖之，乃随意各以汁供随意沾食。"从吃法上看，类似现在流行的"涮兔肉火锅"。

五代时出现过五格火锅，将火锅分成五格供客人涮用。一种是铜制的，一种是陶制的，主要做煮肉食用。

到了清朝统治的年代，火锅涮肉已经成为宫廷的冬令佳肴。清代嘉庆皇帝登基时，作为太上皇的乾隆帝大摆"千叟宴"，所用火锅达到1550个，其规模之大，堪称旷古绝今。到了清朝末期民国初年，在全国已形成了几十种不同的火锅。日本室町时代，火锅从中国传入日本，也就是日本的"司盖阿盖"（锄烧）。如今火锅还传到美国、法国、英国等国家。

各地火锅特色

中国火锅种类繁多，风味独特。著名的如广东的海鲜火锅，食而不腻；苏杭一带的菊花火锅，清香爽神；云南的滇味火锅，鲜嫩香辣；湘西的狗肉火锅，有"狗肉滚三滚，神仙站不稳"的美誉；重庆的毛肚火锅风味别致。此外，杭州的三鲜火锅、东北的白肉火锅、香港的牛肉火锅等，也别具风味，堪称寒冬里的"席上春风"，为食客们所津津乐道。

火锅的文化

火锅不仅是美食，而且蕴含着饮食文化，为人们品尝时倍添雅趣。如东北人招待贵客时，火锅里的菜摆法颇有规矩：前飞后走，左鱼右虾，四周轻撒菜花。即飞禽类肉放在火锅对炉口的前方，走兽类肉放于火锅后边，左边是鱼类，右边是虾类，各种菜丝稍许放一些。若对待不速之客，则把两个特大肉丸子放在火锅前边，后边是走兽类肉，示意你离去。台湾客家人多在大年初七这天吃火锅，火锅用料有七样菜是少不了的，即芹菜、蒜、葱、芫菜、韭菜、鱼、肉。寓意：勤快、会算、聪明、人缘好、长久幸福、有余、富足。

延伸阅读

帝王与火锅的趣事

古代一些帝王与火锅也有着一定情结。元世祖忽必烈喜欢吃火锅，有一年冬天，部队突然要开拔，而他饥肠辘辘，一定要吃羊肉，聪明的厨师情急之中将羊肉切成薄片，放入开水锅中烫之，并加调料、葱花等物，忽必烈食后赞不绝口。后来，他做了皇帝仍不忘此菜，并赐名为"涮羊肉"。

走俏世界的"中华菜"——豆腐

两千多年来，随着中外文化的交流，豆腐不但走遍全国，而且走向世界。今天，世界人民都把品尝中国豆腐菜看作一种美妙的饮食享受，它就像中国的茶叶、瓷器、丝绸一样享誉世界。

豆腐是我国古老的传统食品，中国人首开食用豆腐之先河，在人类饮食史上，树立了嘉惠世人的丰功。豆腐菜被称为"国菜"，这是因为豆腐不仅起源于中国，而且受到国人的普遍喜爱，也受到全世界人民的欢迎。

豆腐的传说

传说，汉代的淮南王刘安喜好道术，期盼能够长生不老，不惜花重金请有特殊能力的术士，其中较为出名的有苏非、李尚、田由、雷波、伍波、晋昌、毛被、左昊八人，号称"八公"。刘安常常和八公相伴，

◆ 回锅豆腐

在北山一代造炉炼丹。有一次，他们取山中"珍珠""大泉""马跑"三泉清冽之水磨制豆汁，又以豆汁培育丹苗，不料炼丹不成，豆汁与盐卤化合成一片芳香诱人、白白嫩嫩的东西。当时众人不知这是什么东西，有个胆大的农夫尝了一下，竟然美味可口，于是取名"豆腐"。刘安无意中成为创造豆腐的祖师，从而使得八公山方圆数十里的广大村镇成了名副其实的"豆腐之乡"。

豆腐的历史

豆腐最晚在汉代出现，当时淮河流域的农民已学会使用石制水磨，农民们把豆类用水浸泡后放入装有漏斗的水磨内，磨出糊糊物摊在锅里做豆饼吃。豆浆也是淮河两岸农家的日常食物。农家人种豆、煮豆、磨豆、吃豆，积累了各种烹调经验。人们从豆浆放久了会变质凝固这一现象得到启示，用古老的自淀法创制了早期的豆腐。

五代时，豆腐已在南北各地的食品市场上供应。据记载，豆腐还有个别名叫"小宰羊"，意思是说豆腐的白嫩及营养价值可

◆ 汉代画像石庖厨图

与鲜嫩的羊肉相提并论。

宋代豆腐作坊遍地开花。如安徽的八公山豆腐，湖北的黄州豆腐，福建的上杭豆腐，河北的正定豆腐，广西桂林的腐乳，浙江绍兴的臭豆腐等都是有名的豆腐制品。

豆腐的传承发展

宋明以后，豆腐更加广为流传，许多文人名士也走进传播者的行列。北宋大文豪苏东坡善食豆腐，元祐二年担任杭州知府期间，曾亲自动手制作东坡豆腐。南宋诗人陆游也在自编的《渭南文集》中记载了豆腐菜的烹调。

随着豆腐文化的传播，各地人民依照自己的口味，不断发展和丰富着豆腐菜的制作方法。流传至今的有四川东部的"口袋豆腐"、成都的"麻婆豆腐"、湖北的"荷包豆腐"、杭州的"煨冻豆腐"、无锡的"镜箱豆腐"、扬州的"鸡汁煮干丝"、屯溪的"霉豆腐"，以及以豆腐衣为原料的"腐乳糟大肠"等。

延伸阅读

臭豆腐的由来

相传臭豆腐为清康熙年间北京商人王致和首创。有一年夏天，为了攒钱给儿子娶媳妇，全家人玩命地做豆腐。谁知做得多卖得少，剩下的豆腐都馊了。王致和急中生智，便往豆腐上撒些盐和花椒粉等佐料，然后放在豆腐坊的后堂。过了几天，店堂里飘出一股股臭味，白豆腐变成了黑青块块。王致和拿起扔嘴里一尝，感觉异常鲜美。于是全家人搬出店外摆摊叫卖。不一会儿，便被人抢光了。从此，王致和臭豆腐名满京华。

第十讲 美食美酒宴席

235

神秘的东方美食——饺子

饺子是一种深受老百姓喜爱的传统面食，陕西民间有"舒服莫过躺着，好吃莫过饺子"的俗语。饺子源于古代的"角子"，是由南北朝至唐朝时期的"偃月形馄饨"和南宋时的"燥肉双下角子"发展而来的，距今已有1800多年的历史。

饺子原名"娇耳"，距今1800多年的历史，是深受中国人民喜爱的传统特色食品，是中国北方民间的主食和地方小吃，分水煮的饺子和蒸的饺子，现在也有油煎饺。饺子是年夜饭桌上必不可少的。尤其是在中国北方，包饺子、吃饺子，已成为多数家庭大年夜的一个重要活动。俗话说："大寒小寒，吃饺子过年。"吃饺子，在春节这个隆重的节日里具有很强的象征意义。

起源

早在三国时期，魏国张揖所著的《广雅》一书中，就提到饺子。清朝有关史料记载说："元旦子时，盛馔同离，如食扁食，名角子，取其更岁交子之义。"又说："每年初一，无论贫富贵贱，皆以白面做饺食之，谓之煮饽饽，举国皆然，无不同也。富贵之家，暗以金银小锞藏之饽饽中，以卜顺利，家人食得者，则终岁大吉。"这说明新春佳节人们吃饺子，寓意吉利，以示辞旧迎新。近人徐珂编的《清稗类钞》中说："中有馅，或谓之粉角——而蒸食煎食皆可，以

水煮之而有汤叫作水饺。"千百年来，饺子作为贺岁食品，受到人们喜爱，相沿成习，流传至今。

饺子的传说

相传张仲景任长沙太守时，常为百姓除疾医病。有一年当地瘟疫盛行，他在衙门口垒起大锅，舍药救人，深得长沙人民的爱戴。张仲景从长沙告老还乡后，正好赶上冬

◆ 饺子

至，走到家乡白河岸边，见很多穷苦百姓忍饥受寒，耳朵都冻烂了。张仲景回到家，求医的人特别多，他忙得不可开交，但他心里总挂记着那些冻烂耳朵的穷百姓。他仿照在

◆ 包饺子的原料

长沙的办法，叫弟子在南阳东关的一块空地上搭起医棚，架起大锅，在冬至那天开张，向穷人舍药治伤。

张仲景的药名叫"祛寒娇耳汤"，是总结汉代300多年临床实践而成的，其做法是用羊肉、辣椒和一些祛寒药材在锅里煮熬，煮好后再把这些东西捞出来切碎，用面皮包成耳朵状的"娇耳"，下锅煮熟后分给乞药的病人。每人两只娇耳、一碗汤。人们吃下祛寒汤后浑身发热，血液通畅，两耳变暖。老百姓从冬至吃到除夕，抵御了伤寒，治好了冻耳。

张仲景舍药一直持续到大年三十。大年初一，人们庆祝新年，也庆祝烂耳康复，就仿"娇耳"的样子做过年的食物，并在初一早上吃。人们称这种食物为"饺耳""饺子"或"扁食"。此后形成传统，人们在冬至和年初一吃饺子，以纪念张仲景开棚舍药和治愈病人的日子。

饺子的历史

三国时已有形如月牙的食品，称为"馄饨"，和现在的饺子形状基本类似。南北朝时，馄饨"形如偃月，天下通食"。据推测，那时的饺子煮熟以后，不是捞出来单独吃，而是和汤一起盛在碗里混着吃，所以当时的人们把饺子叫"馄饨"。大约到了唐代，饺子已经变得和现在的饺子几乎一样，而且是捞出来放在盘子里单个吃。宋代称饺子为"角儿"，是后世"饺子"一词的词源。元朝称饺子为"扁食"，这种说法在现代陕西一带仍然沿用。明朝万历年间沈榜的《宛署杂记》记载："元旦拜年，作匾食。"刘若愚的《酌中志》载："初一日正旦节，吃水果点心，即匾食也。"元明时期"匾食"的"匾"，如今已通作"扁"。"扁食"一名，可能出自蒙古语。清朝时，出现了诸如"饺儿""水点心""煮饽饽"等有关饺子的新称谓。饺子名称的增多，说明民间在春节期间吃饺子的地域在不断扩大。

延伸阅读

关于吃饺子的传说

过年吃饺子有很多传说，一说是为了纪念盘古氏开天辟地，结束了天地间的混沌状态，二是取其与"浑囤"的谐音，意为"粮食满囤"。另外，民间还流传吃饺子的民俗与女娲造人有关。女娲抟土造成人时，由于天寒地冻，黄土人的耳朵很容易冻掉，为了使耳朵固定不掉，女娲在人的耳朵上扎一个小眼，用细线把耳朵拴住，线的另一端放在黄土人的嘴里咬着，这样才算把耳朵做好。老百姓为了纪念女娲的功绩，就包起饺子来，用面捏成人耳朵的形状，内包有馅（线），用嘴咬着吃。

237

端午节传统食物——粽子

端午节吃粽子是中国的又一大节日习俗，粽子古称"角黍"，由来已久，花样繁多，是中国历史上迄今为止文化积淀最深厚的传统食品。

粽子又叫"角黍""筒粽"，根据特色有南北之分，风味不同。相对来说北方粽子较为简单，南方粽子则做法复杂，种类很多。吃粽子的习俗在全国都有，不但千百年来在中国盛行不衰，而且传到朝鲜、日本及东南亚诸国。

粽子的起源

关于粽子最早的记载是1600年前西晋新平太守周处所写的《风土记》云："仲夏端午，烹鹜角黍。" 粽子的起源有很多说法，最让人信服的是"包烹"之说，就是50万年前发明火后，为了烧烤食物，用树叶包裹食物放在火中煨后剥叶而食，这虽不叫粽子，却已有粽子的雏形。经过40万年的春秋更迭，进入石烹时代，先人们已能在地上挖坑，坑中垫兽皮，再注水其中，投入烧烫的石子使水沸腾，煨煮用植物叶子包裹的食品，直至煮熟，这就更像现在的粽子了。

民间传说

大约南北朝以后，民间开始出现粽子，源自百姓祭奠屈原的说法。

南朝梁的吴均（467—520年）在《续齐谐记》中写道："屈原五月五日投汨罗而死，楚人哀之。每至此日，竹筒贮米，投水祭之。汉建武中，长沙欧回，白日忽见一人，自称三闾大夫，谓曰：'君当见祭，甚善。但常所遗，苦蛟龙所窃。今若有惠，可以楝树叶塞其上，以五彩丝缚之。此二物，蛟龙所惮也。'回依其言。世人作粽，并带五色丝及楝叶，皆汨罗之遗风也。"

屈原投江后，百姓怕屈原的尸体被江里的鱼吃掉，于是裹了粽子，投入江中喂鱼。粽子与屈原关联的说法，有很浓的浪漫主义色彩，因此被广为传颂。粽子在文人歌赋中屡有出现。元稹在《表夏》十首中写道："彩缕碧筠粽，香粳白玉团。"宋代杨无咎在《齐天乐端午》中写道："疏疏数点黄梅

◆ 粽子

◆ 制作粽子的馅儿

雨。殊方又逢重午。角黍包金，菖蒲泛玉，风物依然荆楚。衫裁艾虎。更钗袅朱符，臂缠红缕。扑粉香绵，唤风绫扇小窗午。"粽子和屈原的传说是流传最广的版本。当然，少数地区也有其他说法。

粽子的历史

据记载，早在春秋时期，用菰叶（茭白叶）包黍米成牛角状，称"角黍"；用竹筒装米密封烤熟，称"筒粽"。东汉末年，以草木灰水浸泡黍米，因水中含碱，用菰叶包黍米成四角形，煮熟，成为广东碱水粽。

晋代，粽子被正式定为端午节食品。这时，包粽子的原料除糯米外，还添加中药益智仁，煮熟的粽子称"益智粽"。 时人周处《岳阳风土记》记载："俗以菰叶裹黍米……煮之，合烂熟，于五月五日至夏至啖之，一名粽，一名黍。"南北朝时期，出现杂粽。米中掺杂禽兽肉、板栗、红枣、赤豆等，品种增多。此外，粽子还是古代人们交往的礼品。

到了唐代，粽子的用米，已"白莹如玉"，其形状出现锥形、菱形。日本文献中就记载有"大唐粽子"。宋朝时，已有"蜜饯粽"，即果品入粽。诗人苏东坡有"时于粽里见杨梅"的诗句。元、明时期，粽子的包裹料已从菰叶变革为箬叶，后来又出现用芦苇叶包的粽子，附加料已出现豆沙、猪肉、松子仁、枣子、胡桃等，品种更加丰富多彩。

粽子的文化内涵

粽子，已经成为一个文化符号，能让人感受到传统文化的浓浓底蕴。首先，因为吃粽子，能让人们记住了端午节是纪念伟大的爱国诗人屈原的节日，会增强人们对爱国、忠义、忧国忧民的屈原的怀念与崇敬，从这个意义上说，吃粽子又成为一种文化心理的寄托，是粽子文化的升华。其次，节日期间走亲访友，粽子成为端午节的往来礼物，在孝敬老人、联络亲情方面的作用不可低估。制作粽子的过程和分送给亲朋好友都体现了中国人传统的亲情观。

延伸阅读

"五芳斋"粽子的名字由来

"五芳斋"得名于清道光年间，创始人姓沈，系吴县陆墓采莲（今相城区元和镇开发区）人。

沈氏起初在齐门外开了一家甜食铺，以玫瑰、桂花、莲心、薄荷、芝麻五种苏州人爱吃的东西作为原料，制作桂花圆子、赤豆糖粥焙酥豆、莲心羹、冰雪酥、玫瑰糕等甜食小吃。

沈氏膝下生有五个女儿，分别取名玫芳、桂芳、莲芳、荷芳和芝芳，恰好和店里常用的原料在字面上有相通之处，街坊邻居就开玩笑地称他的店叫"五芳斋"。

沈氏老板干脆将错就错，正式将店铺取名"五芳斋"。这就是五芳斋名字的由来。

中秋节传统食物——月饼

月饼，又称胡饼、宫饼、小饼、月团、团圆饼等。月饼最初是用来祭奉月神的祭品，后来人们逐渐把中秋赏月与品尝月饼作为家人团圆的象征，月饼慢慢成了节日的食品，中秋吃月饼也成为中国节令文化中的一项重要习俗。

◆ 唐玄宗像

中秋吃月饼，和端午吃粽子、元宵节吃汤圆一样，是中国民间的传统习俗。古往今来，人们把月饼当作吉祥、团圆的象征。每逢中秋，皓月当空，阖家团聚，品饼赏月，谈天说地，尽享天伦之乐。中秋团圆，赏月及吃月饼之俗由来已久，历代而后，不断加进新的内容，丰富了这个民族特色浓郁的传统节日，流传至今，盛行不衰。

月饼的起源

相传我国古代，帝王就有春天祭日、秋天祭月的礼制。在民间，每逢八月中秋，也有拜月或祭月的风俗。"八月十五月儿圆，中秋月饼香又甜"，这句民谚道出中秋之夜城乡人民吃月饼的习俗。随着时间的推移，月饼由祭品变成了世俗食品，人们逐渐把中秋赏月与品尝月饼，作为家人团圆的象征，慢慢月饼也就成了节日的礼品。

月饼的传说

史料记载，早在商、周时期，江浙一带就有一种纪念太师闻仲的边薄心厚的"太师饼"，此乃中国月饼的"始祖"。汉代张骞出使西域时，引进芝麻、胡桃，为月饼的制作增添了辅料，这时便出现了以胡桃仁为馅的圆形饼，名曰"胡饼"。

唐代，民间出现了专门从事生产的饼师，京城长安也开始出现糕饼铺。据说，有一年中秋之夜，唐玄宗和妃子赏月吃胡饼时，唐玄宗嫌"胡饼"名字不好听，那妃子仰望皎洁的明月，灵机一动，随口而出"月饼"，从此月饼的名称便在民间逐渐流传开。北宋皇家中秋节喜欢吃一种"宫饼"，民间俗称为"小饼""月团"。

元代末年，相传高邮张士诚（另一说为朱元璋）利用中秋节互相馈赠麦饼的机会，在饼中夹带字条，约定八月十五晚上举行起义，这一举动波及全国，影响巨大，所以有中秋吃月饼的习俗。

到了明代，中秋吃月饼才在民间正式传开，很多典籍皆有记载。如沈榜《宛署杂记·民风》曰："士庶家俱以是月造面饼相遗，大小不等，呼为月饼。市肆至以果为馅，巧名异状，有一饼值百钱者。"田汝成《西湖游览志余》记载："八月十五日谓之中秋，民间以月饼相遗，取团圆之义。"清代，月饼的制作工艺有了较大提高，品种也不断增加，月饼到处皆有。

月饼的历史

月饼，唐朝作为战胜的祝捷食品，唐高祖年间，大将军李靖征讨匈奴得胜，八月十五凯旋。当时有经商的吐鲁番人向唐朝皇帝献饼祝捷。高祖李渊接过华丽的饼盒，拿出圆饼，笑指空中明月说："应将胡饼邀蟾蜍。"说完把饼分给群臣一起吃。

"月饼"一词，在南宋《武林旧事》一书中就早有出现。从书中的记载来看，当时的月饼是蒸制而成的。这种笼蒸的面饼作为中秋必食之品，直到现在仍是山东、河南等地的流行风俗。南宋吴自牧的《梦粱录》一书，已有"月饼"一词，但中秋赏月、吃月饼的描述，出现于明代的书籍《西湖游览志余》，记载说："八月十五日谓之中秋，民间以月饼相遗，取团圆之义。"到了清代，关于月饼的记载就多起来了，而且制作越来越精细。

◆ 月饼

明清时代，月饼已成为我国各地的中秋美食。《明宫史》中载："八月，宫中赏秋海棠、玉簪花。自初一起，即有卖月饼者……至十五日，家家供月饼瓜果……如有剩余月饼，乃整收于干燥风凉之处，至岁暮合家分用之，曰'团圆饼'也。"

延伸阅读

月饼传说

相传唐明皇李隆基在宫中赏月，身旁道士罗公远变法术，将手杖扔向云天化为一道长桥，邀玄宗同游月宫。两人走过长桥，眼前忽现一座宫院，上书"广寒清虚之府"。再看宫内仙山琼阁引人入胜。宫中嫦娥命宫女捧上可口仙饼让客人品尝，并观赏了天仙们表演的轻歌曼舞。

待回到人间，唐明皇命人照月宫所见所闻一一仿造下来。此后，人间就有了"霓裳羽衣曲"和形如圆月的"月饼"。苏东坡有"小饼如嚼月，中有酥和饴"的诗句，说明宋代的月饼做工已经十分考究了。

最豪奢的中华大宴——满汉全席

满汉全席是我国一种具有浓郁民族特色的巨型宴席。既有宫廷菜肴的特色，又有地方风味之精华，突出满族菜点的特殊风味，烧烤、火锅、涮锅几乎都是不可缺少的菜点，同时又展示了汉族烹调的特色，扒、炸、炒、熘、烧等兼备，是中华饮食文化中的瑰宝。

满汉全席菜点精美，礼仪讲究，形成了引人注目的独特风格。入席前，先上二对香、茶水和手碟；台面上有四鲜果、四干果、四看果和四蜜饯；入席后先上冷盘然后热炒菜、大菜、甜菜依次上桌。满汉全席，分为六宴，均以清宫著名大宴命名。汇集满汉众多名馔，以时鲜海味、山珍异兽为原材料。全席计有冷荤热肴一百九十六品，点心茶食一百二十四品，计肴馔三百二十品。

满汉全席起源

清入关以前，宫廷宴席非常简单。一般宴会，露天铺上兽皮，大家围拢一起，席地而餐。《满文老档》记："贝勒们设宴时，尚不设桌案，都席地而坐。"菜肴一般是火锅配以炖肉，猪肉、牛羊肉加以兽肉。皇帝出席的国宴，也不过设十几桌、几十桌，也是牛、羊、猪、兽肉，用解食刀割肉为食。

随着清政权在中原地区的稳固，汉族食品逐渐影响到满族菜。当时，宴席上既有满族官员，也有汉族官员，因此就有了满汉菜的拼盘。后来发展成官场中举办宴会时满人和汉人合坐的一种全席，它既有宫廷菜肴之特色，又有地方风味之精华，菜点精美，礼仪讲究。满汉全席上菜一般起码一百零八种，分三天吃完。它取材广泛，用料精细，

◆ 满汉全席的一部分

第四种是千叟宴，始于康熙，盛于乾隆时期，是清宫中规模最大、与宴者最多的盛大御宴。康熙五十二年在阳春园第一次举行千人大宴，康熙在席赋《千叟宴》诗一首，因此得名。乾隆五十年于乾清宫举行千叟宴，与宴者三千人，即席用柏梁体选百联句。嘉庆元年正月再举千叟宴于宁寿宫皇极殿，与宴者三千多人，即席赋诗三千余首。后人称千叟宴是"恩隆礼洽，为万古未有之举"。

第五种是九白宴，始于康熙年间。康熙初定蒙古外萨克等四部落时，这些部落为表忠心，每年以"九白"（白骆驼一匹、白马八匹）为贡，以此为信。

第六种是节令宴，指清宫内廷按固定的年节时令而设的筵宴。

◆ 乾隆帝戎装图（郎世宁画）

烹技精湛，山珍海味无所不包，既突出了满族菜点烧、烤、涮的特殊风味，又展示了汉族烹饪扒、炸、炒、熘、烧等特色，是中华菜系文化的瑰宝。

满汉全席的种类

乾隆甲申年间李斗所著《扬州书舫录》中记有一份满汉全席食单，是关于满汉全席最早且内容最为完整的记载。据该书中的膳单，大致可将满汉全席分为以下六种：

第一种是蒙古亲藩宴，此宴是清朝皇帝为招待与皇室联姻的蒙古亲族所设的御宴。

第二种是廷臣宴，廷臣宴于每年上元节后一天，即正月十六日举行，由皇帝亲点大学士、九卿中有功勋者参加。

第三种是万寿宴，是清朝帝王的寿诞宴。

延伸阅读

满汉全席——闻喜煮饼的故事

山西闻喜煮饼始于清康熙年间，至今已有三百多年的历史。相传康熙皇帝巡行路经闻喜时，闻喜官绅为接圣驾，遍选名师治宴。席间，皇上觉得其他肴馔都淡而无味，唯有煮饼滋味独特，余味绵长，不禁喜问其名，众官宦搜索枯肠，都想取一个吉利的名称来讨皇上高兴，但因皇上猝然发问，不免一时语塞，无言以对。皇上见此情状不觉笑道：就叫煮饼吧。于是康熙皇帝命名的闻喜煮饼名声大噪，并流传至今。

第十讲 美食美酒宴席

243

融日常生活与养性为一体——饮茶文化

饮茶在古代中国不但流行于上层社会，而且也是普通百姓生活中的重要内容。柴米油盐酱醋茶，老百姓把茶列为日常生活中的七件大事之一，可见饮茶在生活中扮演的角色之重。

中国是茶的故乡，是世界上最早发现茶树、利用茶叶和栽培茶树的国家。茶树的起源至少已有六七万年的历史。茶被人类发现和利用，有四五千年的历史。

◆ 上品茶具——宜兴紫砂壶

茶的起源

茶的利用最初是孕育于野生采集活动之中的。古史传说中认为"神农乃玲珑玉体，能见其肺肝五脏"，理由是："若非玲珑玉体，尝药一日遇十二毒，何以解之？"又有说："神农尝百草，日遇十二毒，得茶而解之。"两说虽然都是传说，但有一点却值得注意，"茶"在长久的食用过程中，人们越来越注重它的"药"用效果。

依照《诗经》等有关文献记录，在史前期，"茶"泛指各种苦味野生植物性食物原料。在食医合一的历史时代，茶类植物的止渴、清神、消食、除瘴、利便等药用功能早已为人们发现。然而，由一般性的药用饮品发展成生活中日常的饮料，还必须有某种特别的因素，即人们实际生活中的某种特定需要。

茶文化的形成和发展历史非常悠久。武王伐纣，茶叶已作为贡品；原始公社后期，茶叶成为货物交换的物品；战国，茶叶已有一定规模；先秦《诗经》总集有茶的记载；汉朝，茶叶成为佛教"坐禅"的专用滋补品；魏晋南北朝，已有饮茶之风；隋朝，全民普遍饮茶；唐代，茶业昌盛，"人家不可一日无茶"，出现茶馆、茶宴、茶会，提倡客来敬茶。《茶经》正是在这种氛围中诞生的，《茶经》吹响了中华茶文化的号角。从此茶文化渗透了宫廷和民间，和中国的诗词、绘画、书法、宗教、医学一样成为中国的符号。

宋朝流行斗茶、贡茶和赐茶。清朝，曲艺进入茶馆，茶和娱乐联为一体。茶文化是

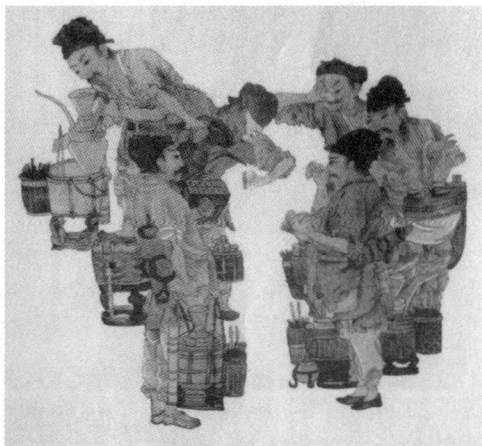

◆ 古代绘画《斗茶图》

伴随着商品经济的出现和城市文化的形成而扩大的。中国的茶文化注重品位节操，以雅为主，着重表现诗词书画、品茗歌舞。

茶文化在形成和发展中，融化了儒家思想、道家和释家的哲学色泽，并演变为各民族的礼俗，成为优秀传统文化的重要组成部分。

中国第一部茶文化典籍

《茶经》是中国乃至世界现存最早、最完整、最全面介绍茶的一部专著，被誉为"茶叶百科全书"，由中国唐朝的茶学大师陆羽所著。此书是一部关于茶叶的历史、源流、现状、生产技术以及饮茶技艺、茶道原理的综合性论著，是茶道发展史上的划时代巨著。它不仅是一部精辟的农学著作，而且是一本阐述茶文化的书。它将生活中普通的饮茶行为，升格为具有哲学与美学根基的精神文化。它的出现对中国古代茶文化的发展是一次重大的推动，对世界茶文化的发展也具有巨大的意义。

作者详细收集历代茶叶史料、记述亲身调查和实践的经验，对唐代及唐代以前的茶叶历史、产地、茶的功效、栽培、采制、煎煮、饮用的知识技术都作了阐述。最珍贵的是作者还留下了大量的插图资料，对茶叶的形状、纹理都有极其详细的描述，是研究茶学的重要依据，使茶叶生产有了比较完整的科学基础。

茶的社会功能

茶文化的社会功能主要表现在发扬传统美德、展示文化艺术、修身养性、陶冶情操和发展经济贸易等。

◆ 茶具

延伸阅读

普洱茶的传说

据说普洱茶生于深山，且茶树高大，山地地势险要，极难采摘，山中猴群常集聚于茶树。

一天，采茶人结伙攀岩采茶，遇到猴群骚扰，行进受阻，无奈，以石块击打猴群，猴群四散，立即爬上茶树，并以茶叶团还击。采茶人停留观望，见猴子将茶叶采下放入口中润湿，掌压成团，随即扔下击打采茶人。茶团紧密，茶香宜人，采茶人欣喜万分，继续来往还击，直至天黑方罢，采茶人收获可想而知。

众人下山返乡，个个如获至宝，茶团久放不见腐烂、霉变，一传十，十传百，远近茶乡耳闻目睹，成为佳话。